U0929816

中国近代早期工商业发展与社会法律观念的变革

刘惠君　著

中央民族大学出版社

图书在版编目（CIP）数据

中国近代早期工商业发展与社会法律观念的变革/刘惠君著.
—北京：中央民族大学出版社，2009.5
ISBN 978—7—81108—669—0
Ⅰ.中… Ⅱ刘… Ⅲ.①民族工业—工业史—研究—中国—近代 ②商业史—研究—中国—近代 ③法律—思想史—研究—中国—近代 Ⅳ.F429.05 F729.5 D929.5
中国版本图书馆 CIP 数据核字(2009) 第 061533 号

中国近代早期工商业发展与社会法律观念的变革

作　　者　刘惠君
责任编辑　满福玺
封面设计　汤建军
出 版 者　中央民族大学出版社
　　　　　北京市海淀区中关村南大街 27 号　邮编：100081
　　　　　电话：68472815（发行部）传真：68932751（发行部）
　　　　　　　　68932218（总编室）　　　　68932447（办公室）
发 行 者　全国各地新华书店
印 刷 者　北京华正印刷有限公司
开　　本　880×1230（毫米）　　印张：9.25
字　　数　230 千字
印　　数　1000 册
版　　次　2009 年 5 月第 1 版　2009 年 5 月第 1 次印刷
书　　号　ISBN 978—7—81108—669—0
定　　价　25.00 元

序　言

新春试笔，这是2009年的3月之初，我这八旬老学究给一位业有专精的博士写的书序。我很高兴，心情也很舒畅，这是我这代历经沧桑的知识分子对改革开放30年喜悦的反映。在这可称赞的历史时段，不仅是我这辈老学者秋收丰硕、享受到晚岁的晴天，更让我们看到像刘惠君这样的一批博学而有识的中青年茁壮成长，并取得可喜可羡的成果。

人生的企求和愿望，可以说是各式各样。但万殊中总有些是共同的，例如希望后辈比上一辈更强更好，未来比现在更美更绚丽，这总是一种共同的心态。当这种心态得到某种体现时，其愉悦之情是很幸福的。我写这篇序言时，便油然而生此幸福感。

我与刘惠君相识十有余年，曾阅读过她撰著的关于太平天国后期的《天国悲歌》历史剧，感到文史并茂，才识不凡。后来她在攻读博士学位期间，更是勤勉自励，毕业成绩优异。

关于中国近代早期工商业发展，相关研究成果不在少数，而将早期工商业发展与社会法律观念的变革结合起来，并将之置于世界范围内进行考察，寻绎中国近代社会由传统到现代的转化在早期的发展轨迹，则在近代研究中还不多见。读过本书的一些学者和我有着类似的看法，本书从历史的角度论述晚清中国走向近代化的艰辛过程，对于深化人们对近代工商业和社会法律观念之间变迁史的认识无疑有着重要参考价值，其选题也有较强的现实性和学术意义。它论述了近代中国甲午战争之前新式工商业的发展和社会法律观念变革的情况，特别是对鸦片战争起因和后果的分析，结合中国和西方的不同看法感受，做出了较为全面、客观的考察，具有崭新的视觉和维度。在全球一体化日益加强的今天，认真反思中国近代早期工商业和社会法治发展的历程，对于我们今天与世界的接轨和参与世界都有着较强的警示和启迪意义。作者以独立的视角，提出了许多值得参考的论点，陈寅恪教授倡导“自由之思想，独立之精神”，本书的可贵之处，看来是符合这种学术要求的。下面略举几例，介绍给尊敬的读者：

首先是对中国传统的重农抑商思想和政策进行了清理批判。本书前部分对汉唐以来，特别是明清时期重农抑商政策做了针砭性叙述，继而以专章对禁海锁国、只准外商在广州一口贸易的限制，激化了以英国为首的资本主义殖民侵略者之间的矛盾有所铺叙。传统中国自汉唐以来即重视农业，把农业独尊为立国之本，而把商业与百工技艺视为末端，加以限制和贬抑，这是中国千年封建专制得以长期生存的牢固基石。当到明末之际，王船山提出工商皆本的思想，这才给沉眠的中国做出第一声呼唤。然而至鸦片战争之前，整个中国依然故我，是西方列强迫使它改变，是炮舰和商品大潮冲破了中国牢固的堤岸。本书指出西欧价廉物美的棉毛织品大量倾销，对中国农业与手工业相接合的自然经济产生了瓦解作用，举证详明，较有说服力。作者并引用经典作家的箴言，“资产阶级，把一切民族都卷到文明中来了”，“它迫使他们在自己那里推行所谓文明制度，即变成资产者”。这种改变是农业中国并不情愿的，但却是历史的总趋势。

其次是对洋务运动的总体评估，亦即历史评价问题。本书不落窠臼，不随便跟着鼓点唱和，而是经过缜密的研究，以充分的论据和翔实的史料来阐明自己的学术见解。历史发展是多面的，不是按照某种线条进行的，冲破禁忌才会写出合乎实际的历史文章。作者指出：同治初年洋炮局和洋枪制造业，毋庸置疑地是为镇压当时的太平军和捻党起义，但它确也承担了抵御外侮和捍卫国防的职责。中法战争中的镇南关大捷中，冯子材、王德榜的部众，何尝不是用江南制造局的新式枪炮去战胜敌人。这样论评是实事求是的，也给历史说句公道话。作者对洋务运动中官办工业的论述，颇为平允得当，对于民办新式企业发展中的困难，指出了国力贫弱与封建体制的束缚是首要因素，另又指出：传统的封建思想、法律和文化观念也限制了中国近代化的步伐，这些论点都颇有见地且充满新意，对现实有着重要参考价值。

对于洋教在中国内地的传播和洋教士所起的作用，以往多是一派否定，持一边倒的态度，缺乏应有的全面分析。在本书中，人们可以品味出浓淡相宜的描述，通过对具体事例和具体传教士的研究分析，作者客观地对西方教会和传教士做出了较为合适得体的评论。这不仅给人以新鲜感，更使人对新时期史学界朝气蓬勃的上升景象感到欣悦。

本书是从洋务运动的发展中，最后以郑观应等思想家提出的“习兵战不如习商战”作为总结，看到了中国近代早期工商业“自强”和“求富”的出路，要工商业正常发展，必须跳出中国传统“以末致财，以本守之”的怪圈，这就需要封建政府改变“但有困商之虐政，而无护商之良法”的时弊。作者从法制角度对清末“困商之虐政”做了论述，并说明封建无“护商之良法”对中国工商业造成了极大的摧残和约束。而在结语中，作者又指出通过甲午战争的失败和与日本迅速崛起的对比，终于使人们认识到了发展工商、振兴实业的重要性，从晚清后期开始，清朝统治者开始颁布法律，设立商部，推行重商“新政”，重农抑商一变而为大力振兴工商，商人长期处于四民之末的低微处境得以彻底改变。这样的论证是全面客观的，亦说明了中国近代发展进步的希望。

总之，作者在本书中力图将近代经济和思想文化史结合起来，将早期工商业发展与社会法律观念变革的研究置于传统与现代之间，作为前后两者的中间过渡阶段，考察其承前启后的辙迹与作用，从经济发展与社会法律观念的互动上来考查分析近代中国社会的变化；同时又将社会法律观念的变革与工商业发展放置在世界近代化浪潮中加以分析，并对中国工商业发展滞后的法律制度性因素和近代化进程步履艰难的深层原因等都做了一些有益探索。尽管文中还有一些缺漏或者失衡，如偏重于工商业而对社会法律观念的变革还稍嫌单薄，但瑕不掩瑜，称得上是难能可贵的。

郭毅生

2009年3月1日

目　录

第一章 序 论

一、问题的提出

鸦片战争是中国近代史的开端，也是中国历史上最重要的转折点。工商业在现代经济生活中起着十分重要的作用，然而在鸦片战争前的上千年中，法律却始终歧视乃至压制它的发展，直到近代资本主义入侵之后才有所改变。由于西方用枪炮打开了中国大门，并强行与它进行贸易往来，中国只得被迫应战。从此，古老中国开始了根本变革，一个闭关自守的封建国家，逐步跨入了世界之内，也开启了自己走向近代化的历程。本书所探讨的中国近代早期，即指从 1840 年鸦片战争到 1894 年甲午战争期间的半个世纪，这是中国近代化的起端，也是它政治、经济、文化及法律制度等发生重大转变的起始阶段，中国社会的法律观念也由此发生了巨大的变化。

鸦片战争爆发之前，中国是一个小农经济占主导地位的农业国家，历代统治者将工商业视为社会不稳定因素，皆以重农抑商来维护社会的长治久安。这项政策贯穿于各朝法律，历代相袭，成为传统的重要特色，尤在封建社会后期，随着西方殖民主义在全球扩张，中国更是采取了闭关自守的态度，几乎断绝了与国外的一切往来。然而近代资本主义形成以后，一个国家或地区的经济由传统向近代过渡，就必然要有自然经济向商品经济的转化以及工商业的长足发展。正如马克思和恩格斯所说：“资产阶级，由于一切生产工具的迅速改进，由于交通的极其便利，把一切民族甚至最野蛮的民族都卷到文明中来了”，“它迫使一切民族——如果他们不想灭亡的话——采用资产阶级的生活方式；它迫使他们在自己那里推行所谓文明制度，即变成资产者。”[①] 而中国由于长期闭关自守，对这种国际大势却茫然无知。这就使它在很大程度上陷入了被动局面，向近代的过渡也成了一个十分艰难的过程。

近代中国走过的是一段悲怆、也是亘古未有过的辛酸与悲哀的历程，这确定了我们民族长期以来的悲愤与沉郁。然而人们却忽视了另一面，就在这种血与火的艰难抗争中，中华民族又走向了新生。我们的双腿开始从封建泥潭中拔出，迎来了人类文明的曙光；我们从闭关自守的状态中走出，逐渐进入了世界大家庭；保守不变的小农模式解体了，工商业打破了旧有单一的封建状态，从而为这个古老国家注入了新的活力。在这新旧交替、先进与落后、文明与衰落的斗争过程中，人们必然要经历许多艰难与痛苦，而伴随这个过程，平等、教育、人权、商贸、法制等许多人们从未接触过的新型观念又被纷纷引入。它们就像一缕缕金色的阳光，照进了这个长期封建专制的黑暗帝国，从而为中国推翻千年帝制，创立新型的人民共和国打下了思想和社会基础。

当沉浸于过去深重而又沉挚的爱国主义情怀里，我们了解了近代中国的巨大灾难和痛苦，亦对侵略者充满了愤恨。然而我们却忽略了自身：当遭遇外敌入侵时，我们民族的精神世界在哪里？有没有对于这一切的反应机制？为什么这样庞大的人口会一起沉入到这种巨大灾难和深渊中长期难以自救？西方入侵究竟凭借什么？这样思索的时候，人们发现对于这段早已熟悉的历史，却还有着许多未曾解读。过去的一切恰似熟悉，但又陌生。

人类总是在不断重新发现历史的。在已经取得民族独立的今天，我们渐渐远离了血与火的战争，但今天的现代化与昨天的近代化其实仍处在同一个历史进程当中。它们的目标都是要使中国朝向繁荣富足，摆脱贫困，实现文明与发达，以保障人们的长久

① 《马克思恩格斯选集》第1卷，人民出版社1972年版，第255页。

幸福和社会持久发展。现代化的前提从属于现代社会，近代化却是由封建社会向资本主义的过渡。只有实现了社会制度的根本变革，才能使中国由一个封建落后的农业国家转变为一个先进的近代工业国家，从一个封建专制的国家转变为一个具有现代意义上的民主法制国家，从一个有着几千年封建传统的大国，转变为一个有着现代民主平等意识的新型国家，这也即是近代中国的社会转型。只有实现了这种转型，中国才能实现自己现代化的宏伟目标。

某种程度上，法治观念正是革除封建专制最有力的思想武器，随着人们对它认识的不断深入，从洋务运动开始，中国开启了近代化的脚步，也凭着这点，古老国家逐渐迈出封建泥潭而走向了新生。然而今天，在实现现代化的挑战与困难面前，我们虽已走出了封建中世纪，但在许多方面仍不轻松。法治的步履依然艰辛，与百年前相比，尽管国家已发生了翻天覆地的变化，但中国社会转型的任务还没有根本完成，落后小农经济的社会基础没有改变；我们已经推翻了封建帝制，但法制观念依然淡薄，封建思想在许多地方根深蒂固。工商业基础虽已远远好于百年前艰难的起始阶段，但体制结构、管理方式、政府行为、社会理念等一系列综合因素却仍困扰着我们的社会，阻碍着我们取得更大的进步。从这个角度讲，蹒跚开始近代化努力的中国洋务自强运动，直到今天仍对我们有着重大意义。社会进步绝非一朝一夕之事，而是一个系统而又庞大的社会工程。早期近代的起步阶段，其艰难困境，追索挫折，无论宏观还是微观，都无不影响着后来的历史格局，即使今天的一切也都可从那最初的半个世纪中找到起点和因由。

近代也是一个互动的年代，上千年中西之间的相互隔绝，被鸦片战争的炮声所打破。越来越多的西方人进入中国，其中既有侵略者，亦有许多商贸交流者和文化传播者。他们同许多先进的中国人一起，对中国社会进步和文化发展施加了越来越大的影响，并成了近代的主流与方向。在飞速发展的世界大潮中，洋务运动即是这样的产物，面对西方日益强大的威胁和挑战，从客观上首次进行了中国近代化的尝试，以挽救清王朝的危亡和封建制度的倾废。尽管他们不可能有更高的预见能够看到这将会产生的一系列后果，但形势的发展却迫使他们一步步走下去，直到由此使得社会法律及各项制度都发生了根本变革。

工商业对近代中国的意义是十分巨大的，由两次鸦片战争的炮声开始，清廷迷梦被逐渐惊醒。要在整个情势上改变其不利颓势，就必须在国力上有所建树。随着清政府着手举办“自强新政”，中国以农立国、辅以工商的传统经济政策终于有了根本变化，一系列工商事业的首先开启，将西方工业文明的发展成就以清晰的面貌向中国迅速展现开来，并与战场上不同的雷霆万钧、不可阻遏之势，推动了中国向近代社会的全面转型。许多洋务企业的兴办和近代轮船、铁路、交通、运输、电报等产业的不断兴起，使传统农业一家一户、互不相关的简单生产方式被逐渐打破，机器大工业渐次推行，尤其在受到西方影响较大的通商口岸及洋务工业中心地带，一大批近代城市应运而生，越来越多的农民离开了土地涌向城市，社会化程度不断加快。工商业发展所要求社会的环境如市场、秩序、平等、竞争等观念也随之产生，从而又促使了中国上千年来从未有过的社会制度和法律文化的根本变迁。延续几千年封建专制的合理性受到了前所未有的重大质疑，并由此引发了甲午战争后的戊戌变法和辛亥革命，在社会文化及法律制度等方面进行了许多根本变革，最终几千年的封建帝制被彻底推翻。当然这一切的发生并非都出自清政府的本意，但谁也无法扭转历史的脚步。

然而尽管如此，中国毕竟是一个处在中世纪时期保守落后的封建帝国，在新旧转折的关键时刻，大多数人们并不能够认清形势，适时起步。因此近代中国的巨大变迁大都是在被动情势下发生的，几乎每次都伴随着巨大灾难，才使人们有了更多觉醒。先进的人物在中国为数极少，尽管随着社会的进步这类人物在不断增加，但也无力推动整个国家迅速向前迈进。种种状况都使得工商业发展异常窘迫，改革过程艰难复杂，法律观念的发展与进程中充满了困顿与艰辛。寻求拯救中国的道路是近代早期最重要的任务，但认识到这点却非常之难，这种漫长的认识直到今天还有许多未曾完成，除了西方侵略，中国本身落后的生产方式和长期封建腐朽的专制制度，以及封建的社会及法律传统，也是近代人们种种不幸的深层根由。

作为自然经济长期占主导地位的农业国家，数千年卓越的文化成就，既赋予了中国高度的自信和优越感，同时也使它沾染了沉重的历史惰性。在近代转型的关键时刻，大多数国人都看不到历史发生的深刻变化，这一切既是中国落后的产物，又反过来深深束缚了中国前进的脚步。思想文化是保证社会良好制度运行的前提，也是社会前进的重要因素和动力，没有先进的思想文化和良好的法律制度作为保障，人们就只能固守传统，从而反对一切先进的、富有创意的变革。近代苦难是外来的侵略，但更是千余年愚民政策结出的恶果：封建专制绝不可能造就出高素质的、富于决断力的，以及善于吸收人类优秀文明成果、富有建设性的社会公民。近代化包括我们的现代化，都是全民性的伟大事业，若不能拥有大量建设性的现代公民，任何伟大的理想都可能落空，事业亦会以失败而告终。从这个角度看，那些促进社会走向进步、走向文明的先驱人物，正是社会最宝贵的财富。如果没有他们的探索道路和卓识远见，中国的发展进步一定会更加缓慢，带给人们的痛苦也更为深重。因而近代史上首先倡导改革并为中国探索寻求道路的先驱者们，无论他们属于中国还是外国，永远都值得我们怀念。

从 1840 年中国开始了自己的近代化历程，工商业发展和各种要求改良社会的主张便包含在这个历史进程当中。许多学者在这里进行了辛勤劳动，无论探讨经济问题，还是法律与文化制度问题，其资料的繁富、见解的深刻，许多方面都是难以超越的，他们的研究成果和卓越成就，永远值得我们深入学习。例如彭泽益《中国近代手工业史资料》，汪敬虞《近代中国资本主义的总体考察和个案辨析》，孙毓棠《中国近代工业史资料》，严中平《中国近代经济史（1840—1894）》、《中国近代经济史统计资料选辑》，姚贤镐《中国近代对外贸易史资料（1840—1895）》，吴承明《中国资本主义与国内市场》等著作，都从不同角度广泛探讨了中国近代工商业的发展情形，如手工工业和近代工业、资本主义与民用企业、对外贸易和商品市场以及外国侵略下中国社会半殖民地半封建的社会状况。在洋务运动及近代文化、法律制度研究的专著里，对这段期间工商业发展及社会文化法律变革的状况也有着较多涉及，如夏东元《洋务运动史》，徐泰来《洋务运动新论》，李时岳、胡滨《从闭关到开放》，樊百川《清季的洋务新政》，张海林《近代中外文化交流史》，王尔敏《晚清政治思想史论》，李喜所《中国近代社会与文化研究》，熊月之《西学东渐与晚清社会》，赵靖《中国经济思想通史续集》，汪林茂《晚清文化史》，等等，它们的着重点虽然更多放置在洋务运动本身或近代相关的思想文化及观念研究上，但对我们所要探讨的近代工商业发展与社会法律观念的变革同样有着不少精辟见解与看法。而瞿同祖《瞿同祖法学论著集》，朱勇《中国法律的艰辛历程》，张晋藩《中国法律的传统与近代转型》，邱远猷《中国近代法律史论》，张仁善《礼·法·社会——清代法律转型与社会变迁》等等，则对中国近代的法律问题进行了许多专门论述。

工商业发展是促使封建中国走向近代化的关键，回顾历史，鸦片战争以来的近代化研究又成了人们新的关注点[①]，罗荣渠的《现代化新论》、《现代化研究续编》，罗荣渠、牛大勇主编的《中国现代化历程的探索》，许纪霖、陈达凯主编的《中国现代化史》等许多著作就是人们这类辛勤劳动的结晶。另如陈旭麓的《近代中国的新陈代谢》，周宁的《鸦片帝国》，茅海建的《天朝的崩溃》，袁伟时的《帝国落日——晚清大变局》以及许许多多国外学者对中国近代阶段的辛勤研究，如马士《中华帝国对外关系史》，费正清、刘广京《剑桥中国晚清史（1800—1911）》，及随着中外交流不断加深，众多汉译名著丛书亦纷纷问世，如王庆成、虞和平等主编的《中国近代史研究译丛》，中华书局 2006 年版的《西方的中国形象》丛书，其中众多著作都有利于我们扩大视野，从不同角度去打开思路，对那个年代的政治经济和法律制度进行更加深入的探索分析。

近代各种研究资料和学说虽然浩如烟海，但就我们探讨的近代工商业发展和社会法律观念的变革来说，人们或者探讨经济问题，或者探讨社会及相应法律观念，而对此分开探讨的比较多，将二者结合起来的情形却比较少。这样做的优点可使具体问题的研究更加深入，局限性却使人们不易看清事物全貌，容易忽视客观物质与文化制度间的深层联系。其次，在探讨近代早期的发展过程中，许多前辈学者功力深厚，态度严谨，思维缜密，论证精详，掌握史料和著作内容均十分丰富。但由于时代和历史上多次

① 对于近代化或现代化人们有着不同看法，罗荣渠等认为广义地说，现代化是指以工业化为推动力，导致传统农业社会向现代工业社会的全球性大转变过程；狭义地说，则是落后国家采取高效率途径（其中包括可利用的传统因素），通过有计划地经济技术改造和学习世界先进经验，带动广泛的社会改革，以迅速赶上先进工业国和适应现代世界环境的发展过程（参见罗荣渠《现代化新论》等著作）。由此他将鸦片战争后早期的近代化探索也认为是现代化过程的一个部分而通称之为现代化，而本文则认为近代化与现代化的根本区别就在于近代化是封建中世纪向现代社会的过渡，若没有封建制度的根本转变，就不会有社会的现代化过程。现代化不仅是一个经济问题而且是社会文明发展程度的相关综合问题。因而在封建中世纪状态下封建官僚所发起的近代化活动显然不是自觉意义上的现代化建设，只是封建社会面对工业文明挑战的客观反应，也正是其向现代化过渡的近代化过程。

的政治因素，却使得许多著作都存在关注自己及自身处境多，却倾听世界声音少的问题，这就使我们有些自言自语，而中断了中国同世界的相关交流。近代中国与以往最大的不同，就在于在外力强大逼迫下，中国脱离了旧有传统轨迹，参与到世界进程之中。如果忽略了世界影响，我们就无法更好地理解现在，亦无法更好地参与世界。近代要求我们有世界眼光，将中国放置到世界中，否则便不利于我们认识事物的深层本质，亦难以反思我们自身的局限性。其三，在对近代改革先进人物的研究中，人们常常对其观点描述定性较多，却对其历史深层背景和传统反对意见及其观念探析较少，这便使我们不易看到这些人物在历史跋涉中的艰难处境，亦难以深刻体会他们思想闪光点的来之不易。学术上真正有持久生命力的观点就在于人们的历史见识，只有把握历史的多面性、立体性、繁复性和曲折性，才能使人更加明智，具备"以史为鉴"的能力，并有更深的理解和领悟力。工商业发展与近代社会法律观念的变革在中国历史上都是从未有过的新生事物，也是近代中国转型的根本所在。在急剧动荡的近代社会中，整个社会的全面转型在许多方面都是由此引发的，因而我力图在此做出努力，希望能将这些问题揭示的更加深刻一些。

二、工商业发展与近代社会法律观念变革的要点

马克斯·韦伯在其名著《新教伦理与资本主义精神》中认为，宗教观念的新教伦理对西方资本主义生成有着十分巨大的作用，资本主义制度的形成发展都与这种新教伦理的推动密不可分。这部书里，韦伯还指出了在世界各种文明中，无论科学、历史、艺术、建筑领域，还是教育、管理、社会、经济领域，许多方面都只在西方产生了适合于人类共用的独特文化现象以及具有世界意义和普遍人类发展价值的认识与规律。这一切都源于基督教——新教，并由此而产生的资本主义精神。"谋利、获取、赚钱、尽可

能地赚钱，这种冲动与资本主义毫无关系”，因为“凡是具备了或者曾经具备客观机会的地方，这种冲动对一切时代、地球上的一切人都普遍存在”。[①] 这句话应对我们有所启发。由于长期习惯于资本主义就是唯利是图，是侵略、掠夺和战争的分析，我们忽视了这个基本事实：即在世界各种文明中只有资本主义创造了一套比较严格的政治、法律和经济体系，以及相当完善的科学技术体系，从而创造了人类历史上空前发达的生产力。这套制度还充满了后劲与活力，使得整个世界都被充分带动了起来，直到今天仍然以突飞猛进的速度向前发展着。贪得无厌与侵略暴力在人类历史的各个角落都普遍存在，但任何贪得无厌和侵略暴力都没有产生过类似资本主义的这种独特文明现象，显而易见其中还有更深刻的内涵在，它需要我们进一步地探索发掘。社会解说是一个十分庞大复杂的工程，任何人都不能轻率地宣称自己掌握了真理，已能清楚地说明世界的一切。例如为何在我国历史上长期形成了一个超稳定的封建结构而西方不是？为何在西方能确立资本主义制度而中国不能？西方为何能建立起一整套的工商业管理秩序和形成一个法治社会，而世界其他地方不能自发形成？为何在西方能爆发工业革命并最终影响世界的命运？种种人类社会生活的密码，以我们个人微薄的力量，恐怕谁也无力说明，只能在这无限浩瀚复杂的世界中为此尽自己的一份努力。因而无论马克斯·韦伯的观点有多少合理或不合理的成分，他提出的问题都给我们分析问题提供了一个崭新的视角，也给了我们一个研究揭示问题的空间与思路。

在社会发展的过程中，除了经济与社会条件方面的因素，我们不能忽视无形的思想、文化与法律观念，它构成一个社会发展的广阔背景。直到今天，在进行现代化的过程中，近代史上发生

---

① [德]马克斯·韦伯：《新教伦理与资本主义精神》作者导论，四川人民出版社 1986 年版，第 14—16 页。

的一切仍是我们现代化的重要起点。在近代化早期阶段（1840—1894），中国在现实逼迫下终于脱出了历史旧迹，迈出了近代化的步伐，其中既有社会历史的经济原因，又有深层社会的文化背景。如果韦伯认为资本主义的产生发展同新教伦理密不可分有一定道理，那我们同样也可以认为，中国近代化发展的异常艰难也与我们的传统文化有着密不可分的联系。

传统中国是建立在封建土地所有制基础上的小农经济，整个生产十分落后。当近代资本主义在世界范围内抢占殖民地时，中国分散的小农经济仍像汪洋大海一样，不可能像西方一样组织大规模的社会化生产。鸦片战争前的中国长期实行闭关自守，正是这种小农经济的典型反映：从文化上，中国奉行儒家文化，长期强调重义轻利；在经济上，封建国家的经济收入主要仰赖地租，因而实行重农抑商政策，历代王朝“即使所采取的各项具体办法宽严不等，然亦只是程度之差，基本精神没有什么不同”[①]，封建法律数千年来始终贯彻以农立国，劝赏嘉农而困辱抑商的基调，最终阻碍了中国工商业的发展之路。

工商业的充分发展是近代西方资本主义经济确立发展的重大前提，亦对其社会制度的完善和最终形成法治社会有着十分密切的关系。资本主义广泛的社会分工及社会化大生产，要求工商业的高度发达和法律制度的充分保障，因而英国经济学家希克斯指出：“新世界的起点是商业的专门化。”[②]道格拉斯·诺思亦认为：“历史是至关重要的，人们过去做出的选择决定其现在可能的选择。要理解经济实绩随时间而显现出来的差异，就需要了解经济的演变。”[③] 资本主义对人类最重要的贡献就是建立了一套比较适合于社会长期发展的制度因素，正如曼库尔·奥尔森指出的：“国

① 傅筑夫：《中国经济史论丛》（下），三联书店1980年版，第623页。
② 约翰·希克斯：《经济史理论》，商务印书馆1987年版，第25页。
③ 道格拉斯·诺思：《经济史中的结构与变迁》，中译本序。

家收入差距的最重要解释在于其经济政策和制度的差异。”[①]“大相径庭的经济效益，绝非是因为不同的国家拥有各异的资本或资源”，而是由于“经济成功的国家往往拥有形形色色的制度，即不同的法律和组织安排及经济政策，那些在经济上不那么成功的国家则没有这些制度。因此，一国制度的质量在根本上决定了其经济成效”。[②] 这种制度建设在相当程度上又取决于人们的认知能力和社会平均的文化水平。西方社会在广泛商品交换的基础上确立了平等自愿原则，并保护每一个人的权利不受侵犯，由此形成了法治的观念及社会基础，整个社会的商品交换受到法律维护并始终能够在正常有序的法律体系下进行，从而保证了工商业稳步健康地发展。而在中国封建法律重视并保护农业，纵容维护封建等级及特权制度，以残酷的刑罚对广大民众实施迫害与镇压。受其认识及所建法律制度的影响，中国封建制度长期延续，直到今天，人们在改革与发展方面仍然困难重重，同样见证着诺思的观点：一个社会“过去和现在经济运行不好的根源就在于基本解决规则的设计和实施失误”。[③] 工商业发展即其中之一，它是社会制度变迁的重要因素，而在漫长的时期内却一直受到强烈压制，使之无法充分发展，由此中国小农社会的经济基础自形成后竟至千年未能改变，这也预示了近代中国要实现的发展转型必会充满了坎坷与艰辛。

鸦片战争打开了中国大门，将它拖入了世界市场，也推动了它的近代转型。其经济上最直接的结果便是自给自足的农业社会开始向近代工商业社会转化，而工商业的成功与否又将直接影响其近代化事业的能否成功。思维与实践在现实中常常是互动的，传统农业社会思维与近代工商业思维方式有着重大区别，要研究

① 曼库尔·奥尔森：《为什么有的国家穷有的国家富》，载《比较》第7期。
② 曼库尔·奥尔森：《通向经济成功的一条暗道》，载《比较》第11期。
③ 道格拉斯·诺思：《制度变迁与经济增长》，盛洪主编：《现代制度经济学》上卷，北京大学出版社2003年版，第293页。

中国近代化的起步，就不能忽视传统社会的思想基础。一个自给自足的封建国家，历史上又长期实施重农抑商政策，发展工商业与传统之间的斗争势必会十分激烈与尖锐。西方工商业发展的一个重要前提便是资本主义制度和法治社会的确立，它为资本主义发展扫清了道路，一系列自由、平等的观念和私有财产神圣不可侵犯的原则，都如韦伯所指出的，是“西方现代国家和经济生活的支柱”。正是建立在这种基础之上的各项比较完备的政治、经济及法律制度，才使得资本主义能够在有序的情况下正常合理地运行，其效率、意义等超过了以往所有的人类社会。在西方国家观念中，人类是充满罪性的，任何一方面缺乏制约，人们各种不合理的冲动都会泛滥成灾，因此资本主义的发展不能没有法律制度的保障。而中国自古则确立了君主专制的制度，皇权高高位于万民之上，对其意志不能有任何违背，否则即会遭受封建刑罚的残酷处罚。整个社会长期被置于封建皇权的淫威之下，于是特权横行，人们普遍缺乏法律意识和自我保护的能力，同西方社会基础之间有着深刻的距离。因而中国要发展，既要应付外来的挑战，又必须同其本身的传统观念进行斗争。

在很多时候，我们习惯以社会的物质条件和经济基础来分析问题，却忽视制度文化领域对社会及经济的重大影响。然而这是不够的，近代早期的工商业发展，就因为它锲入了与传统完全不同的新内容，其发展不仅引起了经济基础的深刻变革，更引起了整个社会各方面的全面转轨，以及社会文化与法律制度的全面变迁。鸦片战争到甲午战争是中国近代早期工商业发展的起步阶段，亦是社会转型的关键时期，工商事业每前进一步，都要求相应社会制度的配套与变革，以及社会法律观念的不断进步与革新，才能与新近涌入的新型经济基础相配合，否则便会难以为继。因此工商业的发展必然要引起对传统社会及法律制度的深刻反思，及对旧事物的极大冲击，这也预示了近代中国的发展与转型绝非能够一帆风顺，一蹴而就地轻易实现。

三、本书的思路与方法

近代早期工商业发展和社会法律观念的变革是一个相对较大的题目，本书仅就全局性的重点问题做一些宏观而又有特性的探索。从工商业的内容讲，它主要分工业和商业两个部分，二者又不可截然分开。近代早期的工商业处于既不同于传统，又不同于现代的由传统向现代起步迈进的变革过程，因而在对它进行分析时，我们首先须对鸦片战争前的传统背景作些交代，这样才容易理解早期工商业的发展前提。近代又是传统与现代交汇的时代，也是中西之间经济、政治、文化、制度等各方面全面碰撞的关键年代，于是便充满了双方之间的误会、争斗甚至战争。这也是一个奇特的年代，新的、旧的、古老的、现代的、先进的、落后的都同时出现在这个历史大舞台上，正是这种新旧交替的过程中，中国在困惑、迷茫、奋争中开始了它近代化的艰难转型，工业近代化从洋务运动军事工业起步发端，到中后期又开办了许多民用工业，从而促进了近代中国的经济增长。因此工业上我们主要论述这些对社会转型起主导作用的工业基础，商业上我们则注重于对外贸易。对外贸易使中西间各项矛盾长期不断积累增长，最终引起了鸦片战争，并引发了近代社会经济、思想、社会结构、政治制度、生活方式等各方面的全面变革，中国由此迈向了近代社会。而中国国内的商品交往，此时还处在转型的起步阶段。

改革与革命之最大区别，即改革是一种渐进的、温和的、不触动现存社会根本政治制度的革新思潮，因而在1840—1894年的近代早期，除去农民战争之外，对于不满社会现状，积极要求社会经济、政治、教育、体制等各方面进行变革的所有建议及在此影响下的变革行为，我们都将其视为社会改革，而社会法律观念的变革是其中一项最重要的内容。中国长期的封建社会和闭关自守，使人们自以为中国是世界的中心，三纲五常是人类的普遍规范，鸦片战争的硝烟使人们从幻想的迷梦中逐渐醒来。中西文化的交流引起了西法东渐，一些先进的国人苦苦思索，终于看到了中西政治法律制度的巨大差异，从而揭开了中国近代社会法律观念变革的序幕，从而为中国走向近代文明做出了重要贡献。这种变革从文化交流起始，因而从林则徐、魏源、徐继畲、姚莹等人起，作为旧制度的批判者和中国睁眼看世界的先驱者，无论其目光有多少局限性，他们都应当受到人们的敬重。随着二次鸦片战争的爆发，西方再次用血与火的战争将其要求强加给中国，并以强力伴随着繁荣富庶的景象使中国真正感到了恐惧和落伍时，那些最先推动中国向西方学习，并促使中国走向自强道路的洋务派，以及近代知识分子，还有努力将这些洋务愿望付诸于现实行动中的近代洋务实践家们，亦同样应当受到人们的赞许。比起冥顽不化的保守势力，他们毕竟更加开明，并在共同推动封建中国向前迈步和发展方面起了非常重要的作用。洋务思潮“借法自强”，在尽力维护封建制度的前提下，逐渐介绍并引进一些西方观念及法律制度，促使传统体制开始发生了深刻而又根本性的变化，成为近代改革全面开启的先声，推动着中国由此起步开始迈向了近代化。正是在“借法自强”口号下产生的强烈改革意识，将西方许多工业、大机器生产逐渐引入，并将其变革范围由最早的军事工业逐渐波及到社会各个方面，如工商、贸易、交通、运输、铁路、轮船、纺织、开矿、电报、外交、学校、教育等诸多领域，对旧有的一切产生的巨大冲击都是前无古人的，从而使整个中国旧有落后的手工生产和小农基础都逐渐发生了巨大改变。振兴工商业被提到了一个前所未有的重要地位，而从社会法律观念上，随着社会急剧变革而产生的经济基础，中国原有的许多观念都已不能适应急剧发展变革的社会及时代要求了，于是他们学习西方一些法律制度，亦为后来戊戌变法将改革由技术层面深入到社会领域，以及辛亥革命将腐朽的封建专制彻底推翻，奠定了深厚的思想和社会基础。而在这里许多的外国友人和传教士们，当中国需要的时候，他们站在时代前列，怀着巨大的同情心，向中国宣传西方的社会和各项法律制度，许多人甚至将自己毕生精力献给了中国的发展和富强事业。无论他们的观点与我们有多么不同，然而思想家们的火花为点亮中国、照耀中国，使中国由衰落而走向新生都做出了不可磨灭的卓越贡献，其对中国的承前启后及社会经济的不断推动，这一切都值得人们永远铭记在怀。

第二章　近代工商业发展的前提

一、历代重农抑末政策对工商业的阻碍

（一）传统重农抑末政策

中国是世界上历史最为悠久的国家之一，在悠久的历史当中，曾创造过无比辉煌灿烂的文化，在相当长时期内在各方面都在世界上处于领先发达的优越地位，这是有它历史及客观条件的依据的。传统中国是一个自然经济占统治地位的国家，这与中国适宜

传统农业

于农业的气候及其天然条件都有着很大的关系。客观地说，在工业化社会完成以前，没有哪一个民族离开农业能够生存，一个地区长久的繁荣、文明的延续，基本上都要依靠农业生产能力的支持。中国就有着这种客观条件的相对便利性，黄河流域土地肥沃，气候适宜，因而孕育了最早的中华文明，并在长期的发展过程中，

这种文明始终以农业为基础，这与它得天独厚的地理条件有着密不可分的联系。

中国是世界上唯一文明没有被中断的国家，这里的原因是多方面的。从社会生产的基础上说，中国农业生产条件得天独厚；其次，中国地域广袤，东临大海，北有沙漠，西北有浩浩戈壁荒滩而西南又有高耸入云的青藏高原，这些都与世界形成了一种天然阻隔，使得中国在地理上自成单元。在这种情况下，中国独立发展起了自己的文化，建立了自己的法律体系，从而使自己在许多方面都迥异于世界其他地区，形成了自己独特的生产方式。当然人类社会发展有自己的共性，在人们生活的过程中商品交换是其不可缺少的重要环节，因此无论中西都有过商品交换与繁荣的历史，然而工商业的真正成熟与发展则是在西方完成的，这有着深刻的历史原因。

我国历史上商品交换的市场很早就形成了。中国古代是自给自足的小农经济，人们所占有的生产与生活资料很少，生产能力有限，商品交换便是人们生活必不可少的重要补充。《易经》上已经记载那时商品交换发达的情况是“庖牺氏没，神农氏作，列廛于国，日中为市”，“致天下之民，聚天下之货，交易而退，各得其所”。[①]而到了西周，交换活动更多，已出现了城市，在王国、侯国周围地区都设有“市”即商业区，“凡国野之道，十里有庐，庐有饮食，三十里有宿，宿有路室，路室有委。五十里有市，市有侯馆，侯馆有积”。[②]这种“市”是适应驿站要求而设的，同时也是为了满足远离城市人们交换的需要。战国秦汉时期，在国都和各地城市中的市场日益繁荣，城市之多已是“千丈之城，万家之邑相望也”[③]，有些城市还相当大。据战国苏秦讲，当时的齐国都城临淄仅成年男子就有 21 万，加之其他各类人口，数目当在

①《易·系辞》。
②《周礼·地官·遗人》。
③《战国策·赵策三》。

60万以上。由于城市里居住着众多的贵族、官僚和地主阶级以及为他们服务的大量人口，因此还需提供大量商品，包括日用品及奢侈品，以及商品粮等等。所以在这些城市就出现了工商业者从事专门交易的“市”或“市井”，“商贾错于路”，“朝则满，夕则虚”，这样城市又成了“富冠海内”的工商业中心，连规模较小的城镇也都有了市场的设置。

在中国古代的经济发展中，从春秋末到西汉前期是我国古代商品经济及工商业思想发展的黄金时代。这个阶段由于长期的积累，商品货币经济有了很大发展，商业和城市空前繁荣，出现了一大批善于经营的大工商业者，春秋时大商人范蠡、战国大商人白圭就是此类代表。由于此时还没有出台那些以后在数千年中对中国影响甚大的对于工商业实施干预压制的政策，于是工商业在这个时期得到了自由发展，呈现出一片繁荣景象，商品货币在整个社会经济生活中具有重要作用。许多文化学术素养较高的人参与经商，从而总结出了一系列关于经营致富方面的经验和理论。一些商人在经营中获利，“夏则资皮，冬则资絺，旱则资舟，水则资车，以待乏也”，其远见卓识，“乐观时变”，“人弃我取，人取我与”，“贵出如粪土，贱取如珠玉”[①]，都说明了人们对工商业发展经营有了一定程度的认识和研究，也不断总结出了许多市场供求、物价变化的规律。

在春秋至西汉的数百年中，商人的地位是较高的，好贾趋利、舍本事末已经成了社会的普遍风尚，到了汉代，工商业势力越来越大，以致出现了“富致僮千人”、“家致富数千金”、“富致巨万”的富商蓄贾。然而随着工商业的发展，封建国家与工商业的矛盾也日益突出，最终导致了抑商政策。这是由于封建社会的土地私有，可以买卖，因而商人在赚取利润后都大量兼并土地，并且贵族、官僚与工商业者相勾结，不少贵族、官僚本身兼营工商业，

①《史记·货殖列传》，中州古籍出版社1996年版。

牟取厚利。工商业越发展，商人兼并土地便愈严重，造成很多的农民破产流亡。古时生产不丰，人口也相应较少，农业便是社会稳定和发展的命脉所在。而工商业的发展使得社会许多剩余劳动力被其占有，农夫"春耕、夏耘、秋获、冬藏"，"四时之间亡日休息"，但"勤苦如此，尚复被水旱之灾，急政暴赋，赋敛不时，朝令而暮改当具"。"而商贾大者积贮倍息，小者坐列贩卖，操其奇赢，日游都市，乘上之急，所卖必倍。故其男不耕耘，女不蚕织，衣必文采，食必粱肉；亡农夫之苦，有阡陌之得。"[①]成为人们认为极不公平的社会现象。大量的农业劳动力流向工商领域，越来越多的剩余劳动力为工商业所占有，就会给富国富民带来严重不利影响。于是重农抑末的观点到了西汉中后期就已为越来越多的人所提出，贱商人而尊农夫，以免伤害农业，造成社会基础的不稳固，逐渐地成了一种封建正统思想，并长时期内成了中国一项重要的传统经济政策。

任何社会的商人资本都是非常活跃的，它们自由自在的存在状态以及令人垂涎的丰厚收益，常常与早期社会普遍的生产能力低下不相吻合，商人的富足与人们的贫困形成反差，不管这里有多少合理性，都容易造成商人不劳而获甚至剥夺的不良印象。西汉时打击富商大贾，就是因为他们"财累万金而不佐国家之急"。并且农业是封建国家的经济基础，而经营工商业则远比农业劳动轻松而且又获利丰厚，出于对此容易引发人类贪欲心理的本能憎恶，因此无论中西都有过抑商的议论，然而西方的抑商则最终没有成为一项有力的政策并形成一种法律制度去左右社会，但中国这项政策不仅全面实行并且持续了数千年之久，这当中不仅与当时的社会历史条件相关联，更与我国社会形态的早熟以及较早建立起了一个强有力的中央集权制的封建国家密不可分。

我国从春秋开始，便逐渐形成了地主土地所有制为基础的封

① 《汉书·食货志》，岳麓书社出版社 1993 年版。

建经济，到了秦朝，秦始皇并吞六国，并在此基础上建立了中央集权制的封建国家。这种封建国家的统治范围要远远大于西方领主制，君主有着至高无上的权力，中央有着庞大的统治机构和众多官吏以及足够的军队。从这时起，中国已不仅建立起了郡县制以及各种比较完备的统治制度，而且对人民的经济掠夺主要是通过差徭赋税来实现的。中国自西周以来实行诸侯分封制，到了西汉前期这些诸侯则形成了强大的地方割据势力，其政治、经济权势的膨胀同中央集权的国家间形成了尖锐矛盾。西汉前期，商人资本把持了山海资源，与这些地方诸侯相互勾结，企图搞垮中央政权，因而自汉景帝时中央便采取了削藩政策。在西汉削藩的过程中，不少诸侯都有着相当大的经济实力，他们在经济上自征赋税，自铸钱币，自行煮盐。许多富商大贾操纵市场，牟取暴利，占有了越来越多的农民剩余劳动，使大量劳动力脱离了农业生产；他们“因其富厚，交通王侯”[①]，直接支持割据势力，这就不但影响到封建王朝的财政收入，也影响到了封建王朝的社会稳定，从而给封建王朝造成了一定威胁。因而削藩后统治者便开始着手不仅要在政治上集权，而且还要在经济上集权。西汉削藩斗争的胜利使得持续近千年的诸侯分封制遂告瓦解，中央集权进一步加强，国家政权的巩固正是其统治集权的基础。西汉时诸侯反叛的重要原因之一是他们有着经济上的实力即盐铁之利和工商之税，所以必须从经济上铲除各诸侯王谋反叛乱的物质基础，才能更加彻底地解决中央集权与地方割据的矛盾。同时经营工商业的巨额利润，也可以给封建国家带来巨大的财政收入，一旦插手经营和控制了工商业，就能使封建统治者既获得广泛财源，而且又保证其统治秩序的稳定。因而到汉武帝时，凭借手中强大的政治权力，中央实行了盐铁、酒榷、均输、平准等一系列经济政策的重大改革，中央集权的封建国家终于直接经营和控制了工商业。

① 《汉书·食货志》，岳麓书社出版社 1993 年版。

汉朝是一个强盛的王朝，也是中华民族在政治、经济、军事、文化诸方面蓬勃发展的时期之一。就法律制度而言，“汉承秦制”。秦律全国法令已经一统，最高立法权属于皇帝，并且依照法家治国，事皆决于法，并以刑杀为威。而自汉武帝后，由于“罢黜百家，独尊儒术”，儒家学说逐渐成为正统思想准则，使得汉律的基本精神和许多具体制度都带上了浓厚的儒家色彩，并影响和决定了后世封建法制的发展方向，汉朝因此成为我国古代法律制度的重要发展时期。汉武帝时期，富商大贾的势力依然很强大，他们“并兼豪党之徒”，“役财骄溢”[①]，在西汉抗击匈奴时，“蹛财役贫，转毂百数”，“冶铸煮盐，财或累万金，而不佐国家之急，黎民重困”。[②] 由此汉武帝开始了打击商人的政策。汉朝之时，盐铁是当时最关系国计民生的重要商品，过去一直由私人经营，在汉初叛乱时，富商大贾和地方诸侯专擅了盐铁资源与中央抗衡，有很大的经济实力。因此武帝首先设立了盐铁管理机构，将盐铁收归国有进行官营，对盐铁的生产过程和流通过程进行全面控制，以此“建本抑末，离朋党，禁淫侈，绝并兼之路”。[③]同时设立酒榷，即酒类专卖，禁止民间私自酿酒，国家对酿酒实行垄断。又创设均输制度，在各地分设均输官，由均输官将各郡国应向中央王朝交纳的实物贡赋等运往京师或缺乏此类产品的地方出售，由此而调节各地供求，平衡各地物价，均输官成了西汉王朝专门贩运贸易的商业机构，西汉也通过均输官建起了全国广泛的官营商业，收到了巨大的经济效益，满足了国家财政开支的需要。同时汉武帝又征收商贾车税，并且对商人、手工业者以及高利贷者的所有财产都按比例征收财产税。由于不少工商业者隐瞒财产，武帝发布了“告缗令”，“令民告缗者，以其半予之”[④]，于是一场

①《史记·平准书》，中州古籍出版社 1996 年版。
②《史记·平准书》，中州古籍出版社 1996 年版。
③《盐铁论·复古》。
④《汉书·武帝纪》，岳麓书社出版社 1993 年版。

揭发检举财产偷漏税的“告缗”运动遍天下。武帝实施告缗令后，“得民财物以亿计”[①]，然后建立平准机构，对市场和物价统一管理。各地均输官把相当一部分货物源源不断运往京师，通过平准在市场上出售。这样中央集权的封建国家直接经营和控制了工商业，对社会经济活动实行调节、干预，以抑压商人资本，增加财政收入，巩固封建统治的国民经济。从此开始，封建法制突出维护统一的中央集权，在刑法上增加了许多新的罪名，如臣下器用、服饰上如有“逾制”，即僭越罪；如不执行诏书且妄加议论诋毁先帝行为，即毁先帝罪；如怨恨而诽谤政治，即怨望诽谤政治罪；如邪道蛊惑民众，即左道罪；如官吏不执行皇帝诏令，即废格诏书罪；如对皇帝轻蔑失礼，即不敬、大不敬罪；如无凭证擅入闯入宫门或殿门，即阑入宫殿门罪；如反抗封建统治，即大逆无道罪；如许多人无故群饮，即群饮罪；如为反叛者通情报、当向导、供给饮食，即通行饮食罪；如主谋藏匿罪人，即犯首匿罪等等，通过种种政治、行政等方面的种种高压手段，以及法律的强制推行，在经济方面亦形成了极大震撼恫吓力量，实行国家垄断制度，限制私营工商业的发展。自此以后的两千多年间，各王朝都开始了直接控制、经营工商业活动，尽管他们的程度和方法有所不同，但这一政策及封建法律的保障体系却始终持续下来，并反映在历代封建法律条文中，对以后中国社会的发展产生了巨大影响。

政治、经济势力的强大是中央集权的封建国家得以逐步控制工商业发展的前提条件，若没有中央集权的专制主义政权，就没有这种重农抑商的经济政策及相应法律规定。当社会发展早期还没有形成强大的私人资本时，我国的封建国家制度已经进入了成熟与完备状态，由国家凭借强大的政治力量去直接经营和控制工商业成为可能，民间与社会自由发展工商业的权利也逐渐被封建国家独自吞享了。这种状况从当时来说对于解决其尖锐剧烈的社

① 《史记·平准书》，中州古籍出版社1996年版。

会矛盾是有重大收效的，而对于社会经济的长期发展来说，却使得我国社会长期局限在以农业生产为基础的水平之上，工商业开始萎缩不振，我国社会结构再也没有变更过，遏制了整个社会的发展活力。当一个社会比较自由，工商业受到的干预较少，人们就比较容易感受经济规律的存在和具体表现。随着西汉时政治上“罢黜百家，独尊儒术”，经济上打击商人，控制工商业，奠定了中国各王朝的基调，以后中国再也没有出现过春秋战国时期百家争鸣，社会思潮精彩纷呈，学术思想空前活跃，各类人物尽展其才的生动局面。就工商业方面来讲，在汉武帝打击工商业后，“商贾中家以上大率破，民媮甘食好衣，不事蓄藏之产业”[①]，人们有钱就用来吃喝玩乐，却不想积累财富以扩大生产经营，也没有研究生产经营的积极性。国家直接控制工商业的结果则又产生了一批特权势力，由于这种势力代表了或者利用着政府的权力操纵工商业，他们并不研究生产经营，只是进行巧取豪夺，从而使历代工商业都未能真正发展起来，我国的封建经济发展到一定程度后，也终因缺少工商业发展这一国民经济的重要环节而变得缓慢和停滞了。

（二）封建后期抑制工商业的法律政策及对生产的阻碍

费正清曾经认为，欧洲封建政治制度的彻底崩溃正是由于其商业发展而引起的，这种经济上的巨大变革使得政府与社会都束手无策，从而引发了整个社会的一场根本变革。资产阶级由此产生，资本主义制度也最终确立。对于中国这种情况则没有发生，其原因是多方面的。

如前所述，我国封建制的国家操纵和控制工商业是从汉代开始的，这种官营工商业就其产生和推行的历史条件而言，是有其合理性的。“民以食为天”，古时人们靠天吃饭，而粮食的生产率又很低，一旦世有饥穰，便会出现兵旱相乘的情势，就此而言

① 《史记·平准书》，中州古籍出版社 1996 年版。

商业的重要性远远不及农业生产。农业是封建社会国民经济的主要部门，人们“不患寡而患不均，不患贫而患不安”。因此一旦富者累资巨万，贫者食咽糟糠时，都会招致海内愁怨，在社会上造成严重危机。又在当时普遍生产力水平不高的情况下，过多的人离开农业去从事工商业，也会使社会的再生产难以维持。因此在封建早期对富商大贾进行打击，所谓“运筹策建国用，笼天下盐铁诸利，以排富商大贾，买官赎罪，损有余，补不足，以养黎民”[①]，结果使“民不益赋而天下用饶”[②]，通过垄断工商业压制商人资本，增加了封建国家的财政收入，对于巩固封建统治是有着相当大的成效的。然而自封建中央集权的国家形成以后几乎每个朝代都继承了西汉以来对于工商业实行控制和干预的政策，并且越到后来越严厉，逐渐扼制了工商业的正常发展，便对社会经济的发展起了极大的抑制作用，对中国封建社会后期的社会经济与发展造成了严重的阻碍和破坏。封建政权是以封建地主阶级为基础的政权，由封建官僚机构经营工商业，必然会带来种种无法避免的弊害。封建主义经济所具有的自然经济为主、人身依附和超经济强制等基本特点以及封建政权本身的专制主义性质，同工商业经营的商品原则本质上都是相反的。它必然具有劳动效率低，经营作风坏，产品不对路，价格昂贵，强买强卖等弊端。这些弊端即使在汉武帝时期也是存在的，而在后来封建政权逐渐腐朽，专制力量日益强大之时，这些官营工商业的积弊也愈加严重和显著了。

从汉朝开始，由于禁榷制度的施行，任何一种工商业，只要有利可图，都可能被官府垄断，收归官营，而禁榷的范围也愈来愈大。武帝时实行盐铁官营，到明清时，这种禁榷的范围已发展到了盐、铁、酒、茶、铜、铅、锡、硝、硫磺，甚至烟草、瓷器

① 《盐铁论·轻重》。

② 《史记·平准书》，中州古籍出版社 1996 年版。

等等，商人在这种以农为本的社会中经营范围被极度减缩，为了防止与官争利，政府还规定了一系列严刑峻法对商人进行严厉打击。汉代“敢私铸铁器、煮盐者，钛左趾，没入其器物。”[1]唐朝规定“私盐一石至死”；五代时“私盐不计斤两皆处死”；到了宋代，“鬻卤盐三斤者仍坐死”；元代，“私盐一斤以上皆拟徒没产”；明清两代，则“凡贩私盐者，杖一百徒三年，拒捕者斩”。[2]商人在社会中地位极低，汉朝规定，“锢商贾不得宦为吏”[3]，“贾人不得名田为吏，犯者以律论”[4]，“贾人赘婿及吏坐赃者，皆禁锢不得为吏”[5]，将商人视为贱民，不得乘车骑马，衣饰不与庶人同列。读书人耻言经商，商人处境窘迫，文化素质也随之降低。而工商业所获的巨大利润，则使官僚、地主见利而趋，通过官府力量垄断把持，大量兼营工商业。商人“以末致财，以本守之”，一旦经营工商获得巨大收益时，很快都会将资本买成土地，以获取封建王权保护，很少再专门经营工商业，转而成为商人兼地主。大商人多是与封建政权紧密结合的拥有特权的商人，这些人主要是依靠封建特权获得财富，并不需要精于经营之道。这种特权与重本轻末密切相关的经济关系，造成了我国历史上一个长期十分突出的恶性问题，即土地兼并，富者田连阡陌，贫者无立锥之地。几乎就中国封建覆灭为止，这个问题始终没有很好解决，它困扰了中国数千年，并且每个王朝的覆灭更迭几乎都与此相关。在中国封建社会中，地主的收入主要依靠地租，统治者也主要研究地主庄园的经营管理，而这些又与封建特权息息相关，因而社会对于封建经济的研究探讨也常常便与封建统治密切结合在一起，常常更多关注如何维护统治，由此造成了整个工商经营积弊丛生，工商理论极度贫乏，在世界步入近代以后，这点便逐渐成

① 沈家本:《寄簃文存・盐法考》。
② 《大明律》、《大清律》之《盐法》。
③ 《汉书・贡禹传》。
④ 《汉书・哀帝纪》。
⑤ 《汉书・贡禹传》。

了中国工商业发展以及走向富强的致命之伤。

同西方各国比较起来，中国一个最重要的特点便是中央和地方政权具有远较西方中世纪各国政府广泛的经济职能，市场管理是其诸多经济职能中的一种。出于维护传统自然经济以及统治者统治秩序的需要，抑制工商业的过度发展，一直是历朝所持的重

《清明上河图》局部

要论点。所以中国历史上尽管也有过诸如唐宋等朝统治者比较开明的胸怀，他们注重文化交流，积极发展海外贸易，由此促进了中国商业的空前繁荣。例如宋代，官市之外出现了集市，通衢大道上的店铺鳞次栉比，聚集大量人口的工商业大都市也开始出现，使得当时的中国成了世界上最繁荣富庶的国家之一。而随着商业和货币经济的飞速发展，到宋代时自给自足的生产方式已有所打破，农业生产的价值已不像西汉等朝代那样重要，然而这种情形却并未能影响中国像以后的欧洲一样，由于商品经济的迅猛发展而导致整个社会政治、经济制度的根本改变。中国到了明清，反而很快又进入到了严厉的禁商和抑商阶段。究其原因，即在于我国商业发展一直是在高度的集权统治之下，无论它发展到什么程度，中国以小农经济为主体的自然经济始终是整个社会最基本的

经济基础，传统农耕文明就平均亩产量，勤劳而集体劳作的传统，发达的水利系统，在资本主义前都属于较高水平，基本能够保证社会的自给自足。小农社会安贫乐道、知足常乐的人生态度，也保证了整个社会怕变求稳、守本抑末的社会风气，并且政府有着庞大的官僚机构，严酷的刑罚制度以及控制并且转化这些经济力量的管理职能。从治理国家的角度出发，中国历代都强调应该重视农业，由于中国的政治制度最初也是从征收赋税发展而来的，所以中国扶持农业，并依靠农业来维持国家和个人的生活，即便唐宋也不例外，限制和抑制工商业的自由发展。唐代用法律保护农业，要求地方官吏依法授民田土，一旦管理不善，则主管官吏便承担法律责任，“以十分论，一分笞三十，一分加一等，罪止徒一年”，若其“不言及妄言部内旱涝霜虫”，也要“杖七十”。[①]而手工业则依靠官办，将工匠以地域为单位组织在一起，要求他们按时服役，对于生产产品如锦、罗、纱、布等宽窄、样式、规格、质量等都有明确规定，“诸造器用之物及绢布之属，有行滥、短狭而卖者，各杖六十。”[②]宋朝亦是专卖立法，商品从生产、流通到出售，全部都由国家垄断，并且大多为人们日常必需品，如《盐法》规定：“禁地贸易至十斤，鬻碱盐至三斤者皆坐死。”[③]对茶、酒等亦有专门管理法规，重惩所有违法者。海外贸易中无论官府、私人海外贸易都必须报请朝廷批准，“行其违者，没入其宝货”。[④]西方中世纪长期处于封建割据状态，这种中央集权制是整个西方中世纪从来不曾有过的现象。也正由于此，中国的经济发展与政治统治之间有着十分密切的联系，其受中央集权管理的影响甚大。

中国封建社会后期的限制商品生产对其发展的抑制作用是十

①《唐律疏议·户婚律》。
②《唐律疏议·户婚律》。
③［元］脱脱撰：《宋史·食货志》。
④［清］徐松辑：《宋会要辑稿·职官》。

分巨大的。从西汉王朝奠定了官营工商业的基调之后，随着封建法制的日益完善，国家君主专制不断加强，正如宋代叶适所谴责的那样，汉初“使其果出于厚本而抑末，虽偏，尚有义。若后世但夺之以自利，则何名为抑？”[①]如果汉初是为了厚本而抑末，虽然片面，但还有些道理，但后世的抑末则实际上是借着“抑末”来“夺之以自利”，即统治者夺民间之“末”而自为之以取利，这种批评可谓入木三分。正由于封建社会的官营工商业是专制集权制度的产物，因而便可恃仗政权和法律进行赤裸裸的经济掠夺，用超经济的强制手段专制垄断，把大量生产和市场控制在自己手中，置国计民生于不顾，从而对国家的商业贸易造成极大损害。到封建后期官僚制度越来越腐朽，种种营私舞弊行为更是层出不穷，虽然法律也规范了许多交易活动，但它们常常缺乏可操作性，执行起来困难重重，使得贪赃枉法现象十分普遍。

随着中国城市工商业的繁荣，封建社会内部的商品经济必然会得到一定增长，这就不仅要求扩大国内商品流通，而且进一步要求整个社会的对外开放、发展对外贸易。就在这里，中国失去了近代社会发展最可贵的机会。中国宋代对外贸易已相当发达，然而出于种种政治原因，明初反而厉行海禁，“寸板不许下海”[②]，“敢有私下诸番互利者，必置之重法”。[③]在代表海上私人商业资本利益的官商士绅不断斗争吁请之下，终于隆庆开禁，但终明一代，海禁时严时驰，属有限的对外开放。到了清代，为了困绝明亡后逃至台湾的郑成功势力，清初再次严行禁海，一再重申“今后凡有商民船只私自下海，将粮食货物等项与逆贼贸易者，不论官民，具奏闻处斩”[④]。而后立沟墙为界，“寸板不许

① 《习学记言序目》，中华书局 1977 年版，第 274 页。
② 《明史》卷 205《朱纨传》。
③ 《明实录》，洪武 27 年。
④ 《光绪大清会典事例》卷 776，第 3 页。

下海，界外不许闲行，出界以违旨立杀”[①]。又颁布迁海令，“将山东、浙、江、闽、广海滨居民，尽迁于内地，设界防守，片板不许下海，粒货不许越疆”[②]，以致“百姓皆失业，流离死亡者以亿万计”[③]；对江浙闽粤沿海的社会经济造成了极为惨烈的危害。由于明清之际的收入主要是土地赋税而不是商业税收，再加中国一向自给自足，因而商品经济便在封建社会自然地受到了封建维护者的敌视。禁海迁界政策自康熙二十三年才得以取消，清廷设立了江浙闽粤四海关以对外通商，但到乾隆二十一年，清政府则又特许建立具有政治经济双重作用的外贸垄断机构广东十三行洋货商行来控制对外贸易，并明确规定通商只限广州一口，广州单口通商体制最终确立。此时正值中外贸易迅速发展，英国工业革命已经起始，海外贸易以及市场对于英国国计民生显得日益重要和迫切，而清廷的这种通商制度便对英国的商业发展造成了严重阻碍。

1793 年，适逢乾隆 80 大寿，英国便派马戛尔尼勋爵等作为特使带着各种贵重礼物向乾隆贺寿，同时希望中国能借此加开口岸，但却遭到了严词拒绝。此时的中国还不知道，世界已进入了剧烈变化中，从 15 世纪后欧洲开始崛起，打破了旧有国际秩序，西欧各国不断扩展海上势力，以经济实力作为后盾，正通过海盗式掠夺、商业战争、超经济的政治外交手段向世界各地渗透，英国作为欧洲崛起的代表，已成为当时的一流强国。然而英国是一个资源贫乏的国家，它的国内市场十分有限，因此必须通过国际贸易向海外倾销其大量过剩的工业品，当对外贸易将会对中国社会产生重大影响的时候，可悲的是这种贸易却未能正常展开，由此给中国社会带来了许多悲剧性的影响。

---

① 《榕城纪闻》、《清初蒲变小乘》。见林仁川：《明末清初私人海上贸易》，华东师范大学出版社 1987 年版，第 429 页。

② 夏琳：《闽海纪要》卷二。

③ 阮旻锡：《海上见闻录》卷上。

二、中国早期的对外贸易与外国势力的侵入

（一）对外贸易与广州十三行制度

广州位于珠江三角洲出海口，自汉代起就是对外贸易的重要港口，唐、宋、明三朝均在此设有市舶司，其商业随着对外贸易的发展而日渐繁荣。古代广州的对外贸易基本上属于藩属国的朝贡贸易，输入货物主要是“珠香象犀玳瑁”等奢侈品，输出则以瓷器、丝绸为最，这种贸易显然和人们的社会生活与生产很少发生直接联系。到了明代中叶，这种贸易格局开始发生了重大变化，传统的贡舶贸易从以进口为基调开始转向以出口为基调的商舶贸易，欧洲商人也逐渐取代了亚洲各国成为贸易的主要对象。这个原因主要来源于欧洲新航路的开辟、西方资本主义势力的勃兴以及国内商品经济的发展。

早期中西间的商业贸易主要由西班牙和葡萄牙人控制的，后来由于英美商人和政府的不断拓展，英、美势力渐渐占据了中西贸易的主要地位。清初，为了防范台湾郑成功势力，清廷实行禁海政策，康熙二十三年平定台湾后开放海禁，翌年又设了江浙闽粤四海关。英国此时获得了厦门和广州的贸易权，但英船“Defence”号在广州贸易时却受到了广东当局的重税和规费的双重盘剥，于是英国商人到舟山、宁波等地试探贸易，企图抛开广州。由于舟山税率较轻，外国商船越来越多，大有舍粤趋浙之势，于是雍正于1721年（雍正五年）下令关闭浙江口岸，只准外商在厦门和广州两处进行贸易。1755年（乾隆二十年），英国商人洪仁辉违制停船于定海，请求贸易，乾隆认为外商在中国北方贸易有害于中国的“民风国防”，于是下令中外贸易只限于广州一口，其他各口一律关闭。洪仁辉不服，于1759年前往天津上书乾隆，揭发广东海关的勒索情形，再次请求在浙江通商。乾隆大为震怒，一面派人赴粤查办海关，一面命人将洪仁辉押送澳门圈

禁三年。乾隆二十二年，清廷正式推行行商制度，实行广州单口通商，将西方各国贸易皆集中于广州一地，后又在此成立了广州十三行。它不仅负责外商进口货物的代销，出口货物的代购，以及进出口货物的价格标定和承保纳税，而且代清廷监督外商的活动。自此中外贸易被严格局限于广州一隅，越来越多的洋船云集广州，进口洋货在此卸卖，然后转运各地，而各省货物也须经由广州出口。

由于实行单口贸易，广州海关税收额大幅增长。然而尽管当时外国商人在广州海关交纳甚多，但由于广州十三行是经户部批准的“公行”，只有它才有权进行对外贸易，是为官方特许的商行，从而也为它滋生腐败创造了条件。广东地方官员和具有官方背景的人常常通过贿赂获得特许，户部官员则获得贿赂，由此绝大部分税收都由于陋规和贿赂而进入了官员和行商的私囊，上交朝廷的正税却每年仅为一百万两，占清王朝财政收入的百分之二至百分之三左右。因此清朝皇帝时常有“区区关税”之言论[1]，尽管通商在清初和清中叶对于中国都非常有利，而且它也牵扯着沿海数十万民众的生计，但按照以农为本的古训，加之朝廷在此获益不多，因而并未得到清廷重视。但这种通商却对于西方有着越来越大的意义，中西之间终于从商业贸易开始有了越来越深的交往与矛盾，也由此引来了一系列问题。

中国从明代起便同英国有了通商关系，但中国对英国的认识却并不明确。由于自古以来同周围国家已形成了一种朝贡体系，中国与其他国家间一直保持着宗主国与藩属国的关系，各国每过一段时间便来向中国“进贡”，作为宗主国的中国则注重在政治上扬威和策略上怀柔，以争取四夷来朝，万邦宾服。根据儒家礼仪，清政府拒绝与不愿朝贡的国家作正式官方交往，又根据儒家“虽之夷狄，不可弃也”的教义，准许这些国家通商。由于文化

① 茅海建：《天朝的崩溃》绪论注 17，三联书店 1995 年版，第 28 页。

传统长期优于周围国家，经济发展水平亦较其他国家为高，长此以往便形成了中国“天朝上国”的自大意识，认为自己是礼仪之邦，“无物不有”，而其他国家却是“化外蛮夷”，来天朝祈求自己的恩惠。因此中国对外施恩，“布德施惠”，在朝贡中常以“薄纳厚赠”而使“远人自服”，不大计较经济利益。对于英国的认识也是一样，认为英国既要与中国通商，就必须同其他藩属国一样尊中国为上国，并自以藩属国自居。

然而作为近代资本主义发祥地的英国，却有着与中国完全不同的意识形态和贸易观念。1784 年瓦特发明蒸汽机后，英国出现了工业革命，机器工业取代了工场手工业，生产关系与社会结构也发生了巨大变化，工业生产突飞猛进。从 1770 年到 1841 年，英国棉纺织业用棉量增加了一百倍，交通运输业也发生了根本性变革，铁路、轮船等现代交通工具开始普遍使用，煤、铁等产量也迅速提高。据统计，1820 年英国工业生产量占世界工业生产总额的 50%，而贸易占世界总额的 18%；1839 年，英国的煤产量是法国、比利时、普鲁士三国总和的三倍；1840 年，英国贸易已占世界贸易总额的 25%，生铁产量达 139 万吨，英国成了当时世界上最先进、最强大的资本主义国家。[①] 随着资本主义的迅速发展，英国也开始拓展北美、东亚的殖民地以及更广阔的商品销售和原料供应市场，海外市场对于英国也显得日益重要和迫切了。

在中国人的观念中，通商却是中国施予蛮夷人的恩惠。由于自大中国傲慢地认为“天朝无物不有”，因而对于西方要求通商的原因也并不了然，只是认为中国的物产足使外商们获利三倍，而中国的茶叶、大黄更是外商们不可或离之物，否则西人嗜食肉类与牛奶，若无茶叶、大黄他们就会消化不良，“有瞽目塞肠之患，甚至不能聊生”[②]，因而他们才会大量进口。中国也没有认

① 李侃、李时岳等：《中国近代史》第四版，中华书局 1994 年版，第 5 页。
②《筹办夷务始末》，（道光朝）卷 2。

识到中西之间应当有平等的交往，在有着重农抑商传统的中国，虽然海洋经济和对外贸易都有了较大发展，但清时的中国毕竟仍是以小农经济为主的社会，国家的统一，政权的稳定，除了国土，对人民的控制就是至关重要的。由于在贸易的同时西方的文化、宗教、道德观念等也不时渗入，有许多同中国的传统大相径庭，也加大了清廷对于西方的防范意识，于是在贸易中严格控制外国商人仅限于边远的广东。

限定广州一口通商，使外商所需要的生丝茶叶等都必须从江浙闽皖等地长途转运，增加了成本，收缩了市场，对于外商极为不利。为改变对华贸易的不利地位，英国曾试图打破广东十三行的垄断而绕过广州，向丝茶的主要产地江浙发展，这却引起了乾隆的高度警觉，于是断然下令提高浙海关的税率，并明示此举不在增税，而在于恐外国商船赴浙日众，“浙民习俗易嚣”，与外人交往“必致滋事”，提高税率可使“番商无利可图”，回归广东。[①] 在限令广州一口通商的同时，清政府又制定了一系列严格限制外人活动的规条，如《防范外夷规条》等等，不时由通事拿到外商所在的商馆大声宣读，以使外商认为这些章程不可以视同具文。这些规条的主要内容是：（1）船舶须停外江，不得进入虎门；（2）武器和妇女不得带入商馆；（3）外商不得与民人直接贸易，一切内外交易必须经由行商负责；（4）外商所用雇员，包括沙文（Servant）、门人、挑夫、买办、通事等均须由行商保充，造册报官，其数量亦不准超额，每馆门人不得超过 2 人，挑夫不得超过 4 人，夷商一人只准雇中国看货夫 1 名；（5）洋人不得乘轿，不得在江中划船取乐，不得随便出走逛街，不得多人结队行走；（6）洋人不得直接向中国官员呈递禀帖文书，只能由行商转呈；（7）洋人不得在广州住冬，必须到澳门住冬[②]；另外还有中国

① 张研、牛贯杰著：《清史十五讲》，北京大学出版社 2004 年版，第 238 页。
② 张海林：《近代中外文化交流史》，南京大学出版社 2003 年版，第 82 页。

人不得向外商借款或受雇于外商，不得代外商打听商业行情，不得教授外国人汉语，等等。而一旦外商有违，中国便会停止贸易。

对于中国的这些通商制度，外商并不能够满意，但由于是中国的定章，起初他们只得容忍。但这些严格而又繁琐的限制章程却日益严重地阻碍着中西贸易的正常发展，使得英国越来越不堪忍受。当英国在东南亚地区的殖民扩张达到高潮时，在他们的强烈要求和财力支持下，英国政府终于派出外交代表前来中国活动，准备用国家的力量来帮助英国商人打破东西方贸易的障碍，这便是马戛尔尼出使中国。

马戛尔尼为了出使中国是煞费苦心的。尽管与中国的贸易“是在极端艰难和勒索不堪的情况下进行的，但他们却绝不愿意放弃”。[①]于是以恭祝乾隆80大寿为名，马戛尔尼率由军事、测量、绘图、航海、医护等各方随员100余人，精心准备了600多箱代表英国最先进文明成果的贵重礼物，例天文地理仪器、钟表、乐器、车辆、兵器、船模等，希望中国知道英国是一个强盛而且文明的国家。又考虑到中国历来轻视商人，马戛尔尼出身贵族，与商业毫无关系而且地位崇高，且有极强的办事能力，故英国政府认为他是一个出使最合适的人选。英国政府希望马戛尔尼在与中国交涉时一定要尽量平和，在礼仪上表示中英平等，但也不可过分坚持，以免因拘泥形式而误了谈判。马戛尔尼的出使受到了清廷礼遇，“但对主要各点——商务、进贡和跪拜——却绝不肯稍为通融。凡是护送使节人员的车船，都插着标明英吉利贡使字样的旗帜”。[②]对此马戛尔尼虽感不快，但因担心妨碍自己使命的完成，因此并未提出抗议。然当觐见乾隆时，清廷却要求马戛尔尼行外藩朝贡天朝的三跪九叩大礼，由于认为这样足以把英国解释成中国的藩属或属国，因此马戛尔尼坚决反对，最后觐见皇

① 斯当东：《外国使节觐见档案汇编》第1卷，第28页。转引自马士《中华帝国对外关系史》第1卷，上海书店出版社2000年版，第59页。

②[美]马士：《中华帝国对外关系史》第1卷，上海书店出版社2000年版，第60页。

帝时只得屈一膝，以一定的让步结束了这种“礼仪之争”。然而对于英国提出的欲从中国获得一块像澳门一样的地方，英商可以在那里屯货居住，该地主权属于中国，但英国有侨民管辖权和警察权；增加通商口岸，降低关税和减少在广州通商的限制，取消澳门与广州之间的转口税，若不能免税，亦请照乾隆47年（1782）税率，从宽减税；禁止向英国商人于钦定税则之外另行勒索，并请颁给钦定税则抄本一份，以便英国遵守奉行；另还希望中国能同意英国派遣一位公使常驻北京等等要求，乾隆却以“此事断断难行”、“皆不可行”、“此事尤不便准行”等强硬态度，断然拒绝了英使的全部请求。乾隆敕谕指出“天朝抚有四海，惟励精图治，办理政务，奇珍异宝，并无贵重。尔国王此次赍进各物，念其诚心远献，特谕该管衙门收纳。其实天朝德威远被，万国亲王，种种贵重之物，梯航毕集，无所不有”[①]，令英使回国。马戛尔尼的同行描绘道：“我们进入北京时像乞丐，在那里居留时像囚犯，离开时则像小偷。”[②]这次出使完全失败，马戛尔尼在政治、经济、外交上一无所成。

然而尽管马戛尔尼的出使没有成绩，但英国为了“将贸易建立在一种安稳、健全和公平的基础之上”，并使他们的贸易“受到中国皇帝及钦定章程的保护”，1816年，又派阿美士德勋爵为大使再次出使中国，却在磕头等礼仪问题上再次发生僵着，阿美士德竟未蒙皇帝召见，通过100多天的漫长旅行，仅获准在北京逗留了10个小时，吃了一顿饭，连行李都没卸下便被驱逐，收到了比马戛尔尼出使还要失败的结局。两次交涉，英方毫无所得，中国同西方的分歧越来越大，通过和平交涉与政治谈判来解决这些分歧已不可能，中英矛盾终于发展到了不可挽回的地步。

① ［英］斯当东著：《英使谒见乾隆纪实》附录，根据《东华录》转，上海书店出版社2005年版，第544页。

② 周宁：《鸦片帝国》，学苑出版社2004年版，第68页。

（二）鸦片贸易与鸦片战争的爆发

在相当长的时期内，在中英之间的贸易中中国长期处于顺差地位。但某种程度上这却是由于中英之间的贸易市场及相互之间地位的不对等而造成的。英国是一个商业和法治国家，他们崇尚自由贸易，其国内市场广泛开放，商人能够自由往来，国内人民自由需求并且受到政府的高度重视和法律的各项保护；而在中国商业贸易则被严格限定在广州这个狭小的区域之内，商人受到极大轻蔑，在许多情形下无权无势。雍正五年上谕中说："朕观四民之业，士之外农为最贵，凡士工商贾，皆赖食于农，故农为天下之本务，而工商皆其末也。"[①]由于长期处在自给自足的生活状态中，民众无缘了解外部世界，对国外商品经济的发展需求更是毫不知情。因而自英国人开始比较经常性地与中国进行贸易以后，英国的许多产品，包括他们以为是王牌货物的毛织品和棉纺织品，都不能在中国打开销路，英国的对华贸易始终进口多于出口，形成了巨大的贸易逆差。他们不得不向中国大量的运送白银来平衡这种逆差，长此以往，便形成了巨大失衡。

在英政府及民间商人积极寻求经济手段打开中国国门时，他们希求能有中国这样一个广阔市场。曼彻斯特的制造商们浪漫地议论道，"如果每个中国人的衬衣下摆长一寸，我们的工厂就要忙上数十年！"[②]中国国土如此广袤，人口如此众多，然而中国经济的特殊形态则使得英国商人的美梦难以成真。中英两国的经济形态有着巨大差异，一位名叫米契尔的英国官员描述道："在收获完毕以后，农家所有的人手，不分老少，都一起去梳棉、纺纱和织布。这个国家十分之九的人都穿这种手织的布料，其质地各不相同，从最粗的粗棉布到最细的本色布都有。生产者所用的成本简直只有原料的价值。"因此"我们的制造商只要稍稍思索

① 《清世宗实录》卷五七。

②《剑桥中国晚清史》上卷，中国社会科学出版社 1985 年版，第 166 页。

一下这种做法的令人赞叹的节俭性，以及它与农民其他活路的可以说是巧妙的穿插配合，就会一目了然。以粗布而论，我们是没有任何希望与之竞争的”。[①] 中国毕竟是个农业国家，男耕女织、自给自足的生活方式已经在中国延承了几千年，其对工业品的抵制自然十分有力。再加清政府奉行的闭关锁国政策，将所有贸易仅局促于狭窄的广州一地，这都使得英国商人很难通过正常的贸易渠道来打开中国市场。

相对于中国自给自足的生活方式对于西方工业品需求的疲弱，中国的茶叶却已进入英国，并且日益成了英国生活中一项非常重要的消耗品。为了使茶叶的需求不致中断，英国便必须保持其与中国的贸易关系。随同马戛尔尼一起出使中国的斯当东指出，一旦与中国停止贸易，而茶叶则日益成了英国人的生活所需，他们却不能够在世界的其他地方买到它。因此在他们“能够设法在其他地方用同等价钱购进同等数量的茶叶之前，中国方面的来源无论如何必须加以维持”。[②]自从英国开始了海外殖民，他们便在世界各地进行着广泛贸易，正如苏格兰历史学家大卫·麦克弗森所言，“我们的生活已完全离不开我们的贸易与财政体系了”。[③]许多国家的产品如非洲的咖啡、西印度的糖都源源不断地进入英国，中国茶叶也一样。由于日益受到了英国普遍的欢迎与认可，从 16 世纪起，英国茶叶的销售量已增加了 400 倍，英国不分男女老幼，每人每年平均需要一磅以上。从 18 世纪后半叶开始，饮茶逐渐成了英国一种普遍而时髦的风尚，茶叶也从一种奢侈品逐渐变成了英国社会的普遍需求，因而其对茶的需求量也越来越大。18 世纪初，英国的茶叶进口量已超过 10 万磅，到 19 世纪初，已达到了 300 万磅，茶叶税收占英国政府总税收的 10%。[④] 而当英

① 张研、牛贯杰著：《清史十五讲》，北京大学出版社 2004 年版，第 249 页。
② [英]斯当东著：《英使谒见乾隆纪实》，上海书店出版社 2005 年版，第 10 页。
③ 转引自 Sweetness and Power. P115.
④ 周宁：《鸦片帝国》，学苑出版社 2004 年版，第 68 页。

国希求用自己的产品来换取购买这些茶叶的价钱时，由于这些商品很难在中国找到市场，他们便只得承受大量的贸易逆差，严重的出超使英商几乎难以为继，然而他们又不能放弃中国内地广阔的市场。终于他们发现了鸦片这种特殊的商品，这将对解决和扭转他们的贸易困境起到决定性作用。

鸦片原是一种药品，方以智在《物理小识》中说道："罂粟津液收入瓷器，用纸封口，暴二七日用之，其方流传如此，或以治泄痢，或用为房中药，性暖而涩，未为大害。"[①] 作为一种草本植物罂粟汁液中的提炼物，鸦片本身不过是一种含吗啡、可卡因、罂粟碱的生物碱，作为药物使用有敛肺、涩肠、止咳、止痛和催眠的作用。但它也可以作为毒品使用，这里的关键则是用量和用法问题，一旦用量过度，它就成为毒品。作为毒品的鸦片初可使人感到周身舒适，气朗神清，飘飘如入极乐之境；继则上瘾，茶饭不思，肩耸项缩，颜色枯羸，虽生犹死。而作为用法，若和汤煎服则气味臊臭，味道苦涩，可和药用；一旦置火吸食则味道香甜，可以抽吸，便化为了毒品。明朝末年荷兰人占领台湾后，为了防止疟疾曾将烟草、鸦片混合吸食，但这种吸食方法自厦门传入内地后，却渐成了中国之一大害，许多中国人吸食成风，而且不混烟草，只抽鸦片。

输入中国的鸦片起初数量极少而昂贵，一般人难以染指。16世纪始，葡萄牙人以印度为基地向中国输入鸦片，但每年最多不过200箱（每箱重100或120斤）。乾隆38年（1773）以后，英国东印度公司垄断了鸦片专卖权，鸦片输入量迅速增加。1790年，中国的鸦片进口量已从1770年的1000箱飞涨到了4050箱。到1800年，印度每年出产的鸦片已超过24000箱，其中三分之一销往中国。[②] 随着鸦片走私越来越严重，1800—1804年，平均每年

① 《鸦片战争》（一），上海人民出版社1957年版，第228页。

② 周宁：《鸦片帝国》，学苑出版社2004年版，第38页。

输入中国鸦片3500箱，1820—1824年增至7800箱；到1838—1839年度，竟达到了35500箱。[①] 吸食鸦片的消费方法使鸦片作为享乐性的奢侈品，迅速在中国普及，吸食人数如此之多，以致道光时各地烟馆林立，“上自官府缙绅，下至工商优吏，以及妇女、僧尼、道士，随在吸食；置买烟具，方第日中”[②]，就连道光本人也一度成瘾。他在《养正书屋全集·赐香雪梨恭记》中自述即位前吸烟之事道：“新韶多暇，独坐小斋，复值新雪初晴，园林风日佳丽，日蚀微研朱读史，外无所事，倦则命仆炊烟管吸之再三，顿觉心神清朗，耳目怡然。昔人谓之酒有全德，我今称烟曰如意。嘻！”可见当日吸食之普遍。嘉道时人程恩泽《粤东杂感诗》注中感叹“粤中鸦片烟满地，虽乞儿亦啖之”。在吸烟的人数中，衙门最多，“幕友、官亲、长随、书办、差役，嗜鸦片者十之八九”，[③] 军中吸烟之风亦非常流行，“各省兵丁吸食鸦片

清末国人吸食鸦片

者甚多”，士兵“筋骨疲软，营务废弛”，“操防巡哨有名无实”。到了同治年间，中国吸烟人口已达4000万，近总人口的十分之一。中国本土出产的鸦片产量已超过进口的鸦片产量，中国人口占世

① 李伯祥等：《关于十九世纪三十年代鸦片进口和白银外流的数量》，载《历史研究》1980年第5期。

②《鸦片战争》(一)，上海人民出版社1957年版，第348页。

③《林文忠公政书》乙集，《湖广奏稿》卷五。《中国近代经济思想资料选辑》上册，中华书局1982年版，第80页。

界的 25%，而中国消费的鸦片，却占到了世界鸦片总量的 85%。[①] 以致西方人欢呼道：“在经过几个世纪的贸易之后，西方终于发现中国会大量购买的东西了。”[②]

英国商人早在 17 世纪就开始夹带着鸦片来中国销售，以平衡他们的贸易逆差，在两次遣使活动归于失败之后，英国的贸易入超更为明显，英国商人也就越来越多的大规模卷入了鸦片走私活动，自 19 世纪初开始，从珠江口到东南沿海，北及直隶和奉天海岸。一般的说，英国贸易是在一种三角贸易的基础上进行的，英国产品运往印度，而以很少一部分运来中国，然后以鸦片、棉花和其他一些印度产品运来中国，中国部分用茶和其他运往英国的产品支付这些进口货，差额则以硬币付还印度。在两次鸦片战争前后，鸦片走私已发展成中、英、印三角贸易和英、印政府财政收入的生命线。根据英国官方的统计，在 1837—1839 年间，英国销往中国合法商品的总值平均每年不过 91 万多镑，而从中国进口的商品总值，平均每年却高达 427 万多镑，英国对华贸易的逆差，平均每年达 330 多万镑。到了 1859—1862 年，英国输华合法商品的总值，平均每年不过 440 多万镑，而从中国进口的商品总值，平均每年却高达 980 多万镑，英国的逆差达 540 多万镑。两次鸦片战争前后英国对华如此巨大的贸易逆差，基本上都是依靠从印度向中国走私鸦片去平衡的。[③] 1836 年流入广州的鸦片输入总额 1800 万元，使鸦片成了 19 世纪全世界最贵重的单项商品贸易，[④] 鸦片走私成了中、英、印三角贸易的生命线。

---

① 周宁：《鸦片帝国》，学苑出版社 2004 年版，第 42 页。
②《剑桥中国晚清史》上卷，中国社会科学出版社 1985 年版，第 165 页。
③ 严中平：《中国近代经济史》上册，人民出版社 2001 年版，第 17—18 页。
④《剑桥中国晚清史》上卷，中国社会科学出版社 1985 年版，第 164 页。

东印度公司的鸦片仓库

在此同时，英国从中国进口的茶叶还给英政府提供了大量的关税收入，从19世纪初到1846年，英国从茶叶上所征得的进口关税共达16700多万镑，随着茶叶进口的增长，这种关税收入也日益膨胀。在1846年的一年内，就达500多万镑。另一方面，印度殖民政府也从鸦片专卖和鸦片过境税上取得了大量的财政收入，这项收入在1835—1839年间，平均每年为128万多镑，在财政总收入中的地位超过5%，到1855—1859年更上升到448万多镑，在财政总收入中的地位超过14%。可见鸦片走私又是英、印政府财政收入的生命线。因此，英国是无论如何都必须向中国输出鸦片的。[①] 然而当时的中国对于这种情形却并不了然，尽管中国同英国贸易已达两百多年，但中国却闭眼不看世界，也因而对世界的情形并无所知。

事实上，鸦片战争前中国与世界市场的联系已经形成，只是清政府没有觉察到而已。从15世纪起，世界对茶、丝、棉、蔗糖等的需求都已大大刺激着中国几种主要经济作物的种植和手工业

① 严中平：《中国近代经济史》上册，人民出版社2001年版，第18页。

制品的发展，输出急剧增长。在18世纪30年代，中国向西方国家出口棉织品，到鸦片战争前夕，已达到平均每年34600匹的水平。[①] 1834年英国撤销了东印度公司对华贸易的垄断权，允许英国人在东方自由经商，由英国政府设立驻华商务监督来统摄一切，这样原与英国私人公司的对华关系便成了英国政府的对华关系。此时中、英、印三者之间贸易关系已经奠定，随着19世纪初英国大量向中国走私鸦片，中国财富开始大量流向英国和印度，清政府以过去对待夷人的方式对待西方，对西方商人采取“羁縻怀柔”的政策，此时才发现了其根本错误，可是却找不到任何有效的解决方法。

鸦片的输入使中国的白银大量外流，吸食人口日益众多，严重荼毒国人身心。由此不独影响人们健康，也拖垮了国家经济。英国通过鸦片贸易，不但扭转了英中贸易的逆差，甚至扭转了两百多年东西方贸易的逆差，到19世纪初，它还扭转了3个世纪以来东西贸易中白银流入中国的状况。1821到1840年间，中国白银外流至少在1亿元以上，相当于当时银货流通总额的五分之一，每年流出500万两白银，相当于清政府每年总收入的十分之一。白银外流还造成清政府一项严重经济问题即银贵钱贱。清代时银两与制钱是并行流通的，其比价为银每一两合制钱一千文。但由于白银外流，到19世纪30年代后期，一两白银已合制钱达一千六七百文，而清代完粮纳税须用白银，就等于人们实际要多交60%的赋税，由此大大加重了民众负担，将许多人推入了水深火热的深渊。鸦片输入给中国带来了无穷无尽的灾难，它“横被海内，槁人形骸，蛊人心志，丧人身家，实生民以来未有之大患，其祸烈于洪水猛兽”。[②] 终于引起了清政府以林则徐为代表的禁烟运动。然而中国没有想到，禁烟运动却给英国找到了借口，它竟悍

① 珀金斯:《中国现代经济的历史透视》，Dwight H. Perkins, China’s Modern Economy in Historical Perspective, 1975, p. 321, note 4.

②《道光洋艘征抚记》，《魏源集》上册，中华书局1976年版，第168页。

然发动了战争。

（三）中国对外贸易的被迫改变及中西之间的认识分歧

鸦片战争是中国一个重要的历史分界点，然而战争的爆发最早却是由于鸦片输入而引起的，这里的前提令人深思。

当西方新航路开辟以后，世界格局发生了根本变化，西方商人热衷于东方贸易，中国也占有南洋贸易的一定优势，对东西贸易握有主动权和选择权。16世纪以来，西方对茶叶、丝、瓷器的大量需求，对我国东南沿海地区的繁荣和商业化都产生了明显影响，从1719年到1833年一个多世纪中，广州接纳外国商船吨位便增长了13倍之多。[①]明清之际中国商人远洋航海能力也并不亚于早期西方殖民各国，如果在西方资本主义处于上升之际中国能不昧于世界大势，积极参与这种交流，通过开拓新的远洋贸易赚取厚利，中国完全可能成为新兴贸易大国，那么它在以后的国际交往中必定会处于十分有利的地位，并且也必定会对中国传统经济的发展变迁产生积极有利的影响。遗憾的是中国在世界贸易从大陆转向海洋的重要时期却与世界背道而驰，自行放弃在南洋开拓的许多贸易据点，并对本国商人出海贸易严加防范，长期实行限制对外贸易的法令，对外商来华贸易控制也越来越严。这种闭关锁国的政策同封建的日益衰败与腐朽联系在一起，终于贻误了中国发展的大好时机。

无可否认，鸦片贸易是西方打开中国大门的罪恶渊薮，在促使中国贸易逆差、白银外流的恶性局面中，鸦片起了决定性作用。但细考源流，就不难发现封建的官僚体制是造成这种畸形消费与交易的重要原因之一。鸦片的输入起初是被作为药剂而准许的，世界许多国家的人也同样食用鸦片，英国一种常见的儿童鸦片糖“巴拉高利”(Balagoli)，直到20世纪20年代还是使婴儿安静的家常药物，美国著名的可口可乐饮料也直至1903年尚含有微量

① 罗荣渠：《现代化新论》，商务印书馆2004年版，第263页。

可卡因。英国的鸦片贸易并非只针对中国，它在英国本土也属正常贸易，当时世界的许多国家鸦片贸易都是合法而且正常的。但中国则输入越来越多，贸易额愈来愈大，其危害也愈来愈烈，这才引起了人们的高度重视。但自1800年嘉庆降旨查禁鸦片，并严禁在国内种植罂粟以来，明显地许多外商都感到了中国官吏对此闭着眼睛不管，再加上中国内地巨大的需求量，终于使鸦片的进口泛滥成灾，这与中国的腐败和官僚机制有着密不可分的联系。

清朝是一个封建帝国，它顽固地维持自己“天朝上国”的尊严，将对外贸易视为一种朝贡贸易，决不与任何“蛮夷”有平等往来。又出于少数民族入主中原，对汉族可能与洋人勾结、颠覆朝廷的猜忌与防范等原因，因此清廷对当时西方世界普遍采用的外交程式都十分警惕，不容有丝毫渗透，对外国要求通商贸易更是深怀戒惧之心。清律以“谋反”为十恶之首，康熙年间又通过定例扩大了谋判罪的适用范围，对于背叛本朝、私通和投向外国皆治以谋叛罪，“但共谋者，不分首从皆斩”[①] 又以严刑惩罚异端，但由于其政治军政的机器早已锈蚀，因此大门关而不紧，致

英国鸦片船和中国小帆船

① 《大清律例·刑律·贼盗》。

使鸦片从门缝中滔滔涌入，中国始终没能很好解决。雍正在1729年曾下令禁止鸦片，但对吸食者免罚，也没有限制进口的任何规定，只对种植和生产进行严惩，这无异于鼓励进口。于是禁令颁布当年，就合法进口200余箱，到1767年增加到1000箱，到1790年达到4000箱。进口鸦片要支付给朝廷执照税，这个税一直到1796年还在征收。这就使鸦片交易不可能禁止，并在此过程中国库银两剧减。巨大的银两流失使得嘉庆时又颁布了十余道禁烟法令，规定凡吸食鸦片者，杖一百，枷号两个月。但中国公行垄断着对外贸易，外商所有的进出口货物都被加以了无定额甚至无法估计的勒索，而其中只有原棉和鸦片例外，尤其鸦片，由于已成禁运品，自然不能课征关税，鸦片也就不能带入商馆，外商只在船上交货，而由中国买主去解决其他相应问题，鸦片走私便日益猖獗起来。大量的官吏借着禁止进口而加入走私的行列，因为走私不必交税，朝廷原来收取的税银便全部落入了官员和买办的腰包，英国贸易终于被鸦片喂养到了一种与日俱增的程度。道光十九年，清廷再颁《严禁鸦片烟章程》三十九条，严厉打击贩卖鸦片，此时中国禁烟已100多年，但英国鸦片烟商在广州生活，却处处体会到了自由。中国官方要严禁鸦片，但鸦片商们却无时无刻不在进行着鸦片贸易，而且受到了地方官的多方保护。外商表面上"受着一大堆限制，长时期和当局冲突、审判、威吓、生命危险，以及不知会发生什么变故的普遍的不稳定。中国当局三令五申，我们要遵纪守法、服从指令、要战战兢兢地生活，不要因顽抗和规外行动引起皇帝的愤怒"。但是"这仅是一些具文"，因此外商们"并不管这些官样文章，我们只专心做买卖，划船、散步、享用美食佳肴"[①]，英国政府蓝皮书称："在过去二十年中，中国高级官吏与政府人员，对于鸦片走私公开地默许，前任和现任巡抚都从中取利，听说北京的军机处也暗中允许。""他们纵

① 《鸦片战争》(一)，上海人民出版社1957年版，第235—236页。

容烟贩从外国船上取走鸦片，有时甚至将官船借以转运。”外国进口商一旦得到“立付确交”之后，“就可以看到所有的眼睛都闭起来了，甚至那些停泊在进口船只旁边的缉私巡艇上的人们也是这样”。①

这种情形绝非个别，许多记载说明鸦片走私“不仅是在光天化日下，而且在巡船的眼皮底下公开交易，在广州交货。对于那些不曾留意中国官府的记录，不大了解中国人性格的人来说，更加离奇的事情是官府的巡船也常常被用来走私”。“中国的法律受到了公然的蔑视”。这都使鸦片商感到“贩卖鸦片是一种无往不利的生意，眼见着每年的需求量增加了又增加，哪会轻易地放弃呢？”②中国上下不一，各怀鬼胎、各自为是的官僚管理体系漏洞百出，致使鸦片走私日益严重，“岁竭中国之脂膏”，对中国毒害愈来愈深，鸦片愈禁流弊愈大。道光十六年，太常寺少卿许乃济奏请“驰禁”以变通，主张准许鸦片入口，照章纳税，以防止“用法过严，转至互相容隐”③，国家也可收回利税，但却受到了道光的降职处罚。官吏更加明目张胆地收受贿赂，鸦片走私日益成风。

鸦片在中国如此泛滥，整个社会到处吸食，西方获益越来越多，使得广州几乎没有不做鸦片贸易的英美商人。鸦片损害健康，腐化风俗，破坏经济，但却屡禁不绝，某种程度上，反映出清朝黑暗腐朽的社会现实。中国有一个贪污腐化的官吏网在保护，有一个有钱有闲的阶层在消费，另外还有黑暗腐朽的社会背景使相当多的人内心空虚，没有生活的热望与目标，从而用毒品麻醉身心、逃避现实；另外鸦片除了是药品，又是一种社会奢侈品。“政府官吏、士兵、满族妇女，游手好闲的官宦子弟，将鸦片当作消闲优游、不事劳作的富贵生活的象征”；鸦片又是一种食物或食

① [美]马士：《中华帝国对外关系史》第1卷，上海书店出版社2000年版，第203页。
② [英]艾略特·宾汉：《远征中国纪实》第一章，引言。
③ 中国第一历史档案馆编：《鸦片战争档案史料》第一册，第200—202页。

物的替代品，是一种麻醉品，它可以减少食欲，“那些饥饱无常的苦力、船夫、长时间工作的矿工如四川的盐工，可以使用鸦片抗饥耐劳”，[①]这种用途又使人感到了一种无尽的酸楚和悲哀。鸦片泛滥已严重威胁到了清政府的统治，于是林则徐被派往广州查禁鸦片。林则徐下了最大的决心，收缴了不法商人鸦片 19176 箱零 2119 袋，实际重量 237 万斤，并于 1839 年 6 月 3 日于广州虎门海滩当众销毁。然而中国没有想到，由此竟引起了促使中国社会迅速转向近代的开端——鸦片战争。

总体上说，鸦片战争是以鸦片贸易为焦点的中外贸易长期积累下来所有问题的一次总爆发。艾略特·宾汉在《远征中国纪实》一书中说，“不列颠民族遭受的许多耻辱，都是由于中国清朝官僚十足的愚昧和自大”。[②]美国总统约翰·昆西·亚当斯则认为鸦片战争爆发的原因不是鸦片，“真正的原因是磕头，是中国狂妄自大、令人难以忍受的态度，中国人自以为他们与世界其他民族的商贸往来并非建立在平等互惠的基础上，而是建立在君主与臣仆之间那种屈辱和侮辱性的关系上”。[③]都使人们能够看出西方社会长期以来对于中国在对外通商贸易上的做法强烈不满情绪。正因如此，当林则徐坚定不移地开始禁烟时，英国出于利益考虑，鸦片已成英、印贸易的生命线，是无论如何不能舍弃的；而另一方面，禁烟又引起了无数英人的战争兴奋，认为“中国方面的无理举动给了我们一个战争的机会”[④]，过去马戛尔尼和阿美士德出使中国的失败，“也许能有力地提醒贵院，任何高尚的外交手腕，在中国都是不会有什么收获的”。[⑤]“我们向中国政

① China in World History , by S. A. M. Adshead. P292.

② [英]艾略特·宾汉：《远征中国纪实》，第一章，引言。

③ John Quincy Adams Memories, II, 30, 转引自“China and the Brave New World: A Study of the Origins of the Opium War(1840—1842)”, by Tan Chung, Carolina Academic Press. 1978, P1.

④《鸦片战争》（二），上海人民出版社 1957 年版，第 661 页。

⑤ 格林堡：《鸦片战争前中英通商史》，第 178 页。转引自《剑桥中国晚清史》（上卷），中国社会科学出版社 1985 年版，第 166 页。

府提出的要求，只有表现充分的武力，才能有希望得到”。[①]要求“政府利用这个机会，将对华贸易置于安全的、稳固的、永久的基础之上”。[②]英国历史学家麦考莱用富于激情甚至煽动的笔调描绘道，“我们这个国家在世界上的地位，还不至于卑微到对一点点轻慢都无法忍受的地步，但是，忍耐是有限度的。义律领事的文件中，有一段深深打动了我，我相信也能打动大家。他描述他初到广州，一上岸就被处于绝望愤怒中的同胞们围起来。他所做的第一件事，就是下令从船上取来大不列颠的国旗，插在阳台上。这一举动让人们看到希望，祖国会保护他们”。“飘扬在他们头上的是胜利的旗帜，这旗帜使他们意识到他们属于一个永远不会失败，永远不会屈服，永远不容侮辱的国家，这旗帜提醒他们牢记他们的祖国将为她自己的儿女伸张正义、雪洗冤屈，让世界最远的角落也闪耀着她凯旋的荣光”。[③]战争的硝烟已滚滚而起，而这则皆出乎了中国的意料之外，因为中国认为“夷情外似桀骜，内实惟怯”。“知彼从六万里外远涉经商，主客之形，从寡之势，固不待智者而决”，因此“知彼万不敢以侵凌他国之术窥伺中华”。[④]将事物的判断还停留在传统冷兵器时代，表明了当时中国与世界之间相互理解的距离有多么遥远。

当然，不管人们怎样辩护，鸦片的危害是巨大的，鸦片贸易所带给中国人民的灾难无论怎样估计和谴责都不过分。另外一个问题我们也不能忽视马士在《中华帝国对外关系史》中所提出的，“一个国家在坚持同另外一个国家自由通商方面究竟有多大权力？这第二个国家又可以在什么样的程度上自由地对于这样进行的贸易加以限制？这种限制能够严厉到几乎禁绝贸易的程度么？

① 《鸦片战争》（二），上海人民出版社 1957 年版，第 653 页。

② 《鸦片战争》（二），上海人民出版社 1957 年版，第 634 页。

③ Hansard' s Parliamentary Debates, 3rd Series, Ⅲ (1840), 转引自 “The Dragon Wakes Chain and West”, 1793—1911, by Christopher Hibbert, Longman, 1970, P142—143.

④ 茅海建：《天朝的崩溃》，三联书店 1995 年版，第 114 页，第 115 页。

一个国家既拒绝对外贸易，或是把限制规定到使贸易无法进行的程度，而这个国家对于外国商人们的人身又应当尊重到什么程度？一个除了接受贡使以外从未接受过其他使节的国家，是否必须予使节以平等地位的外交权利？”[①] 而当时的中国除了自己之外对世界却几乎茫无所知，自然也不会考虑这一切。中外贸易长期不能在正常的情况下发展，中国以高傲侮人的态度将许多正常贸易拒之于千里之外，合法贸易因而受到了许多阻滞。在合法贸易中，奉准的进口货只能在一种甚至以货易货的方法都不能得到货款的情况下出售，严重时甚或会造成对方倒闭，而唯有鸦片贸易是用先交现款后交货的办法出售的，因此才能大行其道，也成为西方唯一既感安全又能满意成交的物品。种种流弊四海流传，从而将中西贸易放置在了一种十分尴尬的位置上，各种矛盾层出不穷，包括鸦片，在正常的外交途径与贸易体制下均难解决。中国禁烟成了英国政府发动侵华战争的借口，战争终于不可避免的爆发了。

鸦片战争整整持续了两年之久，最后以清政府的失败而告结束，清政府被迫于 1842 年在南京与英国签订了中国历史上的第一个不平等条约——《南京条约》。之后又被迫同西方签订了《中英五口通商章程》、《中英五口通商附粘善后条款》(《虎门条约》)、《中美望厦条约》、《中法黄埔条约》等一系列不平等条约，西方国家长期以来梦寐以求的打开中国广阔市场，增开商埠、平等通商、协商关税等等要求，终于通过战争的手段如愿以偿了。中国长期奉行的严厉外贸政策土崩瓦解，外商们获得了他们自由贸易所需要的重要条件：广州单口通商增开为广州、福州、厦门、宁波、上海五口通商；取消中国长期垄断中外贸易的公行制度，取消行商及各种陋规勒索，实现通商口岸内的自由通商；将关税变成了税率很低的协定关税，获得了沿海贸易权、内河航行权以及

① [美]马士：《中华帝国对外关系史》第 1 卷，上海书店出版社 2000 年版，第 158 页。

内地通商权，取得了商埠、租界、领事裁判权以及片面的最惠国待遇，等等；这些条约都成了以后中外贸易新的基础。

鸦片战争像一块界碑，中国咀嚼了战争的苦果，一系列不平等条约的签订，使中国在西方资本主义的强力驱使下，卷进了世界资本主义的漩涡，古老的中世纪的封建中国在炮口的震撼下终于被迫走入了近代社会。

（四）中西工商业发展的观念及法律对比

相当程度上，中英之间深刻矛盾与争端来源于中西之间制度、结构以及对于通商贸易认识的巨大不同。中国是一个封建农业国家，自古便奉行以农为本的思想，这种小农经济自给自足体系的稳固性，王朝财政制度的单一性，以及在政治上以重农抑商作为稳定社会秩序，防止民间权势增长的传统政策和刑律森严的法律制度，都不仅依据于这种长期的封建体制和传统本身，还在于它得到了建立在这基础之上的悠久深厚的儒家文化系统的支持与巩固。儒家思想礼仪至上，将道德、仁义等皆放在国家功利之前，宁肯为了道德、仁义而牺牲功利，商品经济由于追逐利益因而受到儒家排斥，被看成是小人之举。商品经济越发展，对自然经济的瓦解越显著，人们对商品经济的反对也便越激烈，对于外贸的态度也是一样。明朝时对土地和人民都加强了控制，将全国土地和人口情况都详细地登记在册，封建后期的统治日趋衰落，各种矛盾日益尖锐，专制君主对自己的统治也愈乏自信，他们需要保持分散、隔离、闭塞的状况，以巩固和加强封建专制政权。因此15、16世纪的明王朝统治者开始关闭了对外开放的大门，颁布了封关禁海的诏令。1603年菲律宾发生西班牙对中国在菲华商华侨的大规模屠杀，遇难者达3万余人，而明政府却认为华商为“甘心就夷之民，无足怜惜”，华侨在菲久留不归，于中国，于他们的父母亲属，“皆为无足轻重之人”；“中国四民，商贾最贱，岂以贱民兴动兵革”？若“提师渡海远征，胜负难料，国体攸关，何敢轻率启衅”。[①] 任凭悲剧不断发生，中国商民在外利益因而得不到任何保护。

到了清朝，西方各国来华和中国商民前往南洋贸易进入发展时期，很多中国商人在东南亚贸易，他们在生意中使用帆船，其速度质量皆与西方相仿。“成千上万的中国商人每年冬季南下，夏季北上，往返于厦门、广州与马六甲海峡之间，遵循琐细的航海规则，穿行于各个中途港口。”[②] 然而虽然具有远洋航行的物质和技术条件，中国却缺乏开拓海外市场和推动原始积累的内在动力，清廷许多政策仍旧沿袭明朝，从康熙起便对中外通商心存戒惧，数次颁发迁海令，强制粤闽苏浙沿海居民内迁 50 里，越界立斩，四千里海岸线上为之人烟绝迹，完全断绝了海外贸易。收复台湾后次年虽又宣布开放海禁，“山东、江南、浙江、广东各海口，除夹带违禁货物仍照例治罪外，商民人等，有欲出洋贸易者，呈明地方官，登记姓名，取具保结，给发执照，将船身烙号刊名，令守口官弁查验，准其出入贸易。”[③]但康熙五十六年却再颁禁海令，停止与南洋的贸易，并严禁卖船与外国和运粮出口，如将船卖给外国人，“造船人与卖船之人皆立斩”[④]，若“出洋人留在国外，将知情同去之人枷号三个月，该督行文外国，令将留下之人解回立斩”。[⑤]康熙认为“海外如西洋等国，千百年后，中国必受其累，国家承平日久，务须安不忘危”[⑥]，后人更由此认为国外对中国“常怀吞食之志，往往外假经商之名，遂其私计”，因而多次拒绝英美等国通商的请求，最后仅限定在边远的广州单口通商，但仍在清政府的严密监视之下。但这却与民间尤其靠海而生的沿海地区人们的通商愿望相背离。我国东南人多地

① 严中平：《老殖民主义史话选》，北京出版社 1984 年版，第 381—382 页。

② [美]费正清：《中国：传统与变迁》，世界知识出版社 2002 年版，第 289 页。

③《光绪大清会典事例》。

④《清圣祖实录》，卷 271。

⑤《清圣祖实录》，卷 271。

⑥《康熙朝纪政》，卷六，“纪市舶”。

少，因而人们一向有出洋谋生的习惯，并主要集中于东南亚一带。但这些背井离乡的人们却一直被视为“天朝弃民”，政府没有关心过他们的生死存亡。清廷严厉锁国，严申海禁，对出洋谋生充满敌视；清初规定，凡官员兵民私自出海贸易及迁往海岛居住者，一律按反叛、通贼论斩；凡国人在“番”托故不归者一旦回国，一经拿获即就地正法。雍正两次降谕“此等贸易外洋者，多系不安本分之人”，“嗣后应定限期，若逾期不归，是其人甘心流移他方，无可悯惜，朕意不许令其复回内地”。“从前逗留外洋之人，不准回籍。”乾隆五年（1740），荷兰殖民者在爪哇屠杀逾万华人，酿成著名的“红河（溪）惨案”，而当时的两广总督却上奏说：“被杀汉人，久居番地，屡邀宽宥之恩，而自弃王化，按之国法，皆干严谴。今被戕杀多人，事实可伤，实则孽由自作。”而乾隆则表态曰“天朝弃民，不惜背祖宗庐墓，出洋谋利，朝廷概不闻问”。[①] 由此也使得中国的对外贸易不可能得以推广发展。很多官吏认为通商贸易是“各国有求于中国，非中国有求于各国也”。[②] 甚至认为英国富强也是由于中国之故。1816 年嘉庆皇帝与大臣孙玉庭对话说：

嘉庆：“英国是否富强？”孙答：“彼国大于西洋诸国，故强。但强由于富，而富则由于中国。”嘉庆问其原因，孙答：“彼国贸易至广东，其货物是换茶叶回国，时转卖于附近西洋各小国，故富，因而能强。西洋诸国之需茶叶，亦犹北边外之需大黄。我若禁茶出洋，则彼穷且病，又安能强？”[③]

正是基于这种荒谬观点，因此每当中外冲突发生时，中国便以闭市、封舱相威胁，即停止与西方人的贸易，或将贸易从甲国转让给乙国，作为逼使“外夷”就范的手段，这就是愚蠢的“以

① 参见雷颐：《历史的裂缝·清季的中国外交》，广西师范大学出版社 2007 年版，第 22 页。

②《中国近代史资料丛刊·鸦片战争》第 5 册，上海人民出版社 1957 年版，第 428 页。

③《孙玉庭自记年谱》，《延釐堂集》附。

商制夷”政策的由来。当时朝野普遍认为茶叶、大黄能扼制外人生命，包括林则徐、邓廷桢、包世臣等有识之士都这样认为。由于缺乏自由市场，英国的贸易始终都是在受限重重的情况下进行的，更由于中国官吏的腐败，在广州的贸易总是黑幕重重，对外商进行着种种不堪的敲诈勒索。从康熙五十九年中国设立了十三行负责对外贸易，名为“公行”，公行外的散商贸易便被完全禁止。东印度公司曾做过统计，在23年间，英商因陋规而遭受的损失达168万镑，尤其是正税之外的种种陋规，如必须给监督礼物、给政府贡品等等，更使外商不堪其扰。1775年行商曾设立“公所基金”，规定公所每个成员将贸易利润的十分之一缴作基金，1780年，行商们却向进口货开征3%的税收，把负担转嫁到外商头上，由是引起了外商强烈不满，解散公行的呼声日高，[①] 但这种阻碍中英正常贸易的公行直至鸦片战争《中英南京条约》签订后才被取消，严重堵塞了海内外商品交流的渠道。

朝贡贸易也是限制中国正确与世界交往的重要原因。根据中国传统教义，中国认为自己是“天朝上国”，长期处于东亚朝贡体系的中心，以“贡舶制度”来衡量西方，将其视为“朝贡国”似乎并无不当。正如邵正笏所言：“汉夷交易，系属天朝丕冒海隅，以中原之货殖，拯彼国人民，非是利区区赋税也。”[②] 直到西方工业革命兴起，中国仍视外国为中国的藩属国家，龚自珍在道光十七年（1837）所撰《主客司述略》中言：“我朝藩服分为二款，其朝贡之事有隶理藩院者，有隶主客司者。”“隶主客司者，曰朝鲜，曰越南、曰南掌、曰缅甸、曰暹罗、曰荷兰、曰琉球、曰西洋诸国。”“自朝鲜以至琉球，贡有额，朝有期。而西洋诸国，贡无定额，无定期。”[③] 将西方国家视为“贡无定额，无定期”的朝贡国。这种观念蒙蔽了中国人的眼睛，以至于中国

---

① 参见许纪霖、陈达凯主编《中国现代化史》第1卷，学林出版社2006年版，第39页。
②《清季外交史料》，道光朝，书目文献出版社1987年版，第44页。
③《龚自珍全集》，香港中华书局1974年版，第118页。

上下都把中外贸易看成是对各国的一种恩典，而不是出于中国本身经济的需要。中国两千多年“夷夏之大防”以及“义”、“利”观念的抽象演绎也使人们的观念圈缩在一个狭小的天地，建立在小农经济基础之上的封建专制政权对外基本没有经济要求，也无需开阔视野，努力去了解一个更大的世界。因而道光在上谕中称，“天朝嘉惠四海，并不以区区商税为重”[①]，英国“货船每言在粤海关约纳税六七十万两，在该夷以为奇货可居，殊不知自天朝视之，实属无关毫末”。[②]“区区税银，不足计较”。[③]这种妄自尊大的态度正如马克思所言，是“竭力以天朝尽善尽美的幻想来欺骗自己”，中西这种制度、观念的巨大差别，给中国正常的对外交往和经济发展都带来了巨大困难。

与中国的社会生活不同，英国是一个商业国家，在英美法系中，商业法律的目的“是给贸易合理的商业效果。我们在此是给商人们帮助的，而不是为了阻碍他们；我们在此是给商业车轮的转动加油的，而不是对其指手画脚，横加阻拦”[④]。英国商人是英国社会中最活跃最富裕的组成部分，他们被支持甚至被鼓励到世界各地去从事贸易活动，其利益和活动随时受到政府的极大关注，许多方面直接影响着政府的施政措施，这种情形也同他们的传统与观念有着深刻的渊源。

与中国一样，西方国家很早也探讨过商品经济的一些问题，古希腊思想家色诺芬认为商业之所以必要是因为它使人们获得了具有实用价值的东西，而柏拉图则鄙视商业，认为商人唯利是图，国家应该重视农业。许多思想家认为人们为了糊口而从事小商业是情有可原的，但以营利为目的的大商业是不能容忍的，因为商人买贱卖贵，这种行为是败行，正直的人应当反对它。但又有思

①《大清十朝圣训·宣宗成皇帝圣训》，第 102 页。

②《清代外交史料》，道光朝，第 3 卷，第 19 页。

③《道咸同光名人手札》第 2 集，第一册，广陵书社 1997 年版，第 3 页。

④ 英国高尔夫法官(Lord goff)解释商事合同目的时言，转引自李燕：《英国商法的定位》，《法律适用》2003 年 Z1 期。

想家认为小商业是卑贱的，有为的人应该赞扬和从事大商业。种种观点层出不穷，人们对此一直讨论，但无论怎样，欧洲由不同王国组成，相互间始终进行着竞争，任何对经济单一模式的限制都不可能在欧洲广泛推行。而另一方面，中国很早就建立起了一个以儒家文化为核心的中央集权制国家，儒家尚义轻利，提倡忠孝治国，认为君主和国家对臣民握有无限权力，基于小农社会的经济基础，因而从根本上又有着否定工商业的倾向。工商业发展常会促进商品流通和人们之间的广泛交流，而这则会动摇小农经济的社会基础和它所提倡的封建孝道。为了交易人们时常离家外出，父权便会失去对子女的人身和财产控制，从而动摇父权的权威。父权是封建等级的基础，礼义又是维护封建等级的工具，侵犯父权便是对礼义的重大破坏，在封建家国同构的情况下，家是国的基础，国是家的放大，父权的权威受到挑战，就会进而危及君权。一旦工商业发展导致“千金之家比一都之君，巨万者与王同乐”[①]，便会“伤化败俗，大乱之道也”，因而工商业遭到了历代统治者的坚决反对。而西方则于公元后在各个世俗国家的基础上逐渐建立起了基督文化的核心地位，任何人无论属于欧洲哪个国家，其共同的身份都是基督徒。基督教不反对人们经商，认为经商是一种劳动，任何因劳动而争取生活改善、获取劳动报酬的行为都是合理的，基督在他的教诲中甚至认为将钱埋置起来，而不使之升值的行为是一种蠢行。因而国家应当保护每个个人的这种权利。同时基督教又认为人是有罪性的，例如贪财、抢夺、欺骗等等，因此无论做任何事情都必须制定相应的法律章程，以便对人的罪性进行约束。于是在经商活动中，人们认定建立在高尚信念基础上的合法贸易有别于建立在贪婪基础上的非法贸易；合法的收益有别于通过高利贷获得的暴利，由此制定了种种行商规则，以防止商人在严重背离社会公平公义的情况下贪图高利，贱

① 《论语·子路》。

买贵卖。欧洲法治传统逐渐形成，它同商业经济的体制密切相关。以法律保障制定的各项行商规则被严格执行，人们的财产权利不受侵犯，社会的公平秩序能够维护。这种法律制度的确立最终保证了西方工商业长期正常的发展，随着欧洲商业的日渐繁荣，11世纪的欧洲迎来了一场规模空前的“商业革命”，十字军东征和殖民活动打通了东西方之间的商路，大大促进了远距离海上和陆上贸易发展。从11—15世纪的400年间，欧洲贸易中心几度迁转，形成了几大商贸通道，产生了众多的“集市”与“市场”。贸易的发展又推动了西方体系化、逻辑化的交易规则的建立，各种相应法律体系不断创立并日益完善起来，西方“商法最初的发展在很大程度上——虽然不是全部——是由商人自身完成的：他们组织国际集市和市场，组建商事法院，并在雨后春笋般出现于整个西欧的新的城市社区中建立商业行会和商业事务所”[①]。11世纪的商业革命造就了许多的商业法律，这些法律又反过来促进了商业革命，由此西方商业资本愈来愈雄厚。从15世纪末在资本主义的形成和发展过程中，商业资本起了突出作用，它促进了小商品生产者的分化和资本主义制度的产生，同时也扩大了原有市场和开辟了新的市场，促进了欧洲各国国内市场的统一和世界市场的形成，为商业资本开辟了更大空间，并推动了西方对外贸易的迅速发展。

资本主义制度和其相应法律体系的建立为西方迅速增加社会财富，提高劳动生产率铺平了道路。从17世纪末西方开始进入工业化进程，英国不仅成为资本主义大农业的国家，而且已经成了工业国家。随着国内外市场的不断扩大，英国工场手工业，特别是纺织工业都有了很大发展，劳动分工日益专业化，技术革新不断加快，18世纪60年代，工业革命首先从英国棉纺织工业中产

① 转引自朱慈蕴、毛健铭：《商法探源——论中世纪的商人法》，载《法制与社会发展》2003年第4期。

生了。工业革命引起了交换方式的革命，也带来了世界市场的急速扩大和逐渐密集的全球贸易网。西方认为只有通过相互贸易才能积累社会财富，如亚当·斯密认为："按照事物的自然趋势，进步社会的资本，首先是大部分投在农业上，其次投在工业上，最后投在国外贸易上。"[①]"互通有无"和"互相交易"的倾向是人类共有的，也是人类所特有的，对于这种出自人类本性的交换倾向，应当顺其自然，不应人为地加以限制。因此，他主张"自由放任"，反对一切妨害对外贸易的政策，认为这样可以输出本国多余产品，输入所需原料及消费品，从而扩大国内市场，对于贸易双方都极为有利，这种观点对于英国自由贸易政策起了非常大的作用。对外贸易成为各资本主义国家原始积累的重要手段，使其积累了大量货币资本，从而大大促进了资本主义生产方式的成长和确立。从 18 世纪，世界贸易年均增长率为 1.1%（1720—1780），到鸦片战争时期（1840—1860）已达到 4.84%，一个世纪以后，1948—1971 年间的年增长率进一步猛增为 7.27%。[②]表明了商品消费大规模的国际化，已使市场全球一体化，它跨越了地理的、文化的与政治的边界，将世界各地区完全联系在一起。

1840 年的鸦片战争正是西方入侵的必然发展，西方依赖于商品交换，甚至与其生活不可或离，这种商品交换与商业不断发展的趋势必会将全世界都纳入其轨道。就中英贸易来说，在 18 世纪后半叶英国已占广州海上贸易总值的一半以上，到 19 世纪初期更进一步达到 80%左右，所以这时候的中外贸易关系实际上主要是中英两国之间的关系。如特洛基所指出的，鸦片贸易为欧洲统治与开发殖民地，甚至对欧洲本土的工业革命都做出了重大贡献。"鸦片对欧洲与亚洲的殖民统治同样重要。对于在亚洲的欧洲商人来说，鸦片贸易成为他们完成资本积累的主要渠道，没有鸦片

① 斯密：《国民财富的性质和原因的研究》上卷，商务印书馆 1972 年版，第 349 页。
② 卡洛·奇波拉：《欧洲经济史》第 3 卷，《工业革命卷》，商务印书馆 1989 年版，第 8 页。

贸易，许多进一步的发展都不可能。英国的大企业、银行与保险公司，都根植于亚洲贸易，都直接或间接地参与鸦片生产与贩运。毒品鸦片在西方资本主义商业化过程中起到重要作用。在亚洲的殖民贸易中，鸦片是最彻底的商业化的产品，是一种资本化的商品，它与其他药品（drug 药品 / 毒品）一样，本身既是一个商品同时又创造其他商品。土地、劳动力、国家财政关系甚至国家本身，都通过鸦片贸易被商业化了”。[①] 鸦片贸易使大量的白银回流到英美商人手中，为他们积累起了转化为现代工业企业资本的大量资金；同时它又是英、中、印三角贸易中的关键所在，利源所系，因此西方决不会禁绝鸦片。中国由于自己落后陈旧的封建观念及封建体制的极大束缚，在这种令西方资本主义国家都从中大得好处并使之欣欣向荣的对外贸易中却没给中国自己带来任何好处，反而在剧烈失衡之下引发了鸦片战争。英国用炮舰打开了中国紧闭的门户，强迫中国人接受西方人的贸易制度和国际法观念，并用不平等条约来强制中国市场的自由开放。这样，中国自给自足的发展体系终于被打破，天朝神圣不可侵犯的主权终于被侵犯，中国从而被迫纳入了资本主义的世界体系。

① Opium , Empire and the Global Political Economy . by C. A . Trocki, P9.

第三章 洋务运动的全面启动与早期社会法律观念变革

一、鸦片战争后的中外贸易及二次鸦片战争的爆发

从18到19世纪，英国已经完成了工业革命，以棉纺织业为代表的生产力获得了极大的发展与提高，同时机制棉纱和棉布的价格也大大降低，相关产品的价格亦不断下降，使得海外市场能否扩大对英国棉纺织业影响日益重大，迫使资本家尽快开辟国外市场。中英《南京条约》及之后一系列有利于西方贸易条款的签订，大大激发了西方的贸易热情，巨大市场的开辟几乎令西方欣喜若狂。“人们纷纷谈论我们这次可是一举而要为全世界三分之一人口的需要效劳了，这个消费我们货物的新市场的美景”，被“人们广泛而动听地宣传开来”，认为“只消中国人每人每年需要一顶棉织睡帽，不必更多，那英格兰现有的工厂就已经供给不上了”。[①]代表英国与中国签订《中英南京条约》的璞鼎查告诉英国资本家，他已为他们的生意打开了一个新的广阔天地，“倾兰开夏全部工厂的生产也不够供给它一省的布料”。[②]

然而真正的贸易开始之后，其增长速度却远远低于外国商人们的预计。“假想市场的美景冲昏了商人的头脑，使他们看不见障碍”，一厢情愿地认定中国人对于英国货物的需求会持续增长，“一想到和三万万或四万万人开放贸易，大家好像全都发了疯似的……没有人能使他们相信，新开放的市场也会到货太多卖不出

---

① 香港《中国邮报》[China Mail]1847年12月2日社论。转引自严中平：《英国资产阶级纺织利益集团与两次鸦片战争的史料》。

② 严中平：《严中平文集》，中国社会科学出版社1996年版，第189页。

去的”。[1]仅在1842—1845年，从英国运到中国的棉纺织品总值就由70万镑扩大到了170万镑，[2]结果“很快地就供给太多了……商人增多了，商业却萧条了”。[3]英国对华贸易额没有出现太大增长，大量来自英国的商品都出现了亏本或滞销，仅1850年与1844年比较，工业品的对华出口便几乎少了75万英镑。“自英国来货之多，乃贩运太多所致，而非出于需要”，原本认为中国市场潜在购买力非常巨大，开埠后的现实却证明了他们对中国人的需求和购买力估计过高。在以小农经济和家庭手工业为核心的经济生活里，人们的购买力十分低下，大多数人对于商品的使用首先考虑的都是廉价、耐用，这种自给自足的自然经济天然地对外国商品有着顽强的抵制。英国官员米契尔以福建为例描绘了这种经济结构对英国对华出口增长的阻遏作用：

“福建具备一种美好而简单的经济体系，在对抗外国货的竞争上，这是一种真正无从侵入的体系。一个福建农民，除去种植其他作物而外，还生产某种数量的蔗糖，到春天，他把糖运到最近的一个海口去卖给商人……”商人所欠糖价一部分用现金支付，另一部分则用北方的棉花来归还。秋收之后，“农家所有的人手，不分老少，都一齐去梳棉、纺纱和织布”，他们就用这种自织的布料来缝制衣服，而将余下的拿到附近城镇去卖。这个国家9/10的人都穿这种手织的衣料，生产者所用的成本简直只有原料的价值，“说得更恰当些，只有他交换原料所用的糖的价值，而糖又是他自己的产品”。这种做法“令人赞叹的节俭性，以及它与农民其他活路的可以说是巧妙的穿插配合，就会一目了然，以粗布而论，我们的制造商是没有任何希望与之竞争的”。中国“每一

① 1852年3月密切尔报告书[Mitchell Report]，见1858年3月31日额尔金致克拉兰敦发文，英国外交部档案，编号F.O.17/287。转引自《中国近代经济史论文选集》，上海师范大学历史系，1979年。

② 列岛编：《鸦片战争史论文专集》，人民出版社 1984年版。第59页。

③ 香港《中国邮报》[China Mail]1847年12月2日社论。转引自严中平：《英国资产阶级纺织利益集团与两次鸦片战争的史料》，载《经济研究》1955年第2期。

个富裕的农家都有织布机，世界各国也许只有中国有这个特点。

传统织布机和纺线车（摄于山西阳城白桑村）

在所有别的国家里，人们的工作只限于梳棉和纺纱，而把纺成的棉纱送交专门的织工去织成布匹。中国则自梳、自纺、自织，而且他的生产并不以仅仅供给自己家庭的需要为限，而是把这项生产当作季节性的主要工作……在他的庄稼正在生长时，在收获完毕以后，以及在无法进行户外劳动的雨天，他就让家里的人们纺纱织布……同样的制度通行于全国，交易的货物，在此为糖和米，在彼为茶叶、染料与药材，我们可以说整个帝国的南部和北部就这样形成了锁链，使各部分的劳动互相依存，而全中国的劳动，就好像有意要把外国人及其新奇货物关在大门之外”。[①]正是由于“中国人的习惯是这样节俭、这样因循守旧，甚至他们穿的衣服都完全是以前他们祖先所穿过的……除了必不可少的以外，不论卖给他们的东西多么便宜，他们一概不要”。“一个靠劳动为生的中国人，一件新衣至少要穿上三年，而且在此期间还要能经得住干最粗的粗活时的磨损，不然他们是添置不起的。而像那样的衣服所用的棉花，至少要相当于我们运到中国去的最重的棉织品所用棉花重量的三倍，换句话说，它的重量必须相当于我们能运到中国去的最重的斜纹布和普通棉布重量的三倍。”[②]于是他感叹道，“拥有如此庞大人口的中国，其消费我们的制造品竟不及荷

①上海师范大学历史系：《中国近代经济史论文选集》，1979 年，第 586—587 页。
②《马克思恩格斯选集》第 2 卷，人民出版社 1972 年版，第 59 页。

兰的一半，也不及我们那人口稀少的北美或澳大利亚殖民地的一半，赶不上法国或巴西，赶不上我们自己，不在西印度之上，只比欧洲大陆上某些小王国如比利时、葡萄牙或那不勒斯稍微多一点点，这好像是一个奇怪的结局”。[①]落后的小农与家庭工业的密切结合体系使得英国产品很难在中国打开销路，除了部分上层阶级之外，没有多少人购买洋布，于是1842—1845年的大批棉纺织进口造成了40—50年代的长期壅塞。在以后的40年中，英国输华的纺织品总值，很少超过1845年的水平，1854年甚至降到64万镑。[②]这种农家手工业产品的强烈抵抗使得英国工业产品一时根本无力打开中国的市场，中外贸易的困境渐次又蕴发出了中西之间新的矛盾。

近代史上，第二次鸦片战争的苦痛也许是国人最难忘怀的一幕。人们心目中最为神圣的皇权竟遭到了外国侵略者无情地践踏，英法联军开进了北京，成千上万的军队无法保证京畿的安全，英、法如入无人之境，咸丰仓皇逃往热河，将全国的心脏丢弃在了侵略者的铁蹄之下，也将沉重的震撼带入了整个国家的中枢系统。这是历史上从未有过的奇耻大辱和巨大灾变，“海国作乱，自古无闻，明时有倭寇之警，亦未尝连衡诸海国，直犯神州赤县也”。[③]战事从广东发端竟将战火燃到了北京城内，“夷氛逼近，一夜数警，人心惶惑，城内迁徙络绎，各衙门官员纷纷远避，十室九空”，[④]联军由安定门而入，“恃捍登城……尽逐我城上防兵，将我大小炮位，掀落城下，纳诸沟中”，另设夷炮四十六尊，炮口南向，“北面城垣，东西长十里，尽被占据……城门听其启闭，反禁止中国

①上海师范大学历史系：《中国近代经济史论文选集》，1979年，第584页。

② 许纪霖、陈达凯主编：《中国现代化史》，学林出版社2006年版，第40页。

③《庚申夷氛纪略》，中国近代史资料丛刊《第二次鸦片战争》(二)，上海人民出版社1975年版，第25页。

④《筹办夷务始末》(咸丰朝)，卷70。

人不得出入”。[①]昔日京华景象如同洪水过地，荡然无存，给了国人以最猛烈的震击。联军扬言要炮轰北京，捣毁皇宫；接着冲进了圆明园——这座经营了150余年，综合中西建筑艺术成就，聚集了古今艺术珍品和历代图书典籍的著名皇家园林，先是对它大肆劫掠，然后又将其纵火焚毁。他们声称“它是皇帝喜爱的住所，对其进行毁坏不仅是给他的情感一个致命的打击，而且对他的傲慢也是一次重创”。“我们有必要在附近留下永久的、表示我们对清政府背信弃义和残酷的愤慨的标记，以警示未来。这才是烧毁圆明园的真正起因。”圆明园被烧毁了，“庞大的帝国突然之间倾覆在自身的灰烬中……这好像仅仅是一种预兆，或许不会变为现实，因为仍然有时间让中国自己恢复自新，通过和外国政府建立友好关系，向他们学习怎样在目前的危急时刻可以使臣民保持安定，并赶上历史进步的步伐”。[②]

在英法等国的武力逼迫和挟制之下，1860年10月，留守北京的咸丰之弟、恭亲王奕䜣被迫同英、法交换了《天津条约》批准书，并签订了中英、中法《北京条约》，承认《天津条约》完全有效，增开天津为商埠，准许英、法招募华工出国，割让九龙司“归英属香港界内”等等，使西方列强从中国攫取了一系列新的特权。当此消息传入各省，整个国家无不战栗。正与太平天国作战的曾国藩“接恭亲王咨文，敬悉銮舆已出巡热河，夷氛逼近京城仅二十里，为之悲泣，不知所以为计”。[③]其惶遽怵惕、茫然失措的心情足以描绘整个国家在这种震击下的普遍心态，从而人们悲痛地称其为“庚申之变”。

“庚申之变”的灾难促使了更多的人思索悲剧的原因。御史陈庆松尖锐指出，“向来办理夷务，本未通盘筹划，不过来到天

① 《庚申夷氛纪略》，中国近代史资料丛刊《第二次鸦片战争》（二），上海人民出版社，1975年版。

② ［英］罗伯特·郇和《一八六〇年华北战记》，第十二章。

③ 《曾文正公手书日记》，咸丰十年九月初三日。

津，支应回广东去，而广东亦不过搪塞了事，故事终不了。夷人机警，窥破此情，故于我全用劫法……今日抚局亦系劫成”。[①]《南京条约》签订后，中国对西方的敌视情绪未有稍减，“夷夏大防”的屏障仍牢牢扎根在大多数人的心中，许多人用鄙视但又无可奈何的复杂心情注视着西方，广州等地尤其浓烈。西方国家以商立国，他们期望更多商业利益的实现，但《南京条约》带给英国的商业利益却远未达到其预想的要求，相当多的人便认为其同中国市场的开放程度不够及英国人在中国相关权利不够所致，因而从1853年起，英国人便开始酝酿修约。

1844年《中美望厦》条约第三十四款规定：“至各口情形不一，所有贸易及海面各款恐不无稍有变通之处，应俟十二年后，两国派员公平酌办。”[②]同年签订的中法《黄埔条约》，亦有类似规定。由于当时正值炮声初息，惊魂甫定之时，因此，“在欧洲，外交家们极为重视条约中的字句和语法，中国的代表们并不细加审查，一览即了。很容易看出来，他们焦虑的只有一个问题，我们赶紧离开”。[③]此时的清朝官员没有意识到他们轻易接受的改约意味着什么，以为《南京条约》的签订便万事大吉，双方既已“罢兵息战”，一切通商事宜亦同英方“逐款议定”，便能“俾得日久相安，无滋流弊”[④]，然而，无知不能成为护身符，由此引来的一系列交涉事件，又酿成了第二次鸦片战争的惨痛灾祸。

五口通商制确立以后，清政府设立了五口通商大臣专门办理西方外交及通商事务，大臣由皇帝任命并被派驻于广州、福州、厦门、宁波、上海等地通商外交事务，亦应“奉大皇帝钦派大臣来粤，会同总督、巡抚、监督筹办”。[⑤]然而，广州、上海虽同

① 中国近代史资料丛刊《第二次鸦片战争》（二），上海人民出版社1975年版，第317页。

② 王铁崖《中外旧约章汇编》第1册，三联书店1959年，第56页。

③ 转引自张研、牛贯杰《清史十五讲》，北京大学出版社2004年版，第255页。

④《筹办夷务始末》（道光朝）卷61，中华书局1979年，第26页。

⑤《第二次鸦片战争》第一册，上海人民出版社1978年版，第47页。

为通商口岸，但上海等地“夷夏之辨”的观念和排外气氛远没有广州浓烈。西人“不问城内外，皆可听其游处”，其他也与上海相同，但“独粤城垣门，与夷馆相距仅咫尺间，转不得一入”。[①]广州浓烈的排外气氛暗中得到了许多地方官员的默许与纵容，由此也引起了中西之间的不断纠纷。由于相对来说上海等地“华夷相恰”，因而西方国家多愿至此就许多问题与当地的督抚们进行外交谈判，由此也使得上海在不到10年的时间内便代替广州成了当时中西交往的中心所在，但清朝的体制则是只准常驻广州的钦差大臣一人办理夷务，但实际又往往各行其是，体制不一，甚至相互抵触。广东巡抚黄恩彤指出，“上海等口开港以来，官民待夷本宽”，“唯粤东因旧制之难改，几致新章之不行。在夷则援各口以为例，而怨粤相待之薄”[②]，由此使得矛盾百出，英国等修约要求也便愈发强烈。

当英法要求修约之时，他们首先遇到了两广总督叶名琛，这是一个“凡遇中外交涉事，驭外人尤严，每接文书，辄略书数字答之，或竟不答”的对外深闭固拒的人物，怀着传统夷夏之防的意气和成见，他“既不屑讲交邻之道，与通商诸国联络，又未尝默审诸国情势之向背虚实强弱，而谋所以应之”[③]，只有对夷人的极度蔑视。他制服夷人的取胜之道不是面对面的抗争折冲，以维护国家利益和主权，而是在精神上给对方于贬抑和折辱，当外国使领要求晤见时，“而名琛直不见”。[④]英国公使包令要求会见钦差大人，叶名琛提出在“一个河边的仓库”里接见[⑤]，这使得

① 梁廷枏《夷氛闻记》，中华书局2006年版，卷五。

②《第二次鸦片战争》第一册，上海人民出版社1978年版，第146页。

③ 中国近代史资料丛刊:《第二次鸦片战争》(一)，上海人民出版社1978年版，第228页。

④ 中国近代史资料丛刊:《第二次鸦片战争》(一)，上海人民出版社1978年版，第243页。

⑤［美］马士:《中华帝国对外关系史》第1卷，上海书店出版社2000年版，第465页。

“撼之者不独英人，如法如美，同深忿恚”。[①]由此亦给了英法以战争借口。在此之前，英国驻上海领事阿礼国的在他的报告中便声称：“为我们对华商务之大规模的充分发展，还有别的根本条件，其中尤以进入初级市场，排除限制我们货物自然流通的障碍，以及取消一切阻碍内地旅行的限制，最为重要，最有效力”。“战争过去了，战争的时机又已到来……我们还需要同等广大而有利的市场”。[②]英国公使包令也宣称，“除非有一个武力威胁的支持和强迫，是得不到条约修改或通商贸易情况的改善的”。[③]

1856年10月，英国人在广州久争入城而不得后，“亚罗号”事件爆发，中国政府将一只有海盗嫌疑的中国船只“亚罗号”扣押，英国借口此船上悬挂有英国国旗，在同英国交涉未果的情况下，中国径自关闭了广州海关，使得贸易陷于停顿。此事如同火上浇油，英国开始用大炮轰击广州，后与法国集为联军，再度攻城。面对危局，叶名琛竟不知备战，命人以扶乩为指南，声称“姑待之，过十五日，必无事矣”。[④]时人描绘其“不战、不和、不守，不死、不降、不走”。两日后广州被联军占领，叶名琛等城中官吏皆成俘虏，叶被押往加尔各答，后在那里去世。当叶名琛到了加尔各答，看到了外国报纸的各种信息，更多地了解西方的后，思想发生了巨大变化。“现在我明白了，这比我以前从香港了解到的要清楚得多，那时我根本不懂”。[⑤]但这种新的认识已经无补于他亲手酿成的误国误己的历史大错了。他是典型中国传统文化的产物，当他以传统英雄主义傲视西方“蛮夷”时，当西人“驾炮注击总督署，司道冒烟进见，请避居，叶相手一卷书危坐，笑

① 中国近代史资料丛刊：《第二次鸦片战争》(一)，上海人民出版社1978年版，第243页。

②《中国近代经济史论文选集》，上海师范大学历史系，1979年版，第582页。

③ 转引自张研、牛贯杰：《清史十五讲》，北京大学出版社2004年版，第257页。

④ 中国近代史资料丛刊：《第二次鸦片战争》(一)，上海人民出版社1978年版，第231页。

⑤［澳］黄宇和：《两广总督叶名琛》，中华书局1984年版，第156页。

而遣之”[①]，其镇静豪迈之气直追东晋谢安“小儿辈遂已破贼”毫不逊色[②]，然而这种以刀箭傲火炮的高度自信在严酷的现实面前，却显得分外悲哀与滑稽。

叶名琛被英法军队捕获（英国随军画师绘制）

联军由此决定北上，其主要要求是“争取广泛地进入中华帝国的整个内地，以及沿海各城”，并“争取英国国主有一位代表能长久而光明正大地驻节于北京朝廷”。[③]以便越过广州当局而直接从中央获得清帝保证，以此不仅当作促进贸易的手段，也利用外交来维护一整套的条约权利，使各省的英国商人和传教士所希求的贸易、旅行及交往的权力都能兑现。

1858 年，英法联军攻占大沽，直逼天津，坚持要同北京政府直接交涉。清政府派大学士桂良等赶赴天津，6 月底被迫与各国签订了《天津条约》，同意外国公使常驻北京，增开牛庄（后改营

① 中国近代史资料丛刊：《第二次鸦片战争》(一)，上海人民出版社 1978 年版，第 229 页。

② 东晋谢安曾指挥中国历史上最著名的以少胜多的战役——淝水之战，以 8 万精兵击败前秦苻坚 100 万大军。在这场被认为是改变中国历史的战役中，谢安挥洒自如，尽显风流。据《晋书·谢安传》载，当淝水之战的捷报传来时，他正在与人下棋。看完军书后面无表情，继续落子。别人忍不住问他，他只淡淡地说：“小儿辈遂已破贼。”其镇静如此。

③ [美]马士：《中华帝国对外关系史》第 1 卷，附录 16，上海书店出版社 2000 年版，第 767—768 页。

口)、登州(后改烟台)、台湾(后定为台南)、淡水、潮州(后改汕头)、琼州、汉口、九江、南京、镇江为通商口岸;英、法等国人可往内地游历、通商、自由传教;外国商船可在长江各口岸往来;修改税则,减轻商船吨税;等等。条约签订后,英、法等国要求到北京换约,然而咸丰的反映同样体现着这个古老国家对付夷狄的本能,亦未认识到世界已发生的巨大变化。西方国家希望"中国市场应该向西方商业开放得更宽些,中国政府应该进入现代的国家体制",因此想在天津修约时"获得公使在北京的居留权,或至少让外国公使不定期地访问北京"。[①]但英国公使不行叩头礼,不能按照传统朝贡使节的规矩前来中国,便使咸丰对外国人进驻北京的要求感到一种无端的恐惧与憎恶。因而《天津条约》签订以后,西人南返,津沽危局得以缓和,咸丰却责令使臣蹑踪至上海,与英法再开谈判,期望宁以免除关税为代价,换取西方放弃《天津条约》中已规定的外国公使驻京、江路通商和内地游历等三项内容,并尽快归还广东省城。上谕严称"进京一节,万不能允,内江通商,必须消弭;其余两事,亦当设法妥办"。[②]其所谓"剀切训示"的四项,本都关乎中国主权,但咸丰相争要点却在于要竭力保全华夷藩篱及天朝礼仪,尤其避免皇帝与不行跪拜之礼的西方人直面相对,若一旦允许其在北京驻使,中国传统天朝观念就会遭到彻底破坏。为了维护天朝皇帝至高无上的地位,清廷尽其一切努力要求避免西方来京,尽量能在上海换约,由此不惜舍弃关税之利。英法却认为国与国之间应当平等相处,公使驻京是各国平等的关键所在,因而在此决不让步,坚持要在北京换约。

1859年,英法派人由天津入京换约。清政府为此指定了路线,并照会英法公使随员不得超过20人,随身不得携带武器。英法认为,这是对贡使的要求而加以拒绝,坚持走水路。僧格林沁埋下

① 《剑桥中国晚清史》上卷,中国社会科学出版社2006年版,第245页。
② 《筹办夷务始末》(咸丰朝)(四),中华书局1979年版,第1223页。

伏兵，认为“洋兵伎俩，我所深知，彼何足惧哉！”[①]在大沽口给了换约者愤然而懵然的一击。战斗很快取得了胜利，英法联军伤亡达460人之多，但他们没有想到，由《天津条约》止息的武装冲突迅速重新发展成了更为激烈的民族战争。英法开始增派援军，战火由此不断蔓延。在茫然不察外情的情况下，清政府认定英国谈判代表巴夏礼“能善用兵，各夷均听其指使”，若一旦就擒，则“该夷兵心必乱，乘此剿办，谅可必操胜算”[②]，竟遵循传统“擒贼先擒王”的思维逻辑，将其一行39人在谈判时全部扣留铐押收监。不料事与愿违，英法立即做出了强硬反应，开始进攻北京，清军节节败退，在无任何退敌之策的情况下，咸丰“车驾北狩”逃往热河，英法联军占领北京。清廷被迫释还巴夏礼在内的联军大营的所有谈判人员，然而其中英人26名，已死伤各半；法人13名，已七死六伤[③]，《泰晤士报》记者包尔贝惨遭分尸之祸。[④]出于报复，英法联军竟将著名的皇家园林圆明园烧成了一片废墟。

惨痛的事实给了国人以最沉痛的历史教训。当第一次鸦片战争开始之时，它给独立的中国带来了屈辱，也为停滞的中国提供了变革和走向近代的历史机遇。在关系到国家前途、民族命运的时刻，中国急需面对新情况进行各方面的调整革新，但清统治者却昧于大势，为封建的惰性所支配，“和议之后，都门仍复恬嬉，大有雨过忘雷之意”[⑤]。在对战争的失败震惊了一阵之后，又回到了过去的常态，仍固守着旧有的思想、观念、体制而不图变计，一切都着眼于临时应付，时间浪费了近20年。“如果中国人懂得如何处理这类问题，它至少可以避免第二次更沉重的打击”。[⑥]但

---

① 薛福成：《书科尔沁忠亲王大沽之役》，《英法联军史料》，谢兴尧等编，台北文海出版社影印本，第72页。

②《筹办夷务始末》（咸丰朝）（七），中华书局1979年版，第2319页。

③《第二次鸦片战争》（二），上海人民出版社1978年版，第455页。

④《第二次鸦片战争》（二），上海人民出版社1978年版，第396页。

⑤《鸦片战争》（五），上海人民出版社1957年版，第529页。

⑥ The Awakening of China, by W.A.P. Martin, New York, Doubleday, Page & Company.1910, P155.

清廷的婴城固守和妄自尊大终于还是令这种打击未能避免，中国弓马和西洋火炮之间惊心动魄的历史差距，终于又唤醒了一大批人睁开了眼睛，开始真实地面对世界。第二次鸦片战争改变了中国的政局，由于战后咸丰怀着对列强的仇恨心理坚决不肯再返北京，不久竟于热河病逝。被留在北京与列强议和的恭亲王奕䜣趁机拥立慈禧发动了“辛酉政变”，把持了朝廷内外大权。在与列强打交道的过程中，奕䜣传统“夷夏”观念发生了重大变化，他认为英法等国“自换约以后，该夷退回天津，纷纷南驶，而所请尚以条约为据”，“并不利我土地人民”，因此可以“信义笼络，驯服其性，自图振兴”，而在对外关系上可以“外敦信睦，而隐示羁縻”[①]，以实现中外和好、相安无事的局面，并在此基础上“借师助剿”，利用西方以镇压太平天国及当时遍布各地的反清起义；而在内政方面则大力兴办洋务事业，以图“自强”。一系列同西方直接打交道的人，从中央的奕䜣、文祥、宝鋆到地方的曾国藩、李鸿章、左宗棠等人，都逐渐在清政府内部占据了举足轻重的地位，中国的对外政策开始了全面转向。由于在同西方打交道的过程中亲眼见识了西方船坚炮利的威力，中国内部由这些人开始启动了致力于自强的洋务运动。

二、中外条约、商埠与租界

借助陆军、海军的炮舰外交，运用战争的高压手段，西方列强迫使中国签订了一系列不平等条约，从而在中国获取了大量特权。中西关系发生了根本改变，西方从此开始对中国施加各种错综复杂和惊人的影响，通过其特权“合法”剥夺榨取和“管束”控制中国，驱使中国不断脱出了历史的常规，开始改道变形，整个中国的经济形势也因此发生了巨大变化。

条约、商埠和租界，这是近代中国经济形态不同于传统中国

① 《中国近代史资料丛刊·洋务运动》第一册，第5—6页。

的重要起点，也是近代中国不同于以往社会的一个重要折射。从鸦片战争后清政府同西方签订了一系列不平等条约，《望厦条约》签订后，美国特使顾盛得意地说，“美国及其他国家必须感谢英国，因为它订立了《南京条约》，开放了中国门户。但现在，英国及其他国家也必须感谢美国，因为我们将这个门户开放的更宽阔了”。[①]一系列不平等的条约开启了国外进入中国的孔道，用费正清的观点，正是由于中国在鸦片战争中败于英国及签订《南京条约》，才使西方逐渐与中国订立了不同条约，以条约来维系及支配与中国的关系，于是中西之间的“条约制度”逐渐形成。

鸦片战争改变了中西方国家的外交关系，但没有从根本上改变“天朝”鄙视西方的“夷狄”观念。第二次鸦片战争英法联军攻入北京，《天津条约》和《北京条约》陆续签订，允许外国在北京驻使，对于传统中国的天朝观念是一项最大的打击。1855年美国驻华公使伯驾指出，“中国政府，从远方不能驾驶，到了它的身边，它就变得驯顺多了”。[②]所以他极力鼓动英法联军攻入北京，在那里建立永久性使馆。战争终于使这个目标如愿以偿了，英国特使额尔金向英政府报告说：“这些自中国政府所取得的让步，其本身并无过分之处，但从中国政府的眼光看，它们等于是一场革命，使帝国放弃了其传统的最珍贵的原则，它们是从中国政府的泪水中勒索来的。”[③]同时也如萧一山所指出的：“我们的国际地位，在咸丰以前尚和外国是平等的，在咸丰以后，我们受帝国主义的钳制而变为低等了。《南京条约》是外国人和我们争平等的结果……及《天津条约》的订立，外国人才有意把已得的特权，

---

① 转引自张研、牛贯杰：《清史十五讲》，北京大学出版社2004年版，第256页。

② 蒋梦引：《第二次鸦片战争》，第15页，引英国驻华使领馆档案，1855年11月24日英国驻法大使考莱致克拉兰敦函。转引自樊百川：《清季的洋务新政》，上海书店出版社2003年版，第100—101页。

③ F. O. (The British Foreigh Office), Confidential Print, Vol. 764, No. 338, Lord Elgin to Lord Malmesbury, July 12, 1858.

变为条约的义务。”[①]

不平等条约是“含有不平等和非互惠性质的内容”，它“是使用武力或武力威胁所强加的”。[②]西方侵略者用枪炮打开了清朝的大门，这就使缔约双方站在了不平等的地位上。第一次鸦片战争，清政府签订了《南京条约》和《五口通商章程》；第二次鸦片战争后又签订了《天津条约》和《北京条约》，被迫在原有广州、上海、厦门、福州、宁波等地之外又增加了汉口、九江、南京、镇江、天津等地为通商口岸。到1894年中日甲午战争前，西方已强迫中国开辟了35个通商口岸，几乎囊括了整个中国海岸线和长江上的主要港口城市，又通过可以直达的外国轮船，将之纳入到外贸通商的网络之中，并辐射到城市腹地，使大半个中国置于其中。与此同时，中国的外贸中心也在广州、上海之外又增加了天津、汉口等城市，西方在通商口岸享有许多特权，使得这些“条约口岸受西方法律管辖，成了外人在中国境内的飞地”[③]。由此大大便利了西方各国对于中国利益的掠夺和特权的勒索。

在任何独立国家的领海内，外国商船都只限于一定的口岸内进行贸易，而不能作沿海口岸之间的转口贸易。而《南京条约》第二款却规定，允许英国人在五口“贸易通商无碍”，使英国船只在五口之间能自由航行。中美《望厦条约》规定，美国人允许赴五口居住贸易，“其五口之船只装卸货物，互相往来，具听其便”，后在中英、中法《天津条约》中又进一步认可了这种转口权利，并在转口中不重复课税。1861年，控制了中国海关的上海总税务司制定了《沿海贸易法》，更明文规定：外国商船在口岸纳税后，即可在沿海各口自由出入，而中国商船反不能享受此种权利。鸦片战争前后外国人都不得至中国内地通商，1843年《虎门

① 萧一山：《中国近代史纲要》，台北1963年版，第158页。转引自梁伯华：《近代中国在世界的崛起》，武汉大学出版社2006年版，第99页。

② 邓正来编：《王铁崖文选》，中国政法大学出版社1993年版，第393页。

③ 吉尔伯特·罗兹曼主编：《中国的现代化》，江苏人民出版社1988年版，第131页。

条约》第六款规定，英国人“不可到乡间任意游行，更不可远入内地贸易”。但第二次鸦片战争后的中英《天津条约》却规定：“长江一带各口，英国船只具可通商。”并规定：“英国民人准持照前往内地各处游历通商。”由此西人获得了中国内河及内地的通商权。

关税是一个国家独立不可侵犯的主权，是衡量国家主权完整和保护这个国家工商利益的重要内容。然而鸦片战争后，中国却不仅失去了关税自主权，并且连海关这个国家大门的行政管理权也被西人所控制了。《南京条约》规定，英商“应纳进出口货税、饷费，均宜秉公议定则例”，提出了协定关税的原则。根据这个原则，1843 年议定关税税率时，清政府所提税率被英国代表全部拒绝，双方“共同商定”出中国近代史上第一个进出口税则，一些主要进出口货的税率较原来广州海关实征税率竟降低了 58%—79%，但各列强仍不满足。1858 年，趁着第二次鸦片战争中的优势，西方再次与清政府“协定”关税，在《天津条约》中，把进口关税以“值百抽五”的征税税率正式确定下来，使主要进口货物税率比 1843 年又降低了 13%—65%。经过这次关税“协定”，许多货物的税率没有达到 5%的水准，中国成了全世界进口税率最低的国家。这种过低的进口税率，使近代中国的关税几乎失去了保护本国经济发展的功能。而造成这样的情况，除了侵略者的凌逼和压迫，同时也源于中国特殊的经济形态和人们长期封闭所造成的愚懵与无知。

关税虽然关乎国家利权，但由于长期封建的自然经济，使得地租赋税一直为国家的主要收入，人们普遍对海关关税的重要性缺乏认识，认为“区区税银，不足计较”[①]。官僚主义体制的人浮于事，重义轻利的思维模式，使关税被视为可以不争的“小利”，因而也少有人以一种近代意识为国家利益认真细究、周密思考。

①《道咸同光名人手札》第 2 集，第 1 册，台湾商务印书馆 1972 年版，第 3 页。

在西方世界进入以前，中国小农社会也从未遇过此类问题。当与西方谈判时亦是同样，“在欧洲，外交家们极为重视条约中的字句和语法，中国的代表们并不细加审查，一览即了”。大多官吏只想谈判尽快结束，以便向皇帝交差；由此协定关税的许多内容都不是源于中国自身财政发展的要求，而是首先由西方人提出，这样的协定税则自然导致了中国财政资源的巨大流失。而税则中还有许多进口税免税的规定，亦使中国自缚手脚，出口税、内地税和吨税的税率都受到不同限制，不能自主调整。1843 年税则规定进口米、麦、五谷免税；1858 年税则规定金银、外币、牛奶、牛油、首饰、化妆品、烟草、酒免税等，在以后内陆通商开放后，进口货减免税的范围更加扩大，从而使中国所受的剥削和损失也日益严重。

西方列强除了“协定”关税，还与中国“协定”内地子口税。《南京条约》规定：“英国货物自在某港按例纳税后，即准由中国商人遍运天下，而路所经过关税不得加重税例。”太平天国起义爆发后，为了镇压这次起义，清廷需要巨大的军费开支，这使得本已危机四伏的清朝财政显得更加用度浩繁，入不敷出。于是广泛开征厘金，抽厘税率值百抽一。厘金各地开征之后，内地过境税负担大大加重，对外国商品的在华倾销也极为不利。《天津条约》谈判之时，厘卡遍设，早已充斥东南各省，成为清廷一大收入，裁撤已不可能，因此列强又通过第二次鸦片战争攫取了子口税特权。英国要求享有进出口货物的优惠待遇，对中国内地税做了严格限制：“英商已在内地买货，欲运赴口下载，或在口有洋货欲进售内地，倘愿一次纳税，免各子口征收纷繁，则准照行。此一次之课其内地货，则在路上首经之子口须交，洋货则在海口完纳给票，为他子口毫不另征之据。所征若干，综算货价为率，每百两征银二两五钱。”[①]即英货进入内地或英商从内地收购土货

① 王铁崖：《中外旧约章汇编》第 1 册，中国政法大学出版社 1993 年版，第 100 页。

出口，除一次性纳 5%海关税外，在内地只需在第一关交纳 2.5%的子口税（即内地关税），就可以遍运全国各地，而不必像中国商人那样逢关纳税，遇卡抽厘，使得华商处在十分不公正的地位上，也大大减少了清政府的财政收入。这一切同时亦打破了西方在中国从港口到内地的关税障碍，从而便利了其商品倾销。

在严重侵犯中国关税自主权同时，西方列强又夺得了中国海关行政管理权。中国上海海关（江海关）最早设立于 1685 年，由当时苏松太兵备道负责，称“海关道”。1853 年上海小刀会起义，占领了上海海关，英、法、美等国领事和上海道台吴健彰等相机勾结，镇压了小刀会起义，并议定：“兹因监督深知难得诚敏干练熟悉外国语言之人员，执行约章关章上一切事务，唯有加入洋员，以资襄助。此项人员，应由道台慎选遴成。道台亦应予以信任事权，俾资改良一切。”[①]由此成立了由英、法、美各派一人组成的税务司共同管理海关，由英国人威妥玛负总责，1858 年清廷任命英国人李泰国为中国海关第一任总税务司。李泰国于 1863 年离职，后此职务便由英国人赫德接任。从 1863 年到 1909 年，赫德在这个职位上整整呆了 45 年，“在别的国家里，海关的关税都是由本国的臣民来征收的”，但中国海关“与西方世界任何国家的海关都不相同”[②]，它的行政、用人等大权完全掌握在总税务司手中，使中国海关“保持着国际性”，“阻止了任何排外情绪的增长”，“为外国使节所支持”[③]，由此也确立了外国人对中国海关的完全控制权。虽然在中国任职期间，赫德通过创办新型海关，把西方一整套先进的管理制度和管理方法介绍到中国，实现了中国海关的严密高效，为清政府集纳了大量税收，但在涉及西方根本利益时，在许多时候赫德亦毫不犹豫地站在英国一边。郭

① [美]马士：《中华帝国对外关系史》第 2 卷，三联书店出版社 1957 年版，第 24 页。
② [美]丁韪良：《花甲忆记》，广西师范大学出版社 2004 年版，第 280 页。
③ [美]马士：《中华帝国对外关系史》第 2 卷，上海书店出版社 2000 年版，第 150 页，第 153 页。

嵩焘曾就此事向赫德发问，赫德答以“骑马理论”，马上偏东偏西都坐不稳，他会不偏不倚，两边调停。当郭进一步问道，如果在中英之间发生矛盾，他会站在哪一边时，赫德答复：我故英国人也，[①]明确表明了自己的态度。

1843年中英《虎门条约》规定，中国准许英人携眷赴广州等五口居住，中英双方官员可“议定于何地方，用何房屋或基地，系准英人租赁”；“英国管事官每年以英人或建房屋若干间，或租房屋若干所，通报地方官，转报立案。”1858年，中英《天津条约》被迫签订，其中规定：“英国民人在各口并各地方意欲租地盖房，设立栈房、礼拜堂、医院、坟墓，均按民价照给，公平定议，不得互相勒啃”。[②]由此西人在中国各通商口岸取得了

1845年，英国与清政府在上海划定中国第一个租界

房屋租赁权，但并非占有权或所有权。然而西方列强却没有为条约的相关条款所限制，反而在以后的时间里一步步将其在中国的租赁居留地发展成了“租界”。1845年，西方列强在上海用一次付与永久租金（即地价）的买断办法，在上海设立了中国第一个

① 《郭嵩焘日记》，转引自卢汉超《赫德传》，上海人民出版社1986年版，第145页。

② 严中平主编：《中国近代经济史（1840—1894）》，人民出版社2000年版，第288—289页。

租界地，1869年又将这里改为公共租界。此后法、德、俄、美等西方列强以“利益均沾”为由，先后在我国一些通商口岸强行设置租界，使整个居留地土地属外人所有，遂使该地区失去了居留地的意义，成了中国法律不能行使的特殊区域。西方人在租界内享有治外法权，独立行政权而不受中国政府管辖，成了中国主权之外的“国中之国”。

在任何一个主权完整独立国家的领海内，外国商船都只能在指定的沿海口岸进行贸易，而不能开到非指定的口岸，内陆河流更不能随意出入航行，外国人也不能到内地城市进行贸易。然而鸦片战争后，由于一系列不平等条约的签订，西方取得了沿海和内河的通商贸易权，由此也取得了沿海和内陆口岸的航行权。西方势力更加长驱直入，深入到了中国内地。除此之外，西方在中国还攫取了领事裁判权、贩卖鸦片合法化和掠卖华工合法化及自由传教等许多特权，所有这些内容和规定都构成了对一个独立国家主权的严重破坏。

西方学者这样写道：“到19世纪60年代，条约制度的潜在力量日趋明显；外国人控制中国的对外贸易和汇兑；外国的土地出租者在贸易中心（如正在成长为中国主要城市的天津、汉口及广州、上海等地）占有不动产；代表进步技术的最新式的外国轮船速度更快，防卫海盗袭击的能力更大，提供的保险措施更可靠，他们同中国沿海和内河水域的舢板船展开了竞争；获得免纳厘金税的过境通行证的外国商人成为内地中国商人的庇护人；条约税则严格限制中国课加外国贸易的税额，而新的海关将保证竞争的平等地位，并提供现代港口和航运设备，以及贸易统计数字和对某些争执的调停；同时，由于汽船的速度增加了，电报和海底电缆由欧洲逐渐推广到远东，这些因素把中国贸易更加彻底纳入世界市场，并受到世界市场变化波动的影响……其结果与其说是用殖民地方式对中国进行剥削（它着重对原料和利润的榨取以及为西方官员提供职位)，毋宁说是有特权的外国人参与了使中国人生活西方化的尝试。这至少会产生与经济效果同样重要的心理反作用。由于保守的清朝官员和绅士失职，在中国国门以内的外国人在某些情况下是能够或希望能够成为这个国家的‘现代化的促进者’的。”[①]西方学者站在侵略者的角度，更多地褒扬了“条约制度”对中国社会的正面影响，但仍然无法掩饰“条约制度”对中国全方位的影响有多么强烈。

大运河上的鸦片船

“条约制度”使外国势力蜂拥进入，商品倾销与原料掠夺日益严重。据1864年开始的海关全国进出口数字统计，自1864到1894年，中国对外贸易一改二次鸦片战争前、尤其是鸦片战争前的出超局面，并且入超数字越来越大。两次鸦片战争后，中国不仅外贸总量处于入超，而且出口总量的增长亦落后于进口总量增长，从1864到1894年，中国商品的进出口分别增长了近3倍和近2倍，这种出口增长落后于进口增长，导致了中国对外贸易的长期入超。

在中国进出口总量发生变化的同时，中国进出口商品的结构亦发生了很大变化。在二次鸦片战争前，鸦片输入占很大比重，

① 《剑桥中国晚清史》上卷，中国社会科学出版社2006年版，第255—256页。

而此后棉纺织品则渐渐占据主导，到1885年棉制品已经以35.7%的优势压倒了鸦片（28.8%），居进口商品的第一位，这个位置一直维持到20世纪20年代。[①]进口货物中除了大宗鸦片、棉制品、棉花外，还有煤油、糖类、粮食、钢铁及其他装饰品和奢侈品。从总体上看，中国生产资料的进口数量很小，这反映出我们同西方国家的经济发展水平不是处在同一个层次上；而从进出口贸易的结构变化上看，中国的出口商品已进入了世界市场并受到世界供求关系的影响。例如中国一向以丝、茶等农产品出口为大宗，但其货值在出口总值中所占的比重已逐步下降，尤其茶叶更为明显。由于英国在所属印度和锡兰（即今天的斯里兰卡）培植了茶园，并且茶叶增长很快，到1889年便以12239.9万磅的数量超过了中国输入英国的茶叶数量（9250万磅），到1894年这两地的茶叶产量已增加到18663.2万磅，中国输往英国的茶叶则下降到5437.2万磅，因而中国茶叶在国外的最大市场就被印度和锡兰抢占了[②]，但在1886年前，中国出口货物一直以茶叶为第一位。当茶叶出口受到印度和锡兰冲击的时候，中国其他货物的出口在数量及种类上却有了增加，例如豆类、草帽辫、草席、花生、皮毛、锡、猪鬃等，这是由于英国等国工业的迅速发展，特别是棉纺织和化学工业的发展，扩大了对原料种类需求的缘故，从而使得中国越来越成为西方资本主义国家的原料产地。[③]

第二次鸦片战争和《天津条约》的签订，也使鸦片——这种非法走私的毒品贸易“合法化”了。从此，在每百斤纳税银30两以后，它就一变而为合法的商品，在中国公开销售，畅通无阻。在鸦片战争之前，中国国土上一直不允许种植鸦片，而按照《天津条约》的规定，清政府已不能限制外国鸦片流入国内了，外国机构或公司在中国尤其是沿海地区的鸦片贸易受到保护，中国政

① 严中平：《中国棉纺织史稿》，科学出版社1995年版，第55页。
② 彭泽益：《中国近代手工业史资料》第2卷，中华书局1962年版，第181页。
③ 杨德才：《中国经济史新论》，经济科学出版社2004年版，第50页。

府运用手中的权力控制抽吸鸦片的蔓延实际上已不大可能。“与其让中国人耗费金钱购买印度生产的毒品，还不如让中国人在自己的土地上生产麻醉剂。按照这个想法，清朝政府解除了种植罂粟的禁令……罂粟的种植面积因此就大幅度地增加”，“鸦片的需求量也以十分惊人的速度不断攀升……几乎所有的人都被颇具诱惑力的烟枪所慑服，渐渐地在一种无法形容的懒散里堕落，陷入痛苦和绝望的深渊”。[①]由此西方列强的“鸦片攻势”，给中国带来了巨大的贫弱和苦难。

三、近代早期社会法律观念的变革

以自然经济为主的中国古代农业社会，长期奉行封闭保守的君主专制制度，加之地理环境等各种因素影响，在封建后期的数百年间，中国逐渐日益保守，最终走向了闭关锁国、与世隔绝的道路。二次鸦片战争的巨大痛楚和许多通商口岸的被迫开辟，将传统中国撕开了一个巨大裂口，中外直接交流不断增多，从民族情感和现实生活两方面都向中国提出了许多问题，也使国家发生了不同以往的巨大变化。由于长期恪守传统“夷夏之辩”的影响，清初“宁可使中国无好历法，不可使中国有西洋人”的观念长期延续，[②]使鸦片战争前的中国对世界了解十分茫然，仅凭臆度应付外交，不啻于盲人瞎马，深夜临渊。中国内政也同样黑暗腐败，如“日之将夕，悲风骤至”，[③]其情形“岌岌乎皆不可以支月日，奚暇问年岁？”[④]封建衰势令人痛感一种王朝末日来临的悲哀。

腐败是中国封建体制的必然，这是由其封建法律和制度体系所决定的，高度的专制集权使一切军政事务都由皇帝“乾纲独断”，法律赋予最高统治者极大的权威，也使得统治者根本不必

---

① [美] E. A. 罗斯著：《E. A. 罗斯眼中的中国》，重庆出版社 2004 年版，第 104—105 页。
② 康熙年间，“杨光先历案”，杨光先弹劾天主教会传教士汤若望等时语。
③《龚自珍全集》，上海古籍出版社 1999 年版，第 87 页
④《龚自珍全集》，上海古籍出版社 1999 年版，第 106 页。

对民众考虑。在清初，选官大都以科举为正途，它成了汉人做官的重要途径，而满人则仰仗特权即能为官，王公贵族、功臣子孙都可倚仗特权加官晋爵。为了弥补财政需要，清朝又实行捐纳制度，既可捐官，又可捐衔或捐出身，它为清廷补充了财政收入，亦加速了吏治腐败，使得“捐途多而吏治益坏，吏治坏而世变益亟，世变亟而度支益蹙，度支蹙而捐途益多，是以乱召乱之道”[①]。清廷对于官吏的考绩，三品以上京官、地方总督及其巡抚自陈得失，由皇帝敕裁；三品以下由吏部和都察院负责考核，实行奖惩。这便使得各级官吏根本不必认真对事负责，只是力求讨好上司，营求徇庇，争相邀宠，以争取更多的权力收益。在极权专制主义的统治下，一言触禁即会丢官丧命，为着对付汉族的民族意识，雍正、乾隆时甚至不时兴起文字大狱，用铁血手段镇压异己，将能为国着想，不避风险的良臣文士屠戮尽净，更给社会风气造成了极其恶劣的影响。于是官吏皆苟且庸碌、缄口言事，唯求招权纳贿，官运亨通。康熙三十六年上谕中说：“近时言官奏疏寥寥，虽间有人奏而深切时政以实直陈者甚少。”[②]乾隆五年时上谕更称：“乃数年中条奏虽多，非猥琐陋见，即抄袭陈言。”[③]权力的过分集中使得中国一旦放松控制，即会政治运行机制失灵，官吏不思进取，联手作弊贪污腐化；而为着对付这些，明清以来的严刑峻法及乱世重典又层出不穷，但严刑峻法始终不能解决社会的根本问题，官吏因循怠玩，政务废弛，从中央到地方，玩忽职守极为普遍。腐败是封建体制的必然，封建的法律制度从政治上绝没有自我更新的能力，而在鸦片战争前后的政治、经济背景下，人们对于社会振兴的思考不可能跳出传统的窠臼。中国自给自足的小农经济对外基本没有经济要求，也无须了解更大的世界，就如龚自珍这样的思想家，由于生活于鸦片战争前夕，很少与外部

① 《清朝续文献通考》卷九三。
② 《光绪会典事例》第998页。
③ 《光绪会典事例》第999页。

世界接触，对社会改革和法律观念仍然停留在传统的思维当中，以封建的宗法关系和等级制度来组织农业生产和进行产品分配，认为皇帝取一大碗，大臣取一大勺，百姓来一小酒盅。他又把一个大家族分为大宗、余夫、闲民三个等级，授予其各不相同的田地。他主张严禁鸦片，却倡导禁绝对外贸易。他重视农桑之利，向往的却是封建太平盛世，还认为西洋各国等都是中国的朝贡国。由于闭眼不看世界，封闭在自我的小圈子里，因而中国无论如何衰败，人们都保持着“天朝大国”的高度自信，从上到下也都保持着一种对外国的戒心和轻蔑。1839 年林则徐到澳门视察，便对“夷人”的服饰、婚配鄙视道，“惜夷服太觉不类。其男浑身包裹紧密，短褐长腿如兽之形”，妇女“衣则上而露胸，下而重裙，婚配皆由男女自择，不避同姓，真夷俗也”！[①]久有文明的自豪，长期处于东亚朝贡体系的中心，与周围小国相比强烈的文化优越感，恒久不变的封建集权，都造成了中国这种封闭、自大的政治文化心态，也成了人们目空一切、盲目排外的心理基础。雍正时浙江巡抚李卫著文道，西洋“所精者仪器，而璇玑玉衡见之唐虞；所重者日表，而指南车周公曾为之矣；所奇者自鸣钟，铜壶滴漏，而汉时早已有之矣；所骇人者机巧，而木牛流马诸葛武侯已行之，鬼工之奇，五代时亦已有之，至今尚有流传之者。是其说不经其所，制造亦中国之所素有……”[②]几乎到了荒诞不经的地步。正是这种对传统过分的偏好与维护使得西方在历史的关头一次次试图敲开中国大门时，中国却以一种深闭固拒的态度傲慢地排斥了当时一切可能及时了解和走向世界，同世界一起学习和发展的机会。

鸦片战争的炮声成了近代国人反思的起点。从历史的经验我们相信中国是世界的中心，西人“万不敢先启战端”或“以侵凌他国之术而窥伺中华”，然而战争却无情地将中西间巨大的差距

① 林则徐：《已亥日记》，中山大学历史系编，《林则徐集》（日记），中华书局 1962 年版，第 351 页。

② 刘再复、林岗：《传统与中国人》，三联书店 1988 年版，第 325 页。

首先由凝缩在社会尖端技术的武器使用上表现了出来。战事未启，林则徐向道光帝上奏道，“彼之所至，只在船坚炮利，一至岸上，则该夷无它技能，且其浑身裹缠，腰腿僵硬，一仆不能复起，不独一兵可刃数敌，即乡勇平民竟足以制其死命”。[①]这也并非林则徐一人的看法，当时普遍流行着英人“登陆步战，则非彼之所长，其人两腿僵直，跳走不灵”[②]，“英夷之腿极长，青布裹缠，直立，不能超越腾跑；睛色碧，畏日光，卓午不敢睁视”等情形。[③]浙江巡抚、钦差大臣裕谦向皇帝上书称，“逆夷专恃船炮，即不长于陆战，内地路径又不熟悉，断不敢深入，亦不能深入。循海拒守，断其贸易，杜其接济，当可制其死命”。[④]而战争真正打响，英人之腿既不僵硬，又可登陆，船只“取胜外洋，破浪乘风”，中国师船“一至夷界，则畏英夷之强，顾后瞻前”，[⑤]英军“大炮，远及十里内外，若我炮不能及彼，彼炮先已及我，是器不良也。彼之放炮，如内地之放排枪，连声不断，我放一炮后，须辗转移时，再放一炮，是技不熟也。求其良且熟焉，亦无他深巧尔。不此之务，即远调百万貔貅，恐只供临敌之一哄。况逆船朝南暮北，唯水师始能尾追，岸兵能顷刻移动否？盖内地将弁兵丁虽不乏久历戎行之人，而皆睹面接仗。似此之相距十里八里，彼此不见面而接仗者，未之有也”。[⑥]裕谦守卫镇海，曾立誓“誓与城市共存亡”，结果镇海被攻陷，裕谦投海自杀。战争的硝烟使林则徐终于痛切感到了中国的落伍，从此开始了了解世界的历史任务，同时又将他在广东收集到的资料全部交给了好友魏源，鼓励他撰写关于世界地理历史的著作，以开阔国人的视野与耳目。

正是鸦片战争的剧痛，促使了中国少数最先进的知识分子首

① 《林则徐集》奏稿(中)，中华书局 1962 年版，第 676 页
② 徐继畲：《退密斋文集》。
③ 汪仲洋：《庚子六月闻舟山警诗原注》。
④ 《史料旬刊》，三十六期。
⑤ 《林则徐集》奏稿（中），中华书局 1962 年版，第 676 页，第 765 页。
⑥ 杨国桢：《林则徐书简》，福建人民出版社 1985 年版，第 193 页。

先认识到了了解西方的重要性，从而迈出了中国走向世界关键性的第一步。然而接触毕竟刚刚开始，中国传统观念也不可能在一时之间烟消云散。人们对西方的船坚炮利留下了深刻印象，魏源在他著名的《海国图志》中写道，战争虽已结束，但“武备之当振，不系乎夷之款与不款……未款之前，则宜以夷攻夷；既款之后，则宜师夷长技以制夷。夷之长技三：一战舰，二火器，三养兵练兵之法”。由此魏源希望清廷“于虎门外之沙角、大角二处，置造船厂一，火器局一。行取佛兰西、弥利坚二国各来夷目一二人，分携西洋工匠至粤，司造船械，并延西洋柁师，司教行船演炮之法，如钦天监夷官之例。而选闽、粤巧匠精兵以习之，工匠习其铸造，精兵习其驾驭、攻击……而尽得西洋之长技为中国之长技”[①]。魏源提出的“师夷长技以制夷”的观点，以后随着事态的发展显得越来越重要。然而这里他看到了自己同西方的差距，感到了中国的武器不如西方，却未能看到军事机器是整个社会复杂系统体制的一个方面。

当时西方人在华出版的《澳门月报》记载：“中国官府全不知外国之政事，又不询问考求”，这种批评是客观公正的。在总体大环境如此的情形下，伟人也难免会产生偏见。林则徐、魏源等人致力于搜求外情，扩大见闻，在当时已属凤毛麟角，甚为难得；而林则徐在禁绝鸦片的同时，也保护与各国商人的正常贸易，但其心态则充满了来自天朝上国盲目自大的情绪，也未认识到通商贸易是各国人民相互往来的必然要求。在谕英国女王书中他傲然写道：“如茶叶、大黄，外国所一日不可无也，中国若靳其利而不恤其害，则夷人何以为生。”[②]不但说明了自己的无知，也未能表现出中华文明之邦所应持的礼仪。他对广州开始的各地反对洋人入城的斗争也一直持赞赏态度，例道光30年（1850），一个

① 魏源：《海国图志》卷二。
②《林文忠公政书》乙集，卷四。

英国传教士和英籍医生在福州神光、积翠二寺租屋居住，告老在家的林则徐闻讯后，当即联络家乡士绅“倡议驱之”，[①]在京和各地闽籍大员也大为声援，终于迫使两个英国人被迫搬出，清楚说明了林则徐力图驱赶洋人离开通都大邑，只准他们在小范围内活动的态度，用时亦反映出清代长期坚持并日益增长的排外情绪。

清朝对外深闭固拒的态度较历朝更为严重，如上述简单的神光寺事件，两个英国平民租屋，便引起了清廷从中央到地方的强烈义愤并加以驱逐，福建巡抚徐继畲担心这样会“启衅边隅”，遂致“弹章迭上，万矢环攻”。人们同声谴责“强民从夷，是何肺腑”、“不特外张夷焰，而且内沮民心”，甚至皇帝亦指责其“似此抑民奉夷，尚复成何事体”，竟因此被免去了福建巡抚之职。中国各朝外交礼仪，双方起码应该相互见面，而清朝政策却要求地方官员坚决不与西人相见，从广东十三行时便属如此，地方官吏墨守成规，鄙视西方一切制度及文化传统，认为“中外之防，首重体制”，外国之人既使官员，“亦不能与天朝疆吏书信平行，事关国体，未复稍涉迁就，致令轻视”。“天朝制度从不与外夷通达书信，贸易事件，应由商人转禀，不准投递书函，继思化外愚蠢，初入中华，未谙例禁，自宜先行开导，俾知得所遵循”。[②]而一旦发生了矛盾，却没有任何交往和解决的渠道。“豫绝其求见之路”，（赛尚阿语）这种行为不仅包含着不屑的轻蔑和不肯涉险的存心，实则也构成了清廷不敢面对现实的畏葸，更造成了自己长期的自我蒙蔽和盲目自大，以致中国有识之士都孤陋寡闻，闭目塞听，难避陋见，其危害之大可想而知。鸦片战争的发生，其经济原因是主要的、根本的，但如果朝野之间能够对外认识正确，处理得当，至少可以减少损失。魏源曾批评林则徐收缴英国人鸦片时，坚持英商具结，如有夹带，“货即没官，人即

① 《林则徐传》，《闽侯县志》卷六十九，1933年刊。

② 1834年9月30日两广总督卢坤等上奏，《史料旬刊》第21期，台北，1963年，第767页。转引自梁伯华：《近代中国在世界的崛起》，武汉大学出版社2006年版，第93页。

正法”一条“其令过严”，“必以化内之法绳之，其求之也过详矣”，[1]可谓平心之论。因为这种非法贸易无论英国内部及其商人都未感到理直气壮，因而中国政府禁烟时，英国代表以政府及女王名义促其商人将鸦片全部上交，正是一例。然而英国保证绝不夹带鸦片，但对于“人即正法”一条却难以苟同，因为“由于若干惨痛的经验，使得英国人对于中国的司法怀有传统的意见。各种契约可以由中国的知县来任意解释，而英国人如果落入中国刑法的罗网中，死亡的命运就注定了”，[2]这种观念似乎已成了许多英国人的通识。从社会法律的观念来看，当时中国是一个人治国家，数千年来法令森严，皇权至上，特权等级无所不在，法律匍匐于强权脚下，司法程序有着极大随意性，司法、行政长期不分，同英国这样法治国家的观念有着重大区别。而对此时的中国来讲，理解这点也是十分困难的，法律观念的不同蕴含着中西之间千年制度和文化思想的不同，它绝不是三言两语可以达成谅解的。英国人已习惯了人权尊严，因而人必须经过审判，才能决定是否有罪和实施惩罚；而中国法律则要求令行禁止，严禁犯上作乱，目无尊上，对此一律严惩不贷，双方产生了严重僵着。林则徐将所缴鸦片全部焚烧，并对外商及使馆实施了严厉隔离措施，以致他惩罚的不仅是英国商人，并触发了大英帝国，禁烟运动于是化作了民族矛盾。但对这点林则徐当时是不自知的，他的行为并非出自个人意气，而是来自整个朝野上下的共同态度和普遍共识。鸦片输入，对国计民生伤害巨大，正是这种民族正义，使林则徐不避繁难，力任其艰，“苟利国家生死以，岂因祸福避趋之”，站在历史的风口浪尖上，维护了中华民族的利益和尊严，也得到了后人的广泛赞誉。然而禁烟事业多涉外交，若当时能了解国际惯例或国际法的相关规定，并通过外交或与英国谈判等手段来占据

① 魏源：《圣武记》，卷十。

② 伯斯：《远东——东亚近代及现代国际关系史》，转引自《外国资产阶级是怎样看待中国历史的》第1卷，商务印书馆1961年版，第412页。

主动和处理问题，情况就会有利的多。但在那长期故步自封、与世隔绝的年代里，这些却都是不可能的。人们没有任何平等思想或经济观念，更缺乏相应的法律意识和制度保障，所有决定权皆操于皇帝一人之手，林则徐的天朝方案里亦无任何外交理念和对“夷人”利益的考虑，难免会有应对失误，但这也绝不仅他个人的责任。

中国朝野知识的普遍贫乏，举措失宜，给国家带来了巨大灾难。但鸦片战争仅涉于沿海，平静的内地并无反应，战争赔款的结束又使人们很快恢复到了战前天朝帝国苟且应对的局面，人们未能及时总结经验，幡然醒悟，却仍以中国笑傲蛮夷，“智浅而欲轻人，力弱而欲伏人”，[①]且无任何危机感。在与西人相处中仍认为通商是双方唯一的关系，西人不能放弃通商，便能以此迫使他们屈服，许多官员因此“以商制夷”，动辄开放或关闭市场，又以固结民心为由，“以民制夷”，从广州开始阻止各地英人进城。条约是国际法的重要制度，但对于从无法律意识的清廷来说，这些却是在鸦片战争失败后被迫接受的，对于天朝上国无疑是一个巨大屈辱，许多人因而试图“利用解释条约的办法来收回在谈判中失掉的东西”。[②]道光帝便数次强调：“嗣后遇有民夷交涉事件，不可瞻徇迁就，有失民心”，“以诚实结民情，以羁縻办夷务”。[③]订约即是它“暂事羁縻”，“徐图控驭”，西方的一种方法。[④]对于允许英人进入广州城的约定，亦只是“当日本系一时羁縻”，暂准入城一游，“不过权宜之计”，[⑤]因而不必信守。为长久贸易计英国人不愿开罪地方百姓，因此隐忍让步，而地方官吏

① 赫德：《局外旁观论》。

② 马士：《中华帝国对外关系史》第1卷，上海书店出版社2000年版，第375页。

③ 蒋廷黻编：《近代中国外交史资料辑要》上卷，商务印书馆1931年版，第164页。

④ 《耆英等奏详陈议和情形折》（道光二十二年七月壬申），《道光朝》第5册，中华书局1964年版，第2206页；《程矞采奏阻止美使顾盛晋京折》（道光二十四年二月己未），《道光朝》第6册，第2806页。

⑤ 《廷寄》（道光二十九年三月庚寅），《道光朝》第6册，第3174页。

则以民情民风相搪塞，作为外交后盾，使进城问题弥益复杂，终于重触战祸，又引起了英法联军之役。由于不懂世界大势和缺乏近代国家主权观念，曾轻易放弃了国家种种权益，而面对鸦片战争后各国已经通商的基本现实，20年来中国外交又无更大进展，严重策略失误招致了对自身更大的侮辱，由此京城沦陷，几丧天下，中国也因此失败更甚。

两次鸦片战争的失败终于使清廷昧于外情与自甘固陋的缺点彻底暴露出来，同时也引起了举国上下越来越多人们的痛切思考。早在第一次鸦片战争之后，在昏昏然的朝野之中，便已有了许多睁眼看世界的人们，总结了战争失败的原因就在于对国门之外的世界懵然无知。“中国书生狃于不勤远略，海外事势人情平日置之不讲，一旦海舶猝来，惊若鬼神，畏若雷霆……自古兵法，先审敌情，未有知己知彼而不胜，聩聩从事而不败者也。英吉利、佛朗西、米利坚，皆在西南之极，去中国五万里，中国地利人事，彼日夕探习者已数十年，无不知之；而吾中国曾无一人焉留心海外事者，不待兵革之交，而胜负之数已较然矣。”[①]鸦片战争不仅撞开了中国有形的门户，亦打开了许多国人思维的大门，促使中国走出蒙昧。许多人由此了解世界，成了中国走向世界的先行者，其中包括林则徐、魏源、姚莹、梁廷枏、徐继畬等人，尽管他们身上仍不同程度地带有“华尊夷卑”的观念，但他们毕竟最早跨出了探索未知世界的脚步。二次鸦片战争之后，人们更是痛定思痛，在诟斥西人“强悍”、“鸱张”、“要挟狂悖”的同时，亦看到了西人“素重信义”的一面，“大抵夷人亦非全不讲理，只要地方官处置得当，又须平日居官清正，彼亦心服”。[②]署理户部尚书沈兆霖战前积极主战，《北京条约》签订后，看到西人“以万余众入城而仍换约而去，全城无恙，则该夷之专于牟利，并无他

① 姚莹：《复光律原书》，《东溟文后集》卷8。
②《咸丰朝夷务始末》，卷二。

图，已可深信”。[①]奕䜣上奏道，“自换约以后，该夷退回天津，纷纷南驶，而所请尚以条约为据，是该夷并不利我土地人民”，因此可以“信义笼络，驯服其性，自图振兴”[②]，西方签订、逼勒条约并对约定的相应信守，给国人传递了一种新型信息，终于引起了国人重视，法律观念开始渐渐进入国人头脑。失败使朝野普遍激起了一种慷慨奋发之气，亦开始真正正视西方，图强御侮成为自觉意识。二次鸦片战争前，由于同西方订立的条约轻忽不循，再次引发了战争惨祸，使人们亦更深思考了条约观念。西方对于条约的坚执，逐渐强化了国人守约意识，有人从国际法上开始首先认识了法律重要性，“中外交涉事件，有不能凭律例以决断者，全恃条约以为范围”，“尊崇国体而藉条约以维系之也”。[③]二次鸦片战争结束，统治者更将“借法自强”的信息传递出来，自强逐渐汇成了思潮主流。如果鸦片战争促使人们首先认识了外洋的船坚炮利，魏源喊出了“师夷之长技以制夷”的呼声；而二次鸦片战争的失败则使中国迅速形成了一场运动，认识到了西方国家强盛的原因正在其制度；于是提倡西学，注重洋务，开始了对西方的广泛认识与研究，从格致之学到工业建设，从军事工业到民用工业，人们的视野迅速扩大。西方的政治、法律、经济、商业、民主等闻所未闻之事都被逐渐介绍进来，成为近代中国推进改革与进入近代化的关键。中国终于打开了自己的世界眼光，停滞千年的王朝循环渐次脱出了历史的轨迹，并在洋枪洋炮的打击下被迫起步，中国开始了走出中世纪的步伐。

在长期的观念中，我们习惯性认为资本主义侵略、掠夺与战争是它的本性，因而他们的一切活动，包括通商、传教与文化活动，都是资本主义对于中国的侵略。近代的中国贫穷、落后也都

① 沈兆霖：《吁请回銮疏》，《近代中国对西方及列强认识资料汇编》第一辑，第一分册，中央研究院近代史研究所（台北），1972 年，第 743 页。

②《中国近代史资料丛刊·洋务运动》第 1 册，上海人民出版社 1978 年版，第 5 页。

③ 《何桂清又奏美商船为华船碰损索赔无厌片》（咸丰八年十月初九日），《咸丰朝》第 4 册，第 1197—1198 页。

是外国资本主义侵略的结果。这样的看法当然有其内在的道理和根据，然而近代化则是一个更大、更复杂的题目。中国走向近代化的道路如此漫长艰苦，因为繁荣富强是需要多方面条件和因素的。将近代中国的贫穷、落后受欺辱，一切都归结到资本主义侵略的账上，虽然简单明快，但分析问题要靠全面分析和理智，而不仅是简单地表明义愤。乾隆时英国特使马戛尔尼访问中国，看到的情形是“遍地都是惊人的贫困”，“很多人没有衣服穿”，“像叫花子一样”。当时的中国“贫穷得令人惊讶，一路上我们丢掉的垃圾，被人捡去吃”，从此可以看到中国贫穷落后到了何种程度，它在外国入侵之前便已存在，也是数千年来腐朽专制的封建制度本身所造成的恶果。近代中国也不仅仅是可怜的外国侵略的承受者，还有着这块几千年沉闷窒息的土地终于开始焕发生机，逐渐从内部开启并孕育新生力量的方面与过程。资本主义就像一条双行道，货物与思想，计谋与对策，无不与中国之间双向交流，结果无论利弊，都与绝大多数人密切相关。中国被侵略和对侵略的种种反应，都深植于中国固有的悠久历史和它深厚的文化土壤之中，“百年中国所受到的纷至沓来的压力，本质上就是资本主义按自己的面貌改造世界，改造落后民族。西方民族强暴的侵略和扩张同时又不自觉地裹挟着一种不能用意志和感情化解的历史内容，那就是逼迫中国改变几千年来的传统封建制度。因此，只有在实现近代化的过程中，中国才能真正抵抗一个近代化了的侵略者。这是历史着意赋予近代中国反侵略和反封建的同一性。先进的人们之所以为先进，就因为他们深浅不同地体会和理解了这一历史趋势，所以，力求用自觉的改革来实现中国的自强，并以此阻止来自外国的进逼；顽固的人们之所以顽固，就因为他们抱残守缺，一厢情愿地指望用封建主义来打败资本主义”。[①]这是改革和反改革、先进与保守的根本区别，陈旭麓先生用这一精

① 陈旭麓：《近代中国的新陈代谢》，上海社会科学院出版社 2006 年版，第 109 页。

辟而又深刻的观点敏锐地点出了这一问题的关键和实质所在。

晚清是整个中国数千年间变化最剧烈的阶段，短短数十年间，在中国大地上演了一幕幕惊天地、泣鬼神的历史事件，促使了中国由封建到共和的迅速遽变，推翻了数千年的封建帝制，近代中国走过了世界史上西方国家数百年所走过的路程。整个中国的社会思想、法律制度和经济生活也循着这样的方向向前推进，中国由通商起步开始了同西方的广泛交流，也随着西方的影响不断拓展思维，这又绝不仅是单纯的西化问题，而是西方世界不断向中国提供刺激性因素，而中国各阶层从不同方面对它进行程度不同的认知和感悟。近代中国的改变不是主动而是被迫发生的，悠久深厚的传统使人们自认为有着取之不尽的智慧与源泉，人们曾对此抱有无比的信心和优越感，而遇到西方新敌手时却突然旧有的经验与传统全部失灵，所有的智慧与措施全然无效，面对着这种持续长久不断的压力，人们心理的失衡、彷徨、痛苦不言而喻，但许多新观念因此产生，它们与传统有着千丝万缕的联系，但又由于与西方接触碰撞而加入了许多新内容，并随着与西方交往的不断深入和西方影响的不断加深，思考变革的范围愈来愈广，内容也愈来愈深，这一切都构成了近代社会法律观念及其制度逐渐变革的重要趋势。

四、新式军事工业的兴起

两次鸦片战争的炮声，给了国人尤其士大夫阶层以最强烈的震撼，也带来了巨大的耻辱感。此前虽已经历了鸦片战争的苦痛，但大多数人对外国的现实依然无知，“并且存心不去考虑这个现实”；甚至依然“愚不可及地主张，清帝国的政体应高于所有外国的君主”[①]，但英法联军攻入北京，则给了国人最惨痛和最直接的教训。虽于形势勒逼下清廷被迫签订了“城下之盟”，但这却

①《剑桥中国晚清史》（上卷），中国社会科学出版社1985年版，第253页。

使人们感到了形势的更加严峻。从太平天国起义到英法联军之役，清廷内忧外患层出不穷，祸乱频仍，要想确保长治久安，必须“寻求自强之术”。恭亲王奕䜣上奏说“审敌防边，以弥后患，然治其标而未探其源”。“此者抚局虽成，而国威未振”，因而“亟宜力图振兴，使该夷顺则可以相安，逆则可以有备”。[①]于是清廷终于开启了洋务运动。

洋务运动中清朝所造的大炮

在洋务运动开启之前，中国没有真正意义上的现代工业，比起西方资产阶级革命完成后又迅速兴起的工业产业革命，洋务运动前提与发展条件上都与西方完全不同。然而西方却凭其洋枪洋炮攻入北京，又凭着它在两三年间内帮助清廷“平息”了太平天国“内乱”，都给清廷留下了深刻印象。西方的先进技术在中国首先表现为了船坚炮利，因而当曾国藩、李鸿章、左宗棠等洋务派将目光投向西方时，首先看到的便是外国的军事技术和武器装备。

早在对付太平军时，曾国藩尚未意识到武器的重要性，多次提出“制胜之道，实在人而不在器”。[②]而后来当他日益体验了西洋船炮的威力之后，终于油然而生怵惕之情。1861年，曾国藩支

① 《筹办夷务始末》（咸丰朝）卷72，中华书局1979年版，第11—12页。
② 《曾文正公家书》（卷八），同治元年九月十八日。

持清廷向英国购买舰队，同时认为中国必须学会生产，“访募覃思之士，智巧之匠，始而演习，继而试造，以勤远略”。[①]湘军收复安庆后随即创办了安庆军械所，曾国藩派数学家华蘅芳、徐寿、李善兰等前去，并说，“鄙意本在设厂倡率，俾各处仿而行之，渐推渐广，以为中国自强之本”。1862年李鸿章组织淮军救援上海，上海为当时中西交往汇聚地，也使他更多地思考了西方技术的价值。在写给曾国藩的信件中他赞扬外国军队的纪律和枪炮的巨大杀伤力，不禁叹道，“洋兵数千枪炮齐发，所当辄靡，其落地开花炸弹真神迹也！”而在叹息的同时，又有一种深深的失落，“深以中国军器远逊外洋为耻。”[②]海成了他瞭望世界的窗口，也通过这个窗口，使他看到了中西之间的巨大差距，“盖目前之患在内寇，长久之患在西人，若不及早自强……厝火积薪，可危实甚”，并认为“我自能强，则彼族尚不至妄生觊觎，否则后患不可思议也”。[③]有这样感受的不独李鸿章一人。曾国藩自述会见英人后，“四更成寐，五更复醒，念夷人纵横中原，无以御之，为之忧悸”。[④]1856年湖北巡抚胡林翼返回武昌路经长江，正好见到一艘外国轮船“迅如奔马，疾如飙风”，立时“变色不语，勒马回营，中途呕血，几至坠马”。[⑤]同样感到了这种逼人的危机。

处于同一时代的另一营垒，农民起义队伍中对这种压力和威胁的感受亦不例外，并早于清廷更快做出了反应。当西方事物传入时，农民出身的太平天国将领们对此表现了更浓的兴趣，他们没有像清廷那样表现出强烈的排斥心理，而是很快拿来，欣然地沐浴欧风美雨。1853年，罗大纲对到达镇江的英国舰长费士邦说：“将来外国人可以随便用汽船、铁路、电线及其他西洋机器而无

①《曾国藩未刊往来函稿》，岳麓书社1986年版，第137页。

②《李文忠公全书·朋僚函稿》卷2，第46页。

③《李文忠公全书·朋僚函稿》卷4，第17页。

④《曾国藩全集》日记（一），辽宁民族出版社1997年版，第669页。

⑤ 薛福成《庸庵笔记》，江苏人民出版社1983年版，第17页。

碍。”[1]1859 年，天王之弟洪仁玕由香港到达天京，被封为干王总理朝政，同年颁布《资政新篇》，成为中国历史上第一个要求全面发展资本主义的纲领。在《资政新篇》中，洪仁玕率先提出了尊重科学技术，在中国发展工、商、农、矿等各种生产，建设近代交通，制造火车轮船，兴水利、办银行、举保险、设邮局、开报馆，奖励私人发明、允许私人投资，保护私人专利等一系列发展资本主义、走近代化道路的主张。它批判了传统重本抑末的思想，肯定了工商牟利的合理性，并提倡应当兴办企业，鼓励私人资本，其认识在许多方面都走在时代前列。尤在法律上，《资政新篇》第一次提出了法制观点，认为国家当以法制为先，这是治国的首要措施。国家不但要“立法制”，而且要“立法当”、“立法善”，“凡一切制度考文，无不革故鼎新”，才能“兵强国富，俗厚风淳”。并主张“教、法兼行”，向民众进行道德和法制教育，这显然同他在香港长期生活，比同时代人更多、更直接地接触和了解了资本主义生产方式，以及广泛接触了西方人士与西方思想有关。与处于不同营垒的同时期人相比，这些认识和见解同当时的各方改革思想都有许多异曲同工之妙，它们共同反映了在那历史风云变幻的年代里，一些先进的中国人向西方寻求真理的先声。洪仁玕因处在农民起义一边，故而更少封建的羁绊，在法制、工商、制度等许多方面都提出了超乎前人的观点，从而走在了时代前面。

数千年来，中国一直使用“夷”字称呼所有非中国的外族人与事，并带着鄙夷和化外的意味，即鸦片战争后仍复如此，称呼西方以“夷人”、“夷酋”、“夷船”、“夷鬼”等语。二次鸦片战争中英国代表明确提出，“夷字不美，嗣后望勿再用”，并于《天津条约》中做了规定。但长期的华夷隔绝观念依然浓郁，条约的规定并未能改变人们内心所受的伤痛。广州在籍侍郎罗惇

---

① 《太平军纪事》，见《太平天国》第 6 册，第 925 页。

衍在奏疏中说："臣等前次奏明刊刻关防，以资号召，缘人心愤夷已极，而地方官自夷人入城以来，每讳言夷务，甚至文移公牍，称夷务为洋务，又称外国事件，不敢斥言夷字。臣等再四商酌，应于关防内，明刊办理夷务字样，方足鼓舞人心。"[1]守旧观念与民族意气，反映了嬗变之际人们那种滞重而又无奈的复杂社会心理。但在太平天国这里表现出了少有的明智通达，洪仁玕在他的《资政新篇》中明确指出，今后凡于外国"往来言语文书，可称照会交好、通和、亲爱等意，其余万方来朝、四夷宾服及夷狄戎蛮鬼子一切轻污之字，皆不必说也。盖轻污字样是口角取胜，不是经纶实际，且招祸也"。[2]而在后期的太平天国文书中，亦没有了清朝妄自尊大的口吻，而是采取了言语平等，不卑不亢，相互尊重的外交礼仪。

太平天国向西方学习的许多"洋务"活动亦早于清朝，在清廷发起以 1861 年总理衙门设立和曾国藩建立安庆内军械所为标志的"洋务运动"前，太平天国早已开始了雇请工匠修理并仿照洋式武器，设馆进行军火工业的生产。其最早建立的军火工业称"硝粉营"，主要生产火药，到了后期，随着苏浙根据地的开辟和对外交往的日渐增多，太平天国在群体上对近代化亦有了更多共识，在太平天国辖区内，许多人开始学习外语，关心西方的机器和地图，并有人讲论欧洲的政治和发明，总体表现出了一种崭新的时代风尚，而这在同期清政府治下的京师和其他地方却还是禁忌。多年后居住在京师东交民巷的一名清朝官员，仍恨恨地题联于自家大门："望洋兴叹，与鬼为邻。"在如何学习西方上，近代"道器之争"、"体用之争"和"本末之争"等，从洋务运动直到戊戌维新整整争吵了 40 余年，顽固派以祖宗成法为圭臬，坚决拒绝任何改革，指责西法为"用夷变夏"，洋务运动步履维

① 《筹办夷务始末》（咸丰朝），第 2 卷，中华书局 1979 年，第 38 页。

② 《太平天国》（二），上海人民出版社 1957 年版，第 528 页。

艰，保守沉闷的气息使得许多近代化方案因此搁浅。而在太平天国则从未有过此类争执和困惑，太平军占据苏浙后，主要领导人李秀成在此推行了许多适应于新形势下的新政策，在相当程度上表现了近代化的开端意义。他注重发展经济，改善人民生活；同时积极鼓励对外贸易，大力加强同国外的通商交往。为了鼓励贸易发展，1861 年太平军攻占宁波后，宣布“三个月内不收关税”[①]，英国政府报告说，1863 年“我国在长江沿岸的各个租界都已趋于繁荣，它们所受到的骚扰是无关重要的，——贸易并没有因为任何叛军队伍的出现而受到影响，而当外国人通过为叛军占据的地区时，他们的财产既没有遭到扣留，也没有受到损害”[②]。正是太平天国采取的对贸易的支持保护态度，即使在大军压境下的上海，贸易与航运也没有萧条，反而得到了蓬勃发展。1863 年，上海港出口茶叶为 12000 万磅，比 1858 年翻了一番。1862 年，在上海报关的轮船 180 艘，计 60377 吨。上海港进口关税收入为 3370114 两，码头捐收入为 51960 两。“这些统计数字表明，上海这个口岸的贸易出现了一种极其繁盛的景象，尽管上海周围地区尚陷于骚扰状态之中。”[③]在发展贸易的同时，李秀成又设法购求国外的先进武器来装备自己，据外国军官估计，“苏州城中可能有三万支外国枪，叛军中四分之一的兵士佩带步枪和来复枪，忠王的一千名卫队完全佩带来复枪。”[④]他还在自己的辖区内开办兵工厂制造枪炮，又提出了在苏福省开设学校，修理海塘等计划，并对来自英国的友人呤唎讲天国的目标在于要输入欧洲的科学和工业。当面对西方的勒逼与侵凌时，李秀成也表现出了极大的反侵略勇气，而受时代影响，李秀成被俘后，他在《自述》中对国家命运的关注和向西方学习的建议与曾、左、李等人一样，目光

① 《怡和书简选》，见《太平天国史译丛》第一辑，第 191 页。
② 转引自《太平军在上海》，上海人民出版社 1983 年版，第 492 页。
③ 转引自《太平军在上海》，上海人民出版社 1983 年版，第 476 页。
④ 王崇武黎世清著《太平天国史料译丛》，神州国光社 1954 年版，第 73 页。

同样首先朝向了西方的洋枪洋炮，并恳切建议曾国藩向西方学习制造，这表明了在那个时代的认识，人们在相当程度上是有很大共性的。

总体上说，太平天国先于清政府在自己的统治区域开始了“洋务”活动，在与西方文化的交流中，太平天国也始终走在清朝的前列。但由于政治、军事上的多方失误而最终导致了它的悲壮失败，也从而中止了它在近代化道路上的跋涉，使中国近代化开始的一个偶然机会也因此而丧失了，这是令人惋惜的。简又文先生曾说：“倘太平不亡，仁玕政策得行，则中国科学物质之建设，亦即所谓‘现代化’必提早一百年。”[①]此语并非全是虚语。太平天国对于外来事物的态度相比清朝无疑更积极、更进取，正是太平天国对清政府腐朽势力的沉重打击以及他们首先接纳了西方文化，对于侵略者的侵略势力和侵略要求又毫不妥协，才引发了清政府“借师助剿”及与洋人共同镇压太平天国。同时在这种“合作”中，中西文化差异带来的强烈刺激，亦使清廷开始有了学习西方物质文化的迫切愿望和行动，种种因素激发了清政府的洋务运动。

当太平之役接近尾声时，清政府内部在中央以奕䜣为代表，在地方以曾、左、李等为代表，形成了一个主张学习西方科学技术、引进机器生产的洋务派，尽快发展军事工业却是他们的首要共识。西方势力的日益强大，使越来越多的人痛感其集聚于中国的巨大危险，更担心这点成为中国最大的祸害，“自强”与学习西方成为举国上下的共同呼声。奕䜣在奏折中说：“治国之道，在乎自强，而审时度势，则自强以练兵为要，练兵又以制器为先。”曾国藩认为西方“恃其船坚炮大，横行海上”，只有“师夷智以造炮制船”，方“可期永远之利”，[②]因此“购买外洋枪炮，为今

---

① 简又文：《太平天国全史》下册，香港简氏猛进书屋 1962 年版，第二十章。

②《曾国藩全集·奏稿二》，辽宁民族出版社 1997 年版，第 1272 页。

日救时之第一要务”。[1]李鸿章甚至认为“中国但有开花大炮、轮船两样，西人即可敛手”。[2]由此洋务运动全面发端，为改变清军武器装备落后的状况，洋务派最先在全国设立了一系列军事工业，其中主要有[3]：

军事工业	创办时间	创办人	主要产品
安庆军械所	1861	曾国藩	子弹、火药
上海洋炮局	1862	李鸿章	子弹、火药
苏州洋炮局	1863	李鸿章	子弹、火药
江南制造局	1865	李鸿章	枪炮、子弹、轮船、机器
金陵制造局	1865	李鸿章	枪炮、子弹、火药
福州船政局	1866	左宗棠	轮船
天津机器局	1867	崇　厚	枪炮、子弹、火药
西安机器局	1869	左宗棠	洋火药
福建机器局	1870	英　桂	洋火药
兰州机器局	1872	左宗棠	枪炮、子弹、火药
广州机器局	1874	刘坤一	子弹、火药
广州火药局	1875	刘坤一	火药
山东机器局	1875	丁宝桢	枪支、子弹、火药
湖南机器局	1875	王文韵	枪支、子弹、火药
四川机器局	1877	丁宝桢	枪炮、子弹、火药
吉林机器局	1881	吴大澄	枪炮、子弹、火药
金药火药局	1881	刘坤一	火药
浙江火药局	1883	刘秉璋	子弹、火药、水雷
神机营机器局	1883	奕　譞	不详

① 《曾国藩全集·奏稿三》，辽宁民族出版社 1997 年版，第 1603 页。

② 李鸿章：《上曾相》，见《李文忠公全书·朋僚函稿》第 4 卷。

③ 陈真：《中国近代工业史资料》第一辑(上)，第 565 页、第 566 页；张玉田：《中国近代军事史》，辽宁人民出版社 1983 年版，第 251 页；张国辉：《洋务运动与中国近代企业》，中国社会科学出版社 1984 年第 2 版，第 24 页。

续表

云南机器局	1884	岑毓英	子弹、火药
山西机器局	1884	张之洞	洋火药、轮船
台湾机器局	1885	刘铭传	子弹、火药
湖北枪炮厂	1890	张之洞	枪炮、子弹、火药

曾国藩在安庆建立的安庆军械所是清廷模仿西方所建的第一个军事工业，尽管之前太平天国在其辖区内建了不少小型工业，但由于它的失败而皆遭毁灭，因而安庆军械所便成了中国产业技术革命和中国近代化的最先开端。军械所的工作主要由徐寿和华蘅芳主持，制造土炮和火绳枪一类旧式火器，还试图制造榴霰弹和雷管。[①]徐寿制造了一个汽轮使用的小蒸汽机，可惜运转不佳。1863年，毕业于美国耶鲁大学的广东人容闳拜会曾国藩，向他提出了中国所需是一种“制器之器”的主张，即一种通用机器，中国能用它转而生产制造军械、轮船所需要的设备，得到了曾国藩的赞同，遂委派他至美国选购。

随着洋务运动的不断进行和深入发展，李鸿章逐渐成为其中最为核心的人物，中国近代较大的洋务企业，几乎大都由李鸿章一手创办。他一生受曾国藩影响极大，从1845年起拜曾国藩为师并深受其器重，两年后考中进士，之后更是秉承意旨潜心“洋务”，成为曾的得力助手和继承人。曾国藩被时人誉为晚清第一中兴名臣，不仅在内政外交上有着重大影响，并且在思想文化方面也被称为理学大家，其思想内容繁复庞杂，集中国古今思想之大成，倡导“笃实践履”，注重实践。然而曾国藩兴办洋务尚处于初始阶段，还有许多不完善的地方，且为时未久他便去世了。李鸿章继承了他的衣钵，又加以不断发展创造，虽然在思想学术上远不及其师，然思维灵活，触类旁通，面对民族危机的严酷事

① 王尔敏：《清季兵工业的兴起》，台湾中央研究院近代史研究所，1963年，第24—28页。

实，能够很快顺应时势，突破夷夏之大防，将洋务思想推行于实践活动中，从而成为中国近代洋务事业的主要倡导者和开拓者。当他统率淮军初到上海镇压太平军时，曾国藩曾“临别赠言，谆谆以练兵学战为性命根本，吏治洋务皆置后图”[①]。但李鸿章到上海后，眼见洋枪队与太平军作战“队伍既整，炸炮又准”[②]，“其大炮之精纯，子药之精巧，器械之鲜明，队伍之雄整，实非中国所能及”。[③]于是便将“练兵学战”与“吏治洋务”并驾齐驱，在上海“抚用客将，改练洋枪，并自制开花炮弹”，[④]把自强的希望寄托在仿造外国枪炮轮船、创办军用工业上，“仿立外

江南制造总局

国船厂，购求外国机器，先制夹板火轮，次及巨炮兵船”，[⑤]先后建立了上海洋炮局、苏州洋炮局、江南制造总局、金陵机器局等等，以后又接办了天津机器局。李鸿章在试制新式枪炮的过程中，参照魏源《海国图志》关于开花炮等的构造原理介绍，发现“《海国图志》所载率皆皮毛”[⑥]，于是直接从西方进口机器，延聘外国

① 李鸿章：《复吴仲仙漕帅》，《李文忠公全书·朋僚函稿》第1卷。
②《李文忠公全书·朋僚函稿》卷1，第13页。
③《李文忠公全书·朋僚函稿》卷2，第48页。
④ 盛宣怀：《上海奏建专祠疏》，见《李文忠公全书》卷首，第49页。
⑤《李鸿章全集·朋僚函稿》卷5，第34页。
⑥《李鸿章全集·朋僚函稿》卷4，第13页。

技师指导，终于先后制成了田鸡炮、开花炮、前门枪、后门枪等一系列武器，还制造出了一些轮船，从而在军事装备上结束了清军使用刀矛弓箭、帆篷舟楫的局面，开创了中国军事工业近代化的新阶段。[①]

1865 年，李鸿章于上海成立江南制造总局，这是当时中国最大的军火工厂。同年他于南京又设立了金陵机器局，这些工业同稍后左宗棠在福州设立的福州船政局、崇厚在天津设立的天津机器局一起成为中国当时最重要的新式军事企业。这些企业大规模引进了西方机器生产，是一种前所未有的生产力。时人描写上海机器局景象道："基广两百余亩，周以缭垣，中建广厦，设立厂房，置机两座，左右夹室，咸置小轮，巨机上架横梁，下置轮盘，绕以皮条，联于通力轮轴，轴置铁条，各缀铁球，以通蒸釜。大轮旋转，拽动皮条，力布四方，小轮俱转，凡锯木、截铁、磨凿之类，无不赖焉。又有熟铁厂、熔铸厂、重大机器厂、炮位船机厂。正东开治平坦，广七十余丈，直出浦江，植木为柱，高九丈，以便起重。又开船坞，广十余丈，袤三十丈有奇。旁有屋，亦设蒸釜，运机则坞水任意放纳。"[②]

洋务军事工业是在封建自然经济还没有完全解体的小农经济基础上创办起来的，它必然有着传统社会所容纳不了的新内容。在它兴办之初洋务派也并未想到，这些企业的兴办和它引入的大机器生产方式，其依赖的社会基础及生产方式都同小农社会的经济基础有着不同。然而随着时代的发展和大机器生产内在的要求，必然会导致与此相应的一系列社会关系及社会形态的巨大变迁。

① 王鹤鸣：《李鸿章与中国近代化》，安徽人民出版社 1989 年版，第 47—48 页。

② 毛祥麟：《墨余录》，上海古籍出版社 1985 年版，第 246 页。转引自陈旭麓：《近代中国的新陈代谢》，上海社会科学院出版社 2006 年版，第 119 页。

第四章　工商业渐渐注入社会机体

一、西方对中国影响的加深

（一）中国工商业滞后的原因探析

马克思曾以“亚细亚生产方式”来表述中国，认为这是一种停滞封闭的生产形式，君主占有社会剩余财富，在进行对内对外掠夺的同时，组织大规模的公共工程，如修渠灌溉、抗洪排涝，专制国家这三项职能，消耗掉简单低劣的生产所带来的所有剩余，留给农民的生产资料根本无法改进生产。城市是专制君主与他的官僚阶层生活的享乐之地，大量消费掉由剩余产品转化的奢侈性商品。财富垄断窒息了生产竞争的冲动，城市是统治阶级，农村是无数零散的自然村落。它是一种自然经济，这种生产方式禁锢驯服人的精神，使人“没有任何伟大和任何历史首创精神”。[①]于是取消了社会进步的可能，其原因倒不是生产关系的保守与反动阻碍了生产力的发展，而恰是因为这种处于麻痹状态的生产力与生产关系之间根本不构成冲突。

看到这些结论，回思马戛尔尼以来无数进入中国的西方人士对于中国的论述，与此有惊人的契合之处。由于长期的闭关自守，我们久已不知道域外的世界了，西方来华人士则几乎众口一词地给中国下了“停滞”的结论。文明的古国，悠久的历史，“4000多年，它自己的君主统治着自己的国民，从未间断。其居民的服装、道德、风俗与习惯始终不变……他们一直反对与其他民族的

①《不列颠在印度的统治》，《马克思恩格斯选集》第3卷，人民出版社1972年版，第62—68页。

贸易，对遥远国家的漠然无知……由于杜绝对外贸易，封闭稳定，这个民族的习俗亘古如一，毫无变化与进步。”[①]“他们拥有几千年的文明，但依旧无法摆脱贫困的追逐。他们有许多发明，却无法用这种发明促进文明的发展。火药用来造爆竹，罗盘用来看风水，造纸术、印刷术不是解放了思想，而是禁锢了思想，他们大量传播一种幼稚、僵化、愚昧的观念，使人的心智停滞甚至衰退。他们在地理、心理上都处于一种与世隔绝的封闭状态，不管政治如何变动，征服与被征服，改朝换代，但专制体制则始终如一。”[②]“保守原则深深地刻印在中国人的心灵上……这个帝国早就处于停滞状态，其条件，社会的和智力的，已经停止若干世纪了……他们目前的地位，就知识和文明程度而言，不仅远远落后于西方世界，而且事实上并不比一千多年前进步多少”。[③]正由于如此，当西方进入中国时，他们看到了在这种专制停滞下封闭单一的社会形式，包括其经济和生产方式。社会繁荣发达包含整个社会的繁荣富足，每个人创造的经济与物质财富，正是社会进步的重要标志。而当时的中国在某种程度上却是世界上“最贫穷最悲惨的国家。尽管它有广阔肥沃的土地，但却养不活它的人口……这里经常发生灾荒，几百万生灵饿死倒毙，他们也不诉诸暴力……贫困使父母们把孩子抛在城市街头或乡村田间，被野狗吞食。好多中国人认为这些无辜死亡的孩子对减轻国家负担是必要的，谁也不花工夫去收尸，或把他们从死神手里拉回来”[④]。百姓的贫困正说明社会的停滞，正如亚当·斯密所分析的那样：“这种社会人口生产与劳动需求维持在最低的平衡状态，千年不变，没有人失业，也没有人能够摆脱贫困。而中国过分重视农业，贬抑工商业，

① The General History of China, by J.B.Du Halde , Trans. By John. Watts, London, 1738, Vol 1. P237, Antiquity and Extent of the Chinese Monarchy.

② Legge, The Chinese Classics, London, 1894, Vol, I, P108.

③ W. Gillespie, The Land of Sinim, 1854. 转引自《十九世纪西方人眼中的中国》，第97页。

④朱静编译：《洋教士看中国朝廷》，上海人民出版社1995年版，第25—26页。

正是造成中国经济社会停滞的原因。人类社会的进步体现在从农业到工业到商业的三种经济形式的进步上，但中国停滞在农业上，过分强调农业不仅损害了工商业的发展，也损害了农业本身，中国的农业早已停滞不前了。”“一个忽视或鄙视国外贸易，只允许外国船舶驶入一、二港口的国家，不可能经营在不同法制下可经营的那么多交易。此外，在富者或大资本家在很大程度上享有安全，而贫者或小资本家不但不得安全，而且随时都可能被下级官吏借口执行法律而强加掠夺的国家，国内所经营的各种行业，都不能按照各种行业的性质和范围所能容纳的程度，投下足够的资本。在各种行业上，压迫贫者，必然使富者的垄断成为制度。”[①]

此话切中当时时弊，这样的法律制度必然损害最广大民众的利益，保护极少数大官僚和封建者的垄断，而将全民都推到贫困状态。然当严复1902年以《原富》为名将此段译出后，却未引起任何反响，因为此时中国的经济、政治、法律和社会文化条件与《国富论》的思想都相差太大了，根本没有对《国富论》所倡导的精神和制度变革的要求，劳动生产率在极低的水平下维持着，因而“中国下层人的贫困程度，远远超过欧洲最贫乏国民的贫困程度”[②]。这种贫困是西方入侵前即广泛存在的，亦不仅见于西人记述，中国自己的表述中亦屡见不鲜。康熙七年上谕中说：“向因地方官员滥征私派，苦累小民，屡经严饬而积习未改，每于正项钱粮外，加增火耗，或将易知由单不行晓示，设立名色，恣意科敛。或入私囊，或贿上官，致小民脂膏竭尽，困苦已极。”[③]山西做过知县的诗人唐甄在《潜书》中说：“清兴五十年来，四海之内，日益困穷，农空、工空、市空、仕空。”山西妇女无裤可穿，“吴中之民多鬻子女于北方”。封建政权的横征暴敛，豪强

① ［英］亚当·斯密著，郭大力、王亚南译：《国民财富的性质和原因的研究》（上），商务印书馆1972年版，第88页。

② 亚当·斯密：《国富论》，陕西师范大学出版社2006年版，第65页。

③《清康熙实录》卷二十六，康熙七年五月癸巳。

地主的土地兼并，都使此种状况清初以来有增无减，愈演愈烈，农民“两造谷穰穰，终岁无一粒”[1]，生产所得大部分被地主高利贷者掠夺，年丰啼饥，乐岁号寒，土地关系的深刻矛盾贯穿着我国两三千年的封建历史，历代农民在极度穷困的经济条件下挣扎，“乐岁终身苦，凶年不免于死亡”，连维持最低生活条件尚不易做到，扩大再生产便更成了奢望。农民以最简单粗陋的农具，在狭小的耕地上粗糙耕作，不少农民由于贫困甚至不得不时常卖妻鬻子，典当耕牛农具，农业技术日趋退化。在这样一个几乎没有任何工业物质基础的农业社会中，大规模的工商业发展是不可设想的。

农业是中国生产的主要方面，而从宋元以来它便已同其所伴随的封建制度一起衰落了下去。“劳动生产力上最大的改进，以及劳动时所表现的更多的娴熟程度，技巧和判断力，似乎都是分工的结果……一个国家的产业和劳动生产力如果极高，那么各种行业和分工通常也都达到了极高的程度。在落后社会中由一人独任的工作，在进步社会中一般都由几个人合作完成。在进步社会中，通常农民只是农民，制造者只是制造者。”[2]而中国则是一个小农业和小手工业密切结合的农业社会，它虽然进行了无数分工，但却未有真正经济学意义上的分工。传统中国将人分为士、农、工、商，但实际上只是将人分成了四个等级，长期以来的重农机制又将绝大多数的人口都做了农民，从事基本的农业生产，这种生产又是一种自给自足的小农生产，同时生产自己所需要的绝大多数手工制品，正如亚当·斯密接下来所分析的那样：“农业的种种劳动随季节而变化，要让一个人只从事一种劳动事实上做不到。因此农业生产力增进的程度总跟不上制造业，主要原因也许就是农业不能采用分工制度。最富裕的国家，在农业和制造业上

① 黄体正：《带江园诗草》卷一，第4页。
② 亚当·斯密：《国富论》，陕西师范大学出版社2006年版，第8页。

都优于邻国，但制造业方面的优越程度必定大于农业方面……贫国在制造业上就不能和富国竞争，至少在富国的土壤气候适宜于某类制造业的情况下，贫国不能和富国竞争。”[①]这即是说，早在亚当·斯密的18世纪，富国之所以富足就是因为它有制造业，农民们所从事的工作尽管远比在制造业中从事某一分工更加复杂和多变，但农业生产力总是要较制造业落后，便是在农业中很难完全采用分工制度。分工会使得劳动者的技巧因为专业而日益精进，有了分工，同样数量的劳动者就能完成比过去多得多的工作量，从而大大提高工作效率。分工又能将劳动聚合起来，从而大量节省劳动时间，在农业中这点便很难做到。农作物生产本身受季节限制，从事这项工作的同时人们也不可能专注于其中一项，大量时间因而被分散开来，节奏缓慢；分工则能使劳动者精力集中，也更容易发现一项工作中尚需改良的地方。许多劳动者就是为了简化和节省劳动，不断地发明了各种机器来代替人的劳动，从而促进了发明创造。“在一个分工明晰的社会中，每个人都因效率提高而生产了大量自己无法消耗的产品，这就形成了可以互相交换的市场，个人可以提供他人所需的物品，而其自身所需的物品，也能由他人充分供给。各行各业的产量由于分工而大增，从而造成普及到最下层的整个社会各阶级普遍富裕的状况。”[②]西方资本主义的发达正是其经济上采取广泛分工，以及制造业全面发展的结果。分工的前提则必须要有高度的社会化发展程度，社会中的人们能够普遍联为一体共同参与社会活动，在此基础上方能形成细致广泛的各项分工，从而促进工商制造业的全面发展。但在中国，由于停留在一家一户的小农经济阶段，人们“鸡犬之声相闻，老死不相往来”，加之与此相适应的集权统治、家族宗法、封建等级以及伦理纲常等等，都与此种情形相互抵触，使之既不可能

① 亚当·斯密：《国富论》，陕西师范大学出版社2006年版，第10—11页。
② 亚当·斯密：《国富论》，陕西师范大学出版社2006年版，第10—11页。

产生高度的社会化程度，亦很难孕育出系统复杂的分工体系来。

在封建小农和家族伦理观念上的中国社会，最多只能建立和分散在家族基础上的个体小型协作的手工业作坊，这便是中国农业最为发达的生产形式，采取此种形式的江南、苏浙等地，亦是中国最为繁荣富庶的地区。这里也是历代官僚地主麇集的地方，大批地主官僚、商人居于城市，形成了统治农村的基本堡垒，使为之服务的手工业尽管做工精细，亦无不渗透着浓厚的封建生产关系，大多仍停留在个体小生产和简单协作阶段，年复一年地重复着简单再生产。由于缺乏社会分工，商品生产者几乎和农业生产者一样自给自足，自产自销，“织妇抱冻，龟手不顾；匹夫怀饥，奔走长路。持莽莽者以入市，恐精粗之不中数。饰粉傅脂，护持风露。摩肩背以授人，腾口说而售我。思得金之如攫，媚贾师以如父。幸而入选，如脱重负”[①]。这种情形令人想起唐代白居易的《卖炭翁》：“卖炭翁，伐薪烧炭南山中。满面尘灰烟火色，两鬓苍苍十指黑。卖炭得钱何所营？身上衣裳口中食。可怜身上衣正单，心忧炭贱愿天寒。”也印证了西方那句“中国甚至比起自己一千多年前的情形也没有进步多少”的话。中国商品交换就此同样桎梏在自然经济的枷锁与观念中，更枉谈其脱开封建的羁绊，建立起近代资本主义工商产业了。这也许正是亚当·斯密以其经济学家卓越敏锐的眼光所看到的，中国“财富也许在许久以前已完全达到该国法律制度所允许有的限度”了，“但若易以其他法制，那么该国土壤、气候和位置所可允许的限度就会大得多”。[②]商业停滞不能发展的根本原因就在于这种封建法制和其依附的封建制度本身。

腐朽的封建制度已经僵化，在它枯朽的躯干上不可能嫁接出工商业发展的新枝，就中国工商业最为富庶的江南地区亦是如此，

① 《嘉定县志》卷八，徐献忠：《布赋》。
② 亚当·斯密：《国富论》，陕西师范大学出版社 2006 年版，第 65 页。

其他地区更概莫能外。江南自古便不乏豪商巨贾，拥有巨大资财的也大有人在，但却从未有人利用江南优越的环境，像西方一样创建出中国历史上真正的工业产业来，这是由其封建制度的根本特点所决定的。

首先，中国封建法制固本务农，遏阻工商，奠定了数千年农业社会基础及小农经济的思维模式，形成了工商业发展的最大障碍。中国是一个农业古国，封建国家的经济收入主要仰自地租，农业也长期处在经济生产的首要地位。为了维护这种专制社会的农业基础，中国长期奉行重农抑商政策，并以封建法律的强制力来保证实施。从汉初起，“高祖乃令贾人不得衣丝乘车，重租税，以困辱之”[①]，直至封建末世，历代王朝仍延续这种劝赏重农、困辱抑商的法令政策，以“农为天下之本务，而工商皆其末也”[②]，乾隆甚至表示“欲天下之民，皆尽力南亩”[③]。在重农的同时颁布抑商法令，由官府垄断工商业，实行官营禁榷。在封建专制的条件下，“普天之下，莫非王土”，“山海陂泽之利”无不被统治者视为皇家私物，为防止商人争利，富可敌国，只要有利可图，工商业都被官府垄断，禁止民营，明清时已发展到了盐、铁、酒、茶、铜、铅、锡、硝、硫磺，甚至烟草、瓷器等，统统列入了官营范围，对违犯者施以严刑峻法。历代王朝多重征商税，改革币制，对工商业“寓禁于征”，“使无利自止”[④]，“重关市之赋”，使“农恶商，商有疑惰之心”，“无裕利则商怯，商怯则欲农”[⑤]。“更钱造币以赡用”，以“摧浮淫并兼之徒”[⑥]，防止富商大贾积聚财源。在封建等级制度下，“衣服有制、宫室有度”[⑦]，封建

① 《史记·平准书》。
② 《清世宗实录》卷五十七。
③ 《清朝通典·食货志》。
④ 《藏书》卷五十，《富国名臣总论》。
⑤ 《商君书》。
⑥ 《史记·平准书》。
⑦ 《春秋繁露》，《服制》篇。

社会又从政治上压抑、辱没商人，商人不能衣锦绣，乘骑马，历朝法令又大多“锢商贾不得宦为吏”[①]，汉朝“贾人不得名田为吏，犯者以律论”，北魏律“工商皂隶不染清流”，唐《选举令》规定：“身与同居大功以上亲自执工商，加专其业者不得仕。”直至明清，商人子孙仍须数世之后才能参加科举考试，赢取功名。封建官府垄断了矿冶业，不准私人擅自挖采矿产、开办矿场，清朝法律明令限制手工业和商业发展，实行盐茶矾铁官卖制度，将金、银、铜、锡、硝等列入禁榷范围，不准私相买卖。明清时还不断颁发禁海令、迁海令等，严禁民商出海，这些封建法律严重桎梏中国工商业发展。

中国的土地可以买卖，这成为许多大商业“以末致财，以本守之”的前提条件。商人在社会中地位极低，使得他们一旦经商暴富，都会很快将资金投向土地，转而进行地租剥削，这种封建制度最平稳也最一般的剥削方式。地租剥削的收益往往高于工商业经营，如明末清初苏南地区，不论水旱灾荒佃农都要按预定数量纳租，租率高达收获量的60%—80%。顾炎武记述：“岁仅秋禾一熟，一亩之收不能至三石，少不过一石余，而私租之重者至一石二、三斗，少亦七、八斗。”[②]地租占有剩余产品的全部，甚至占有必要劳动的一部分，于是土地兼并，几乎成了封建王朝不可治愈的顽疾。明清之际，豪绅地主依仗权势争相兼并土地，江南作为科第和官僚集中地，更使许多官僚旦夕便成巨富，科甲中第和依傍权势是其发财致富的重要捷径。松江官僚董其昌，原先家中不过薄田20亩，甚至无法逃避徭役，到他中进士后，土地很快遍及松江各县[③]。湖州官僚董份，其祖是农民，到他中进士成为严嵩党羽后，仅在吴江占田即达数万亩。[④]到了清朝，土地买卖日渐

---

① 《汉书·贡禹传》。

② 顾炎武：《日知录》卷十。

③ 李延显：《南吴旧话录》。

④《南浔镇志》卷十二；沈德符：《万历野获编》卷26。转引自段本洛、张圻福著：《苏州工业史》，江苏古籍出版社1986年版，第125页。

扩大，由于人口剧增，农业负荷日紧，引起粮价持续上涨，官僚地主、商人和高利贷者无不以地租为利薮大量争购土地，一些富商巨贾也趁此而变为商人兼地主，商业资本不断流向地租剥削。乾隆时有人奏称："近日富商巨贾，挟其重资，多买田地，或数十顷，或数百顷，农夫为之租耕，每岁所入盈千、万担。"[①]正说明了这种状况。由于农业赋税始终是封建国家最主要的财政收入，地租剥削也因而得到历代统治者的首要维护和封建法律的充分保障，其收益常会高出手工业及商业利润，这便使购置土地成为封建财富最重要的一种储藏方式，经营手工业利润远远比不上稳妥牢靠的地租生息与高利贷；于是商业资本便不会被引导到扩大经商及发展手工业上来。

"重本抑末"的传统和思想使得经营商业、手工业者常受鄙视，富商巨贾往往捐纳功名，才能提高社会地位，保障自己的商业与财富。封建是权势者的天堂，科名官爵是权势的代表，越到后期，封建的开科取士和官吏遴选便越成了贪污门路，尤在清朝，清廷更为卖官鬻爵建立了完整的捐纳制度，为富商大贾求取官禄大开方便之门，富商巨贾获取了功名官衔，工商业也便涂上了一层浓厚的封建色彩。封建经济的长期延续，使商业资本在促使封建向资本主义生产方式的转变中，其作用受到了极大限制。

苏、浙是中国工商业较早得到发展的地区之一，各种手工业作坊都有较大的规模，然而清代重征工商税，便使得人们视工商为畏途。重农抑商的传统政策及相关法令，使工商业者市井逐利，易兴也易败，不如买田置地有法律保障。所以每当商贾、作坊主聚积巨万时，莫不抽取资金，大肆买田置地，转成为田连阡陌的大地主，使工商业停滞不前。大量积累起来的货币财富只有很小一部分投于工商业，而大量的资产都用来购置田地，开典当铺，

① 乾隆五年四月十三日胡定奏，转引自郭毅生：《太平天国经济史》，广西人民出版社1991年版，第405页。

从事高利贷剥削，或储存与窖藏起来。这也正如亚当·斯密所指出的："近代欧洲各国的政治经济学，比较有利于制造及国外贸易，即城市产业，比较不利于农业，即农村产业。""中国的政策，就特别爱护农业。在欧洲，大部分地方工匠的境遇优于农业劳动者；而在中国，据说农业劳动者的境遇却优于技工。"[①]中国过分重视农业，尤其自然经济的农业，在某种程度上也是中国落后的重要原因。直到今天我们仍然可以看到，那些主要是农业产业的地区经济往往依然落后，那些以制造业为主的区域已开始迈向经济发达的步伐，其重要原因就在于制造业的附加值高，而且必须进入流通领域，甚至是国际贸易领域；传统农业附加值低，进入流通的分量极少，是一个相对封闭的产业。因而西方通过经营工商业而很快致富者比比皆是，很少有人能通过经营农业而致富；而中国却总是将大量的资金投向农业或用来兼并土地，这除了封建观念的保守性，也与封建法律及国家的财产权属密切相关。

中国长期的专制政体，使得封建土地权属国家，财产也由皇帝及其代表的国家来支配，这便构成了人们与官府之间密不可分的联系。一切工商业的发展都受制于官府，若没有官府的庇护，资本积累寸步难行。例如为了保证手工业生产始终在政府的规范、控制之中，明律规定凡军民官司有所兴造，必须报告上级批准，还必须如实申报营造所需材料、财物、人工；工程建筑因严重质量问题，三年内报毁者，由承修官员和专管上司分赔。明清时的政府垄断甚至加诸于手工业者的人身自由，明代建立了匠户匠籍制度，一旦编入匠籍便世代为官府服役，不许脱籍；而清朝则由官府以超经济手段强制民间手工业者为官营工场当差，使手工业完全服务于官僚贵族的享乐要求。法律赋予政府的极大权力，使得政府随时可能以任何借口对高利润的商业实行垄断或课以重税，甚至对其随意剥夺，这也是中西制度上的巨大差别。像西方

① 亚当·斯密：《国富论》第四篇，第九章。

工业化时期政府对于工商业的制度保障、市场投资以及合资企业等的各项保护政策在中国从未出现过，人们甚至缺乏中世纪时托马斯·阿奎那的观点，“每一个人对于获得仅与自身有关东西的关心，胜过对所有的人或许多别人的共同事务的关心”，“当各人有他自己的业务需要照料时，人世间的事务就会处理得更有条理”；相反的，“在那些联合地和共同地占有某种东西的人们中间，往往最容易发生纠纷”。[①]中国制度维护封建统治及家族宗法利益，个人利益被淹没在各种特权和家族宗法关系之中了。即使这种制度保护地主阶级的土地所有权，但通过权力抄家或没收私人财产的现象仍在封建社会中屡见不鲜。这种情况下，人们宁愿用财力去追逐权势，也不会将它投入到前程未卜的工商事业中。因而中国不会有人像西方那样将万千家产投入到真正冒险和投资一项事业上，也不可能产生西方资本那样勇往直前的开拓精神。商业资本在中国充满了风险与困难，它并非仅来自于商业本身，还有着许多与此并不相关的政治及其他因素以及封建千丝万缕的联系。作为弱者的伎俩，中国工商业者也因此常常不讲诚信、奸诈欺诈，通过这些尽可能地保护自己拥有的财富等等特性又反过来大大阻碍了中国工商业的发展步伐与工商业者的长远眼光。

（二）西方对中国工商业的多方面影响

十八九世纪由英国开始的工业革命，使英国成了现代世界上第一个工业化成功的国家，并且这股工业化浪潮从英国开始，迅速跨越了北大西洋而冲击到了东西两岸的所有地区，通过世界的海陆交通进而将这种进步的种子播撒到了全世界。

工业化最主要的特点便是机械化生产，即以机器代替人工来生产各种货物与劳务。由于广泛的机器大生产使得工业化国家的生产力获得了突飞猛进的发展，其生产出来的货物与劳务不但数

① 托马斯·阿奎那：《神学大全》第二部分之二，第66题，第二条。香港基督教辅仁出版社1965年第1版。

量而且质量都获得了迅猛增长，尤其在英国工业化成功时间较早，因而19世纪长时期成了“世界的工厂”，其产品远销全世界，生产产值始终居于世界前列。不仅使国力大大增强，而且工业革命形成的强大经济力量，也推动了整个世界的工业化浪潮，从而使全球的物质和产品都极大地丰富起来。率先进入工业化的国家无不先后进入了发达国家行列，其国家的实力，人民的物质生活、文化教育水平等都获得了空前提高。马尔萨斯所担心的那种恐怖灭绝的悲惨阴云，即人口按几何级数增加，而食物却按算术级数增加，人口数量与粮食供应时常处于恶性循环中，人类的结果非常暗淡。这种可怖的担心由于工业革命的成果而被驱散，工业化带给人类的繁荣进步和文明前景，也因而成了全世界人们共同追求的目标。

中国和其他国家相比起来，同西方工业文明的接触时间不算太晚，当1840年英国用枪炮打开中国大门、强行与中国通商时，此时的美国还远未进入工业化，中国的近邻日本，此时距西方叫关也还有十余年之久。1861年，由于第二次鸦片战争的沉重打击，中国开始致力于自强的洋务运动，实际已开始了走向近代化的步伐，而此时促使日本近代化发展的明治维新却还没有发生。然而不可忽视的是，我们工业化的起步虽然不晚，但与其他同时起步的国家相比，我们近代化的步伐却异常缓慢，工业化进展艰难，步履蹒跚，直到今天，我们还没有完成这个过程。全国人口的绝大多数依然是农民，城市化、工业化的程度都还很低，由此使得中华民族历尽了无穷深重的灾难，人民始终处于水深火热的痛苦深渊，贫穷一直伴随着我们这个古老的民族，识者无不悲痛叹息。

中国为什么不能尽快实现近代化？其中的原因是多方面的，仅从经济方面讲，就在于西方的发达在很大程度上是由于其工商制造业的高度发展，而在中国恰恰相反。种种重农抑商的限制使得工商业发展困难重重，举步维艰，商人素质普遍低下，中国自然亦难有较高水平的工商业实践和理论。商业利润的丰厚又常使官僚以国家的名义堂而皇之地将其归于官营与垄断，于是更加阻碍了工商业的正常发展。

自古以来，人们早已发现经营工商业会有很高的利润，但我们却始终不曾深入下去进行探讨，引导它朝向创造更多的社会财富方面，而只是消极地打击商人，以减少社会的贫富差距，最终造成了整个社会的普遍贫困。如果说社会早期生产力的极为低下和农业劳动的异常艰苦，使得过多的人趋商逐利，很可能会破坏整个社会的生产基础尚有一定合理性的话，那么这种制度的千年不变和因循承继，却不能随着生产力的发展而不断调整，便是一种惊人的惰性了。而此又同它的体制构造密不可分。

作为一个封建的农业国家,其内部自发地生出资本主义工商业的可能性是微乎其微的。在西方资本主义入侵以前，中国几乎没有自己的机器大生产，仅有一些简单的个体手工作坊，重复着千年不变的简单再生产，大部分又都是在男耕女织的自然状态下完成的。因此当鸦片战争后，英国原以为打开了一个巨大市场，但当他们潮水般地将商品推进这个市场时，才发现遭到了人们通常所说的“自然经济的顽强抵抗”，大量商品纷纷滞销。究其原因，其实仅在于两个方面：其一是长期的闭关自守及等级状态，使得绝大多数中国人对外部世界都完全陌生，当然也包括他们的产品；其二就在于整个中国过于赤贫，从而缺乏购买力。几千年的封建历史不能使中国脱出历史的循环，中国的社会结构始终未曾改变过。人们保守着不与外界接触，无论是思想还是经济交往。1831 年，英国输入的棉纱大为增加，广州附近的人们认为输入的棉纱剥夺了他们家里妇女儿童的生计，“于是就在各乡镇遍贴告白，声称如有人从广州买洋纱入境，一经擒获，立即处死。目前广州小贩被这个举动吓怕了，外国棉纱的生意已陷于停顿”。[①]直

① 严中平：《英国资产阶级纺织利益集团与两次鸦片战争史料》，1831 年。

到二次鸦片战争后，外国商人仍然这样描述他们在中国自然经济状态下与中国的艰难贸易，“他们绝不找外国人通商，除非外国人硬把生意送上门。外国人……必须要在某种程度上，以一种把所要推销的货物求售和‘介绍’给雇主的方法，来创造雇主的需要。各处的商业，都必须通过大力推动，才能有所成就。在中国的外国制造品贸易的情形尤其如此”。[①]收购丝茶等出口货物的情形也差不多，“凡中国实际上售给外国人的东西，并不是它自行出口的，都是消极地等待外面的人前来购买”。[②]

由于长期的生活习惯，中国人看不到对外贸易的任何好处。在西方观念输入以前，贸易已成为中西交往的重要环节了，但中国的经济对此反应却异常迟缓，“自给自足的经济和轻视商人的思想，使中国政府认为对外贸易并不重要，不是国民经济所必需。西方的自由贸易论者永远不会了解为什么中国政府限制它的商人们贸易”。[③]然而尽管如此，当一种先进的生产力进入时，它的力量却是人们所无法阻遏的。西方商人们凭着耐心和毅力不断开拓进取这块广阔的贸易领域，通过数百年的努力，直到进入19世纪，中国紧闭的门户终于被打开，中外贸易交往以前所未有的速度发展起来。但人们不能忽视的是，在西方国家之间，由于有着共同的文化、社会和政治环境，长期又有正常的贸易和投资渠道，他们的技术与产品都是怀着欢迎的态度与和平的方式顺利而自然地相互输入的，很少会有抵触甚或激烈对抗。而在中国，人们就不得不怀着敌意看着这些将自己产品强行输入的人，亦很难理解他们为寻求贸易与投资所做努力的动机与目的。西方尽管可以使用武力强行迫使中国贸易，但是“那个依靠着小农业与家庭手工业相结合的中国社会的社会经济结构”，那种“缺乏需要以及对于

①《中国海关沿革史》第75页注。引1869年出版的《上海总商会代表扬子江上游贸易报告书》。

② [英]莱特著，姚曾译：《中国关税沿革史》，三联书店1958年版，第35页。

③ 费正清：《1842—1845年中国沿海的贸易与外交》第1卷，第74页。

传统服式的偏爱”[1]，却能形成中国对于西方贸易的强大阻碍。人们不需要进口的洋货，就可以迫使他们积压、跌价，甚至让掮客们濒于破产。1848年英国驻上海领事阿礼国上香港总督报告说：“过去三年对华贸易是亏本的，有许多情形简直是破产性的买卖……运来的货物是这样的和中国市场上的实际欲望和需求情况不相称，以至于紧接着就是滞销……这庞大的超量供应的货物是必须要带回头货的，于是运回更多的茶叶，超出英国市场适当需要以上，所以在链子的那一头也便遭到了同样的跌价与破产。”[2]片战争后这种状况几乎持续了 20 多年。商品交换是天生的平等派，它决不是单靠武力或强制便能解决的。为着改变这种状况，西方不断地对中国市场进行系统的调查与分析：“我们唯一可能大量销到这个国家来的货物——我们的棉制品，适应这个民族里大多数人的需要到什么程度……适应劳动阶级的日常耐穿到什么程度？还有……和他们自己生产的比较起来，我们生产出来，运输约两万英里的路程，并销到他们的门口去，能否更便宜些呢？”[3]只有满足中国消费者的愿望，才能使他们的产品让中国的消费者自愿地接受，这种努力直到70年代以后才有了回报。

19 世纪 70 年代是一个十分重要的年代。在此之前，西方还没有任何商品能在中国畅销，资本家只能通过非法购买苦力及鸦片贸易来赚取大量惊人的利润。然而随着欧洲工业技术的不断革新，动力机器，铁路、轮船等在西方被日益广泛运用，它的工业产量迅速增加，生产费用却急剧降低，这为它的进一步发展和在国外竞争提供了极大的优势。1869年，苏伊士运河开通，东西之间的航运距离大大缩短；紧接着伦敦与上海间电报架设成功，又迅速地加强了东西间的信息联络。就在1870年前后，标志航运史上又一个新纪元的运输工具汽船诞生，它能为大的商号运送大宗

① 《马克思恩格斯选集》第2卷，人民出版社1966年版，第168页、第170页。
② 严中平：《英国资产阶级纺织利益集团两次鸦片战争的史料》，1848年。
③ 严中平：《英国资产阶级纺织利益集团两次鸦片战争的史料》，1852年。

商品，旧式帆船从而被很快淘汰，这一切都为改变中外贸易的形势提供了技术上的有利条件。中国再也不能游离于世界之外了，技术条件的改变很快改变了中外贸易的状况，西方商品得以在中国迅速倾销。

在长期的中西交往中，交通的落后与艰难是限制和阻隔双方商品交易及各项交流的重要因素。然而新式轮船的广泛运用，却大大降低了运输成本。1870 年 3 月 19 日，苏伊士运河正式通航后经由埃及的第一艘轮船到达中国[①]，由此引起了中西经济贸易方式的巨大变化。它将欧洲到中国的航程缩短了一半以上，原先绕道好望角到达中国需要 120 天，通过苏伊士运河却只需 55—60 天，快的只要 6 个星期。[②]第二年年初，上海与伦敦之间电讯正式开通，由此更加显著地改变了中国与欧洲间交通联系迟缓的状况。原来在伦敦、上海两处进行信息传递需要 6—8 个星期的时间，在"无线电讯业尚未诞生的那个时代"，为了"最先掌握欧洲市场的情报和信息，以便在贸易中谋取最大利润"，一些大洋行甚至不惜包租快轮驶往新加坡，香港怡和洋行在东南山顶上建筑了"瞭望台"。[③]电讯交通朝发夕至，人人都可以同时得到伦敦市场的最新行情，这对西方国家在中国的贸易产生了巨大影响。"在英国本土的商人，现在已经完全能够控制贸易的局面，因为只要他打出一个电报，便能在六个星期后接到他在英国所需要的任何订货。"[④]于是，订货贸易代替了原来的自存自销的贸易，出口商人在发货的同时，即可向对方直接签发汇票，同时立即在本地的外汇市场中出卖，从而很快获得下一次贸易的资金。[⑤]"在电报通

① 汪敬虞：《外国资本在近代中国的金融活动》，人民出版社 1999 年版，第 104 页。

② 汪敬虞：《外国资本在近代中国的金融活动》，人民出版社 1999 年版，第 105 页。这里指的是航程，实际距离上海至伦敦间缩短了 24.1%，香港至伦敦间缩短了 25.6%。转引自王翔：《近代中国传统丝绸业转型研究》，南开大学出版社 2005 年版，第 69 页。

③ 冯邦彦：《香港英资财团》，中国经济出版社 1996 年版，第 17—20 页。

④ Herald, 1889 年 4 月 5 日，第 417 页。

⑤ Consular Reports, 1874, p. 36; Banister, A History of the External Trade of China, 1834—1881, pp, 77—78.

讯的条件下，订货预售代替了存货待售；为订货而生产代替了为存货而生产。”[①]这种贸易方式本身和贸易资金周转方式的变化，对中西出口贸易的市场价格都有着重大影响。在 19 世纪 70 年代以前，中国对外贸易的市场价格基本上由中国方面的因素决定的，而随着苏伊士运河的开通和电讯交通的建立，影响中国出口市场价格的因素便逐渐由中国转向了对方，在商人只要“打出一个电报，便能在 6 个星期后接到他在英国所需要的任何订货”的情况下，它使得伦敦商人很容易增加实际握有的存货量，一方面又不必握有大量存货。于是“世界贸易中的重要大宗货物的价格，是在中国以外决定的，中国商人所做的努力，不能对之产生任何重要的影响”。[②]例如进行生丝贸易，生丝价格却已“转由伦敦市场的行情支配了，这就是说，受伦敦的存货量、英国和欧洲的销路以及人们对将来的需求的估计所支配”[③]，如此便造成了整个 70 年代中国生丝出口价格的大幅度下降，1881 年与 1871 年相比较，生丝价格下降了 27%，作为中国最重要的出口物资之一，它的价格大幅下降又直接影响了中国对外的贸易平衡。在 70 年代中期以前，中国的对外贸易既有逆差亦有顺差，如从 1864—1894 年的中国进出口贸易值看，以海关两为单位，1864 年中国出超 2446.4 万，1871 年入超 839.8 万，1880 年入超 140.9 万，1890 年入超 3994.9 万，1894 年入超 3399.8 万。其间在 1872—1876 的 5 年内中国尚有出超，自 1877 年后到甲午战争前便已全无出超了，并且入超的数额也越来越大。[④]在外国商品输入量激增时，中国对外贸易的商品结构也发生了重大变化，例 1871—1873 年，中国仅丝茶两项即占到出口总值的 87.2%，1891—1893 年则降为 51.5%，而其他农产品和手工业品，例棉纱棉布，豆类、草席、花生、皮毛

① 汪敬虞：《外国资本在近代中国的金融活动》，人民出版社 1999 年版，第 108 页。

② Daily News, 1880 年 10 月 16 日，第 367 页。

③ T.R. Banister, A History of the External Trade of China, 1834—1881, P77.

④ 杨端六等编：《六十五年来中国国际贸易统计》第 1 表，国立北平图书馆 1931 年版。

等物品的出口量则由12.8%上升到了48.5%，这种改变的原因即在于世界工业的发展对这些原料货物的需求，中国已被纳入了世界市场。从1877年开始，中国的贸易收支便一直处在了逆差当中，中国出口市场的控制权也掌握在了外商手里，这对于中国小生产者的压迫和负担是十分沉重的。时人曾以丝茶议论说，“凡中国之贩丝茶者，几于十岁而九亏，其故由于洋商之勒价。洋商之勒价，由于各贩之争售。各贩之争售，由于贩丝茶者，半非富商，其本银既迫，限期息银亦重，于是出售不能稍缓，洋商乃重抑价以困之，中商无可如何也”。[①]又有人道，中国丝茶出口，“皆散商开设行栈，始则各就当地争先采办，乡民乘机抬价，而成本已昂。继则以争先出售致拥挤，原本不得收转，则借庄款，贴利息，而囤本更昂。终则洋商窥破此机，故延时日，不即出价，而庄款期迫息重，不得不自贬以求速售”。[②]但人们却还没有完全明白，这与中国已失去了出口市场的控制权密切相关，它决定了中国商人必须承受利息负担的高压。中国商人在勒价损失和利息损失的权衡中，宁愿接受不胜负荷的利息负担而等待有利的销售时机，外商的勒价不啻又为外国银行从金融上控制中国商人制造了有利条件。中国商人只要一脚陷入商品市场的勒价套索，另一只脚就必然陷入金融市场的重利罗网，这一切最终又都会缠在中国广大的蚕丝生产者身上。西方科技的迅速发展与改进，对封闭落后的中国小农经济，却造成了无比深重的压力与痛苦，要想改变这些又只能期待着商品经济的进一步发展与中国生产信息技术的同样改进，但在当时的条件下，这种希望还显得分外渺茫。然而这些却使中国看到了域外的世界，也促使了自身一系列重大现实的观念改变。

在西方的观点看来：“中国各地都缺少资本，大批的外国资

① 姚锡光：《尘犊丛钞》上卷，1908年版，第53页。转引自王翔：《近代中国传统丝绸业转型研究》，南开大学出版社2005年版，第69页。

② 马建忠：《适可斋纪言》卷一，1960年版，第3页。

金流进东方，如果保护措施得当、行政管理有效的话，这些资金将会使得中国的交通设施得到令人满意的改进，而且还会大规模的推进自然资源的开发，中国也因此会在不久的将来变成一个工业化和近代化的国家。”[①]他们认为为了贸易的发展，中国必须对外开放，“生意人想到的是这个国家对外贸易的开放，想到的是西方产品进入中国，想到的是中国的矿藏价值得以利用。‘你要知道，这才是真正地开化他们’，‘让我们带着这类东西走进中国人，汽船将以每平方英寸60镑的价钱向前驶去，这件事不久就会发生，用每平方英寸60镑的价钱去开化中国人’”。他们甚至认为向中国输入机械和其他物质上的进步成果，是开化中国人的重要方法，这些方法优越于强调精神因素的传教活动。[②]这种强烈的观念促进了西方对华贸易的不断增长，同时亦促进了西方各国对与中国交通设备，例如在中西间开设新航线和建立电报、铺设铁路等的酝酿与计划。然而筹建铁路和铺设电报由于当时清政府的坚决反对而未能实现，但轮船运输业则成为西方在中国发展的重要领域。

1861年，美国“琼记公司”职员约翰·赫德，在上海装了一船货物溯江而上直达汉口，以验证长江流域的市场潜力。他相信中国内陆地区的生意将会发展很慢，于是用货轮在长江上做起了运输生意，船上装着别的船主的商品，同时还以每位100个铜钿的价格运送客人，结果收入极为丰厚。这是西方第一次渗入中国内地的商业举措，这次航行为西方商人把他们的商业活动扩大到中国的中心地带开辟了道路。[③]

在1872年中国成立轮船招商局之前，中国还没有自己的近代航运业。1862年，美国旗昌洋行上海轮船公司设立后，便几乎占据了中国长江航运的利益。1871 年英国公和祥码头公司，1872

① [美]M·G·马森：《西方的中国和中国人观念》，中华书局2006年版，第146页。
② [美]M·G·马森：《西方的中国和中国人观念》，中华书局2006年版，第148页。
③ [美]M·G·马森：《西方的中国和中国人观念》，中华书局2006年版，第141—142页。

年太古洋行轮船公司，1877年怡和洋行的中印轮船公司，以及华海、扬子、道格拉斯等轮船公司先后创办，在中国沿海和内地的航运业中占据了重要地位，尤其太古、怡和两家公司，在70年代以后力量更为雄厚，渐渐取代了最早的旗昌而居于了垄断地位。在这场交通革命中，令人欣慰的是中国终于不再旁观，于1872年成立了轮船招商局，在长江等地的进出口贸易中加入了与西方列强之间的竞争，并且开始使用现代船只。它在汉口等地获得了相当的优势地位，从而促进了商品发展，给原来死水一潭的中国社会注入了新的活力。这些新式轮船大大便利了水路交通，例如在上海与武汉之间轮船运输兴起以后，两地间商品交易大大增强，汉口销往上海的禽蛋产品瞬时增多，并由此在上海和汉口形成了禽蛋交易市场。在华南的广西桂平一带，自西江轮船通行后，“土货出境倍易于前，山间物产外销，获利不少，而家畜鸡豚各载之舟中，随大江东去，售诸港粤，日月不休”。[①]轮船的使用亦使南方水上运输日渐发达，商品经济的发展越来越高于北方。北方由于没有水路交通，货物的流通既慢且贵，靠大车、手推车、驮畜或搬运工运输的陆路运费，每吨每英里是轮船运费的二至五倍之多。[②]由此航运事业促进了中国商品经济的发展，也使得中西贸易的规模越来越大。

两次鸦片战争后，西方对中国的经济影响首先从海关及通商口岸开始，然后迅速波及了越来越大的领域。而中国却因为失去了关税自主权，海关也逐渐失去了保护对外贸易及本国经济的功能。例如所有出口货中，最重要的茶的税率，鸦片战争前出口正税每担为 1.279 两银子，加上各种附加税实际征收约 6 两[③]，1843 年中英《海关税则》确定后则定为每担 2.5 两，并且这项税则所载其他主要进口货物税率，较之前的广州海关实征税率均

---

① 民国《桂平县志》卷29，第17页。
② 费正清：《剑桥中国晚清史》下卷，中国社会科学出版社1985年版，第57页。
③ 马士：《中华帝国对外关系史》第 1卷，上海书店出版社2000年版，第91页。

降低了约58%—79%。[①]

西方的自由贸易是伴随着船坚炮利、殖民政策，以及殖民地人民的血泪发展起来的。为了推销产品及掠夺中国资源，鸦片战争后，西方国家把中国进出口的海关税则钉死在了一个世界罕见的极低水平上。尤在二次鸦片战争后，进口税率竟被压低到了“值百抽五”的原则，这就对于中国对外贸易以及工商发展起了极为不利的作用。对于这个税则，英国驻华公使阿礼国道，“哪个国家有像中国这样低的对外贸易税则呢？”[②]西方各国都将关税当作保护本国产业的重要手段，对于有损本国产业发展的进口商品重征进口税，而对本国制成品则不征或轻征出口税，只有在特定情况下，有的国家才对某种原料品课征出口税，其目的仍是为了阻抑外国利用这种原料加工制造，以与本国相竞争。在中国的情形则恰恰相反，出口税率水平常常高于进口税率，反而对国外商品起了保护作用。自1858年确定税则直到1894年甲午战争爆发的36年间，进出口货物的市价同趋下落，出口货的下落尤甚，这使中国的出口税率竟日益高于进口税率。如70年代前中国的茶叶在世界市场上居于垄断地位，成为不少西方国家的生活必需品。但根据协定税则，中国只征出口税每担2.5关两，而英国则征进口10关两，美国更调高至21关两。[③]美国对于中国米，课进口税每包二角二分，而中国对美国面粉根本不课进口税；美国对中国植物油课进口税25%，而中国对美国煤油课进口税5%；美国对从中国进口的药材、衣服无不课税，而中国对美国进口的药剂、衣服却给予免税待遇。[④]种种情形，都使中国原本困难的经济更如雪上加霜，税源大量流失，从1864年开始，除了个别年份贸易顺差

① 严中平等：《中国近代经济史统计资料选辑》，科学出版社1955年版，第59页。

②《阿礼图备忘录》，1870年5月3日，载英国蓝皮书《关于中国修约致商会书》，1870年，第9页，转见莱特：《赫德》，第383页。

③《贸易报告》，附录，第8页，转引自严中平：《中国近代经济史》上册，人民出版社2000年版，第211页。

④ 贺长龄：《皇朝经世文编》卷71，第16页。

外，其他时间都是逆差。一国的经济发展必须伴随着货币增长，尤其像中国这样一个贫困的国家，而如此低的海关税率，竟是在让中国不停地失血，同时却又喂养的实力原本雄厚的西方国家更为强大，在同中国的各项贸易中也处在了越来越有利的位置上。不平等条约和其中苛责的条款，给中国工商业的发展造成了重大限制，也成了中国经济发展的严重羁绊。

鸦片战争结束以后，西方对中国工商发展影响最大的洋行势力，业务亦得到了大大扩展。“洋行”原是外国商人在旧中国开设的以代理进出口贸易为主的各种行号，它最初是指经营对外贸易管理的我国商业牙行，也称洋货行。鸦片战争后，为了商品输出的需要其洋行迅速增加，从 70 年代开始，又从经营进出口贸易扩展到了航运、金融、码头、货栈、保险、工业企业等多方面投资。资本主义生产发展到了高峰，工业品成本不断下降，在中国市场的竞争能力也大大增强。其在中国进出口贸易中的作用，是鸦片战争以后中国对外贸易上的一个重大变化，通过加强商品的倾销力量，强化了对中国进出口贸易的控制地位。这些洋行早期都从事非法的鸦片贸易，尤在鸦片战争后的五口通商初期，由于西方对华贸易未能取得迅速发展，因而洋行增长不多，并且暴力掠夺是其主要特点，著名的外国洋行怡和、宝顺、旗昌、琼记等几乎都靠贩毒起家，从事鸦片走私以及掠骗华工的各项活动。外商轮运势力迅速扩张起来，第一次鸦片战争结束以后，鸦片走私更加猖獗，成了一项“刺激海盗的有力商品”[①]，随之海盗抢劫也变得日益频繁，到处杀人越货，中国沿海也因而兴起了一种以保护商船为名的“海盗护航”，即旗昌这样的大行也公然招徕兼营“护航”业务。截至 1903 年，一时间老牌洋行纷纷开始发展航运，发展沿海的轮船运输提到议事日程上来。怡和、旗昌、宝顺、仁记、琼记、广隆、华记等大洋行几乎都经营货运，美商 111 家，

① 费正清：《贸易与外交》卷 1，哈佛大学出版社 1953 年版，第 335 页。

又兼营银行与保险业务，至二次鸦片战争前，英商有606家。在总数200余家的洋行中，少数大洋行如怡和、旗昌洋行等，都已逐渐奠定了自己的垄断地位。

1840—1894年，是中国近代企业，即用机器和机械动力为基础的制造业、矿业及交通运输企业等等的创建时期。甲午战争以前，中国尚未允许西方国家设立工厂，但他们在中国所设工厂却至少已有100多家，如英商有耶松船厂（1865年）、怡和丝厂（1882年）、太古糖房（1882年）、平和洋行（1870年）、隆茂洋行（1870年）的打包厂、屈臣氏药房（1850年）、正广和酒厂（1864年）、江苏药水厂（1860年）、泌药水厂（1892年）、祥泰木行（1884年）等，美商有旗昌丝厂（1878年），法商有信昌丝厂（1893年），德商有科发药房（1866年）和蛋厂，俄商有砖茶厂等等，都具有相当规模；同时英国还在上海设立了煤气厂（1864年）、电灯厂（1882年）和自来水厂（1883年）等。[①]但这个时期的西方各国主要还是商品输出，在中国的企业资本除了航运与贸易外其他还不占重要地位，企业也主要为国际贸易服务，如缫丝、制蛋、制茶、打包等，这类工厂前后不下70家。而从事商品生产和贩卖的工厂约只有30家，且规模都很小。[②]

西方在华银行，是鸦片战争后资本主义各国为了便于向中国输出商品及资本，陆续在中国设立的金融机构。1845年英国同时在广州和香港设立的丽如银行是西方在中国所设最早的外国银行，此后又在中国设立了汇隆、呵加剌、有利、麦加利、法兰西、汇川、利华、利生、利升和汇丰等多家银行，除法兰西银行外均为英国所设。其在华主要业务是中外贸易中的汇兑业务、放款业务、发钞业务、吸收存款等，通过上述业务，外国银行获得了高额利润，控制了中国金融。在19世纪90年代以前，其他外国银

① 孙毓棠：《中日甲午战争前资本主义在中国经营的近代工业》，载《历史研究》1954年第5期。

② 吴承明：《中国资本主义与国内市场》，中国社会科学出版社1985年版，第16页。

上海最早的丽如银行

行在华设立的机构还为数不多，而控制中国金融市场的几乎全是英国银行的势力。到 90 年代之后，其他资本主义国家亦纷纷来华设立银行，到甲午中日战争为止，除已倒闭者，在华外国银行共存 9 家，总分支行及代理处共计 58 家，北起京津，南临海口、东自上海，西达汉口，外国银行业务不仅局限于汇兑和为洋行贸易服务，并且支持本国工商资本，又向中国政府提供贷款和资本输出，对中国影响也越来越大。

在所有西方国家在华设立的银行中，汇丰有着举足轻重的地位。它于 1864 年 8 月 6 日在香港创立，次年 3 月 3 日正式营业，开业以后发展极为迅速，到 19 世纪末在中国境内的机构已有 14 处，以后又陆续添设多处。从 70 年代已开始单独给清政府巨额贷款，利率高达 8%—10%；同时又通过买办与上海钱庄和中国商人发展信贷关系，开始控制中国金融。它是所有英资银行中发展最快的，并且后来长期居于中国金融的霸权地位。到 1894 年为止，清政府由于海防款项、边疆危机及军费筹措等各项用途向西方举债共达 4600 多万两，其中通过外国银行的约占 74%，而由汇丰一手借出即达 2900 万两，占全部借款的 63%以上。[①]汇丰因此得意地说，“把款项一笔一笔地贷给处于日益困难与危急之中的清政

① 徐义生：《中国近代外债史统计资料》，中华书局 1962 年版，第 11 页。

府，从而使自己为清政府所不可一时或缺”。[①]

在任何一个国家工业发展都必须具备一定的物质和社会条件，例如资本积累、技术水平、社会环境等等，但在中国这个长期以农为主的落后国家中，其工业化的条件显然是相当有限的。因而西方在中国经营的许多近代工业都给中国的近代化带来了很大影响，与甲午战争后西方攫得在华设厂的权力后开始纷纷设厂相比，虽然早期外国资本在华工业的投资数量尚不算大，但也已有了百余家大小不同的企业，并且背后依托着强大的资本主义国家，加之其先进的管理技术，以及各种不平等条约的庇护，进入中国后都很快地占据了各项优势。例如航运业是西方用来争夺中国市场，输出廉价工业品并从各地夺取原料的重要工具，西方经营船舶修造业的目的主要也在于便利其在中国的发展及垄断。19世纪西方大的轮船公司相继成立后，便占领了整个中国沿江沿海的航运，“在1894年，中英贸易占中国全部对外贸易的65%，而中国出入货物的85%皆由英国船舶载运”[②]，由此可以看出英国资本在当时中国航运中的势力。同时英国经营的船舶修造厂，亦在数十年中垄断了中国的船舶修造业，并挤垮了中国具有千余年传统的旧式造船业；也使得中国为了自强而兴起了许多洋务军事工业包括造船业，由于技术水平起点较低，所以从一开始亦不得不从机器、技术、材料等方面仰仗西方人，使得西方无形之中又成了清政府军用工业的靠山。

在中外贸易的过程中，西方一方面把大量的商品输入到中国，另一方面又从中国购入大量廉价原料与特产并进行一定加工后载运出口，这种加工业主要有砖茶厂、缫丝厂、制糖厂、制革厂、轧花厂、面粉厂、打包厂等等。由于清政府此时反对外国在中国投资建厂，这些工业又常常要同中国本地产业发生冲突，因此亦

① 毛里斯、柯立斯：《汇丰—香港上海银行》，中华书局1979年版，第32页。

② 朗格：《帝国主义之外交》，W. L. Langer: The Diplomacy of Imperialism，卷上，第167页。

常常受到各种抵制和反对。例如1879年，俄国资本家在福建建宁设立了两个砖茶厂，由于对本地制茶业带来了妨碍，当地人民坚决反对，俄国砖茶厂只得被迫它迁。[①]1877年，英国义昌洋行施盖格想在上海创办一家兼营纺纱织布的工厂，上海布业公所坚决反对，此计划只好半途放弃。上海经营进出口的美商丰泰洋行魏特摩亦想开设一个纱厂，两江总督左宗棠坚持不许，魏特摩的纱厂也最终未能建立[②]，这种情形还有很多。但总体上说，由于西方资本主义工商业历史悠久，资金雄厚，经验丰富，目光老到，再加其先进的技术设备和完善的经营管理等，都远非长期处于封闭状态下的中国所能比拟，因而其经营的诸多项目，大多都能有较好的效益。例19世纪西方资本主义到中国大量采购生丝，中国旧式手工缫丝原是农村重要的手工业，其产品条纹不均，不适宜机器织绸，而且损耗过多，色泽不净，废丝不能利用。从1859年起，西方国家便计划到中国使用机器缫丝，以便运往欧美从事丝织，然而由于中国多方反对和市场变迁，这项目标经历了许多周折，直到19世纪80年代才建立起来。李鸿章曾对此羡慕道："鸿章曩在上海亲见旗昌、怡和各洋行皆设有机器缫丝局，募千百华人妇女于其中，工贱而丝极美。"因此也曾想发动官府"招商集股"办一二个缫丝厂[③]，但却最终没有成功。西方在中国开设的许多加工工业，例如制砖茶、缫丝、蔗糖、牛皮、棉花、蛋粉等等，许多都开中国从来未有之业，其雇佣中国工人人数最多，是西方在中国设立近代工业的最主要部分。另外以上海为中心的通商口岸，西方还经营有许多饮食、酿酒、制药、制冰、印刷、家具、砖瓦木材等项，以及为满足中国市场而生产的轻工产品如火柴、肥皂、玻璃、造纸、卷烟、铁器等等，这些工业已不属于外国的进出口

---

①《海关贸易报告册》，1879年，下篇，第269页。

② 孙毓棠：《中日甲午战争前外国资本在中国经营的近代工业》，《中国近代经济史论文选集》（二），上海师范大学历史系1979年版，第627—629页。

③《李文忠公全集》，《海军函稿》卷三，第2—3页。

贸易，而是西方独立的工业投资。尽管他们的创办经营时有波折，但利润都极为可观，雇佣中国工人也日渐增多。虽然他们的投资数量有限，但却已为甲午战争后西方资本开始在华大规模投资首开了端绪。

外国资本及企业的进入，对中国形成了巨大冲击，也给中国带来了巨大的经济利益流失。而在同时，我们却又不能否认这一切对于改变中国的传统结构，促进中国的近代化方面有着十分明显的作用。正是这些西方资本在许多领域中为中国引进了近代技术，也开创了众多的经济部门与中国历史上从未有过的众多产业，从而为中国在农业之外开辟了广阔的工商业发展道路，吸纳了大量的农村剩余人口并为他们提供了就业门路，实际也为中国的近代化提供了很大部分的发展资金。若没有这些外资的广泛投入及利用，许多新式企业和近代化的促成便都不可能存在与发生，无论中国的铁路、航运、煤铁开采以及众多的工业制造业，外国资本都占有着绝对数量的优势。也正是这些对中国的工商业发展起了重要的先导作用，从而引起了中国近代整个经济结构的巨大变迁，自古以来从未被重视过的工商业，至此在西方各类工业的刺激下，终于开始以前所未有的速度发展起来。

（三）不可回避的矛盾冲突

在近代发展的过程中，西方从各方面都对中国产生了巨大影响，同时又给中国带来了许多痛苦甚至难以抹去的屈辱记忆。西方通过通商口岸以及不平等条约的特权进入中国的工业、技术及商品，许多人认为是强加于中国的经济侵略，它们不利于中国的经济发展，并摧毁了中国传统农业和手工业的经济社会基础，也给近代中国民族资本主义的产生发展造成了巨大阻力。西方与近代中国之间的关系，因而成了一项内容十分复杂而又微妙的问题。

中国的巨变是1840年起由西方用其坚船利炮的轰击开始的。坚船利炮当然是科学技术发展到一定阶段的自然产物，汤恩比认为：西方“陌生的技术”较“陌生的宗教”更宜于为非西方的社会所接受，因后者涉及人群的内在价值、信仰等，前者的价值则是中性的。[①]然而金耀基则认为，西方出现于中国的“陌生的技术”不是电冰箱、电视机，而是“坚船利炮”，因此它所“代表者不是科学技术，而是帝国主义、侵略主义。故而西方‘陌生的技术’在当时中国人眼中不是价值中性的，它代表一种邪恶与威胁”。“中国现代化运动的第一阶段——曾国藩、李鸿章到张之洞等之自强运动——即是在一种无限的精神委曲下开始的。中国现代化是中国在西方‘兵临城下’，人为刀俎，我为鱼肉的劣势下被逼而起的自强运动，这是中国有史以来所受最大的屈辱，过去一百年，即是中国的‘屈辱的世纪’。天朝之败于‘西夷’，是一屈辱；一败再败，国将不国，则是大屈辱；败于西夷，而又必须学于西夷，更是屈辱之至。故而，中国百年来之现代化运动，实是一雪耻图强的运动。”[②]在这种情况下，中西方之间的接触往来便很难有一种平和的气息。西方在传播科学技术和促进整个世界经济发展的过程中发挥着重要作用，但中国是一个农业国家，这种技术贸易要输入中国，就必然要同中国固有的经济形式和制度结构等发生深刻的矛盾。为了获得贸易和投资机会，西方竟利用其经济和军事优势对中国实施侵略，但是这种“西方民族强暴的侵略和扩张同时又不自觉地裹胁着一种不能用意志和感情化解的历史内容，那就是逼迫中国改变几千年来的传统封建制度”。[③]种种情形的复杂性，都使这个过程交织着科学与愚盲、文明与落后的尖锐对立和斗争，它必然会形成中西间无可回避的矛盾冲突。

不可否认，由于千百年来的相互隔绝，中西之间无论社会结构、文化观念等都存在着巨大差别，因此在中西贸易时，其间的

---

① Arnold Toynbee, Civilization on trial: the World &the West (N.Y.:The world Publishing Co., 1858.),PP267ff.

② 罗荣渠、牛大勇编：《中国现代化历程探索》，北京大学出版社 1992 年版，第 8—9 页。

③ 陈旭麓：《近代中国的新陈代谢》，上海科学出版社 2006 年版，第 109 页。

差异便体现在双方交涉的每一个细节之中。按照西方观点，它们对中国的很多做法难以理解，或难以苟同；同样地，中国认为西方是化外之人，其所做的很多事都属野蛮行径。对于双方的文化差异，中国认为是“化外愚蠢”，并未将此纳入自己的视野；西方热衷贸易，更被中国视为“夷人贪利”，由此引起了西方日益强烈的愤慨，致使矛盾日渐加剧。而中国对西方亦无好感，自明朝以来，就有倭寇在中国北部沿海骚扰，以致明朝将外商仅指定在几个港口入境，以“通夷情，抑奸商”[①]，防止倭寇伪装商人入境。而倭寇之后，又有海盗为患。到了16世纪，西方由于“地理大发现”开始了在全世界的海上掠夺，首先闯进中国的是葡萄牙人，接着便是荷兰人、西班牙人和英国人。他们到中国寻求贸易，但其中亦有不少海盗行径，从而使中国戒心大增。当然，中国作了消极防御，竟以闭关自守以绝海寇，肃清海防，认为“外夷贪狡好利，心性无常”，可能滋生事端，于是过去“凡外夷贡者，有贡舶即有互市”，自明朝起则“非入贡，即不许其互市矣”[②]，康熙时禁教，又从经济与文化上都断绝了与外界往来。由此中西交往从一开始便被置于了一种十分尴尬的局面中：中国地大物博，物产丰富，又是小农经济，可以自给自足，无须与外界交往；而西方是商品经济，却要尽力开拓商贸领域，这是双方无可回避的巨大矛盾。马戛尔尼为了英国商业利益而到中国寻求商贸关系，但却不肯向清朝皇帝跪拜叩首，不但未能增加双方的友谊，反而增加了彼此的猜忌。英国看到了中国政治的腐败，军备的落伍，马戛尔尼在日记中写道，中国“至少在过去150年里，没有改善，没有前进，或者更确切地说反而倒退了”，它就像“一艘破败、疯狂的战船”，“以一种貌似强大的外表威慑邻国，那是因为侥幸出了几位能干的船长。一旦碰到一个无能之辈掌舵……即使不

① 《明史》卷81，食货志。

② 王圻：《续文献通考》，卷26，市舶互市。

会马上沉没，也是像残骸一样随波逐流，最终在海岸上撞得粉碎，而且永远不可能在旧船体上修复”。[①]而中国则称英素号谲诈，心怀叵测，“常怀吞食之志，往往外假经商之名，逐其私计”。“若非此辈在迩，殊非久安之策”，对其贸易亦愈加反感，认其“凶横滋事”，“殊乖体制”，“私卖货物，走漏税饷”，因而更宜严密防范。这样长期的关系欠佳，更使得双方矛盾重重。

鸦片战争正是中英间这种冲突不可避免的产物。由于中国坚持闭关锁国，中西间贸易十分艰难，英国每年都要产生大量的贸易逆差，于是竞向中国输入了鸦片。当鸦片成为西方输入中国的主要商品时，吸食鸦片成中国一项重要恶习，它使成千上万的人们身体衰弱，精神萎靡，同时这种贸易又使中国白银大量外流，财政枯竭，给中国带来了无穷灾难。中国开始了禁烟运动，又因在此的一系列问题最终引发了鸦片战争。对于中国来说，鸦片对中国造成的危害巨大，“痼癖不除，足以弱种”，[②]“漏卮不塞，足以贫民”。[③]而对于西方来说，却认为“战争是由于根本不同的文化体系的交流而产生的几种复合力的结果，它不是由于某一问题的争论而引起的。英国人的种种不满是由于（中国）蛮不讲理的商业限制以及个人自由的种种限制而引起的。鸦片是战争的直接原因，是使不同的文化发生冲突的焦点”。[④]中国人的吸食问题，则是“中国人的性格是这样异乎寻常，以至他们被引诱到一种为其他人类所不能比拟的过度耽迷的状态之中”。[⑤]然而不可否认的是，从十七八世纪到19世纪，都是资本主义原始积累的重要时代，欧洲各国普遍“以地球为战场”而进行着“商业战争”[⑥]，这些战

① An Embassy to China: Lord Macartney’s Journal 1793—1794. Edited by J. L. Cranmer-Byne, Longman, 1962.

② 林则徐：《与胞弟林元抡书》。

③《林则徐集·公牍》，中华书局1963年版，第58页。

④ [美]兴登：《中国与日本的主要问题》，三联书店1958年版，第130—133页。

⑤ [英]庄延龄著，孙瑞芹译，吕浦校：《中国，过去与现在》，三联书店1958年版，第59—60页。

⑥《马克思恩格斯全集》卷23，人民出版社1978年版，第819页。

争都是资本主义国家直接或间接地对殖民地进行征服和掳掠的战争。中国正是在这样的背景下实行了广州一口通商制，并以此来防微杜渐、闭关自守，防止西方势力的渗入。然而这对于不断发展的西方资本主义来讲，却无异是一种消极自戕的抵抗方式，最终也只能给自己带来不幸和灾难。

由于长期的闭关锁国，在正常的商品贸易中，英国进口始终多于出口，形成了巨大的贸易逆差，只得向中国运送大量白银。当西方以“海盗船远征的形式”进行原始积累时，可以想象，他们不可能容忍这种贸易逆差无休无止地发展下去，而不去采取一定的方式加以扭转。但中国始终不能打开市场与世界平等贸易，并“把自己看成是四海一家、万邦臣服的天朝，把外国看成是蛮夷小国、边裔外藩”[①]，这种情况下，客观地说，西方也确实难以找到一条正常合理的途径对此问题加以解决。最终西方找到了鸦片，这种罪恶的毒品贸易，来平衡他们的贸易逆差。鸦片战争后，西方商人更以本国国家权力为后盾，利用集中的有组织的社会暴力对中国进行掠夺，这成了相当长一个时期内外国资本主义同中国的经济关系的重要特点。由于鸦片战争后“中国人对必须支付六百万两赔偿被毁的鸦片是如此害怕，以致他们疏忽了为限制鸦片贸易作任何规定”。[②]由此鸦片贸易在战后更加泛滥起来，西方凭借着条约权力和炮舰威力大肆走私，英国所有的趸船全副武装，能够“击退中国人派出对抗他们的任何军事力量”[③]，“中国的水师船或海关巡逻艇谁也不敢接近他们”。[④]这些庞大的鸦片趸船，有时被称为“不动的炮舰”，有时又被称为“浮动的城堡”，“与其说是商船，不如说是兵舰”[⑤]，它们无法无天，干尽各种坏事。

① [日]矢野仁一：《近世支那外交史》，弘文堂1926年版，第359页。

② [英]庄延龄著，孙瑞芹译，吕浦校：《中国，过去与现在》，三联书店1958年版，第60页。

③ 达维斯：《美国公文汇编》第一辑，卷18，第340页。

④ 费正清：《贸易与外交》卷1，哈佛大学出版社1953年版，第455页。

⑤ 费正清：《贸易与外交》卷1，哈佛大学出版社1953年版，第139页。

那些往来流动、运送鸦片、接运现金的武装快船的活动，也是“最惊心动魄的”[①]，“它们必须在从来没有探测过的偏僻港湾与中国的鸦片贩子打交道”，“必须在辽远而陌生的口岸开辟新的门路，必须探测新的海岸和港口”，还必须以最快的速度“传送信息和文件”等等[②]，其他国家的鸦片贩子也不例外。1853年，美国驻华公使马沙利向国务院报告说，“几乎所有在上海和广州的我们美国人，都武装他们的船只，违抗中国政府的法令，停泊在那里，满载鸦片，抓着一切机会，卖给中国人”。[③]这种畅通无阻的鸦片走私，使中国的鸦片销量飞速增长起来，向中国走私鸦片，成了当时外商获利最大的生意，由此也导致了印度鸦片产量的迅速膨胀。到40年代后半期，印度的鸦片产量，平均每年已突破10万箱，其利润率超过200%至300%。[④]向中国输出鸦片，是中、英、印的三角贸易的生命线，亦成了英国财政收入的一大税源。

从鸦片战争起，中国百余年来的悲剧开始一幕幕上演，由于长期的保守自闭，对外面世界的茫然无知，使我们远远落在了世界后面，并为此付出了惨重代价。西方在“‘大发雷霆’以后”，“卑鄙地利用了中国人的愚昧来把鸦片贸易合法化”了。[⑤]可悲的是，中国海防军无力查缉武装的鸦片走私船早已众所周知，两次鸦片战争的沉重打击，更使中国由过去的傲慢自大一变而为“在任何情况下，连碰都不敢碰外国人”[⑥]，英国驻上海领事馆阿礼国报告其驻华公使说，“外国人随时都准备玩忽法令，以武力抗拒中国官员的干涉。而他们（中国官员）出于政治上的原因，对海

① 勒伯克：《鸦片与剪船》，第3—7页。
② 勒伯克：《鸦片与剪船》，第3—7页。
③ 卿汝楫：《美国侵华史》，三联书店 1955年版，第95页。
④ 严中平：《中国近代经济史》上册，人民出版社2000年版，第116页。
⑤ [英]庄延龄著，孙瑞芹译，吕浦校：《中国，过去与现在》，三联书店1958年版，第60页。
⑥ 英国驻华公使卜鲁斯总结的清廷对外态度，《卜鲁斯致罗素》，1861年5月30日，英国外交部档案F.0.17／352。

外强权国家及其人民尤其不敢有任何公开的冲突或敌对行动[①]。因为“英国作为不列颠商业扩张的先锋……要用计谋胜过对手，最后的一手就是诉诸皇家海军。在最后摊牌时，他们的决心，他们坚持诉诸大炮以排除障碍的声势，最能达到目的，因为没有一个中国官员是愿意走向这个结局的”[②]。由此为西方人树立了一种无所不在的强制暴力，他们不但用这种暴力走私鸦片，同时又用这种暴力在中国拐骗华工，贩卖人口，进行惨绝人寰的苦力贸易，这一切都成了西方原始积累时期海盗式贸易的重演。

鸦片趸船

鸦片贸易与掠卖苦力，既是一种暴力掠夺，但它同时又是外国资本主义打开中国市场的正常贸易的一种补充。若没有鸦片走私，西方商人就没有资金购买中国的丝茶出口，合法的正常的贸易也就无法展开。自康熙禁教之后，中西方联系整整中断了100余年，而这百余年却正是人类的一个大时代、大变局。对外界的茫然无知，使我们限制了一切正常贸易，却喂养出了这样一些巨大而嗜血的、浸满毒汁的畸形贸易，这应是中国巨大的悲哀。但由于巨大的利益所在，英国用这种不光彩的行为与中国进行交易，

① 《阿礼国致文翰》，1854年4月10日，英国外交部档案，F.0.97 / 99。
② 费正清：《贸易与外交》卷1，哈佛大学出版社1953年版，第172—173页。

亦足使英国这样的文明国家为此而蒙羞。当然，我们不能忘记在谴责别人的同时承担自己对此应负的责任，正如庄延龄在《中国，过去与现在》中提到的，中国对此已“提供了一个极为公平的记载”，即“在鸦片长期以来是作为一种药品来输入，且吸食它的习惯以及因此而大量输入它的习惯，在任何负责人知道或者意识到它的流毒的重要以前，已经达到了惊人的程度”。“甚至大量吸食鸦片的危害影响在发现了和意识到了以后，对于他们的官吏的因循苟安、假装不见和贪污主要应由他们自己负责”。[①]然而英国把鸦片输入到中国，却决不仅是像他所说的那样，虽“没有许多可引以为骄傲的地方”，但却不是他们的“永久耻辱”。无论中国当时有多么愚昧落后，但是将鸦片这样的毒品源源不断地输入进来，进一步戕害中国人的身心，并加深中国这种病态的“耽迷”与困苦，这决不是任何有道义和良知的国家所当为之的，更不能由此认为应当而毫无愧疚的。

西方从鸦片贸易和掠买苦力获得了巨额的利润，这些利润一部分流回了英美，成为原始积累的组成部分，英美工业资本家得到了发展机器大工业的大量资金，同时在中国的某些洋行也赖此产生并发展起来。“在19世纪中叶，特别是一些老牌大洋行，在业务上从收取佣金为主转变成独立贩销的同时，开始发展航运、保险、贸易、船舶修造、银行等各种专业企业。”[②]而同时中国一些买办亦用来自运销鸦片的佣金收入，做了后来产生的资本主义现代企业的原始积累的组成部分。在19世纪60年代，买办曾经向外资企业，特别是轮船公司投资。七八十年代，买办和商人又向招商局大量投资，其来源一部分也同他们从运销鸦片中所得的收益有关。中国的原始积累也是“每个毛孔里都滴着血和肮脏的

① [英]庄延龄著，孙瑞芹译，吕浦校：《中国，过去与现在》，三联书店1958年版，第59页。

② 聂宝璋：《十九世纪中叶在华洋行势力的扩张与暴力掠夺》，载《鸦片战争史论文专辑续编》，人民出版社1984年版，第33页。

东西”，但后来在条件具备时其中一部分转化为了产业资本，用于中国最初的近代化事业。同世界各国历史一样，近代中国也只有经历充满苦难的原始积累，才能走向资本主义现代化的道路。

二、工商业形势的逐渐转变

（一）传统经济基础的变化和商品经济的近代转轨

中国自古便是一个封建小农经济的国家，男耕女织，自给自足，农民束缚在土地上，足不出户，与外部世界联系很少。而两次鸦片战争之后，中国却被迫越来越多地卷入了与国外的经济往来之中，“自五口通商，而天下之局大变”。[①]资本主义的影响像滚滚洪流一样通过各种途径迅速向国内扩散开来，“其间斗智斗力，情伪相感而利害生，交际相乘而得失生，强弱相形而凌侮生，诚诈相接而悔吝生”。[②]受西方商品的冲击与影响，传统小农业与家庭手工业密切结合的自然经济首先在通商口岸地区发生了解体，接着向更广阔的内地蔓延。

在中国数千年农业文明中，工商业形式同西方有着巨大差距，手工业和农业是国民经济的两大基本生产部门。而在手工业中，又是传统家庭手工业占绝对优势，官府则对最重要的手工业进行垄断。小农与家庭手工业的结合集中表现为耕织结合，农村“耕稼纺织，比屋皆然”[③]，这种自然经济的形式是中国生产最为典型的特征。它不以交换为目的，而主要是为着自给自足。虽然随着

① 冯桂芬：《校邠庐抗议》，中州古籍出版社 1998 年版，第 147 页。
② 王韬：《弢园文录外编》自序，中州古籍出版社 1998 年版，第 31 页。
③ 李文治、章有义：《中国近代农业史资料》第一辑，三联书店 1957 年版，第 102 页。

康熙耕织图

商品经济的发展，农民在满足自身需要后也能有一部分剩余产品，但农民将它投入市场的情形并不普遍，交换在整个经济中不起决定作用，古老的农业文明所带给中国交换及发展商业的余地是十分有限的。苛重的封建剥削与沉重的人口压力，使得农民除靠农田维持最低生活水平外，一般都要兼营一些小手工业，但这些生产亦大多以一家一户为单位，停留在个体和简单协作阶段，常常从一些固有模式出发，对沿用下来的技术和设备作些无伤大雅的修补和改动，却很难带来技术的突破。规模较大的工商业一般都是在官府垄断下经营的，大多数都用来生产贡品或满足统治者的穷奢极欲，很少是为了市场需求。其生产也不计成本，不算价格，对工匠任意摊派，敲诈勒索。加之许多行业陋规，官府多方限制，以及工匠及生产者浓厚的封建宗法血缘关系，国家严禁对外贸易等诸多因素的影响，因此在鸦片战争前，中国工商业举步维艰，在重重封建罗网下，整个社会都陷在一种极度的贫困状态，即使江南富庶的苏浙地区亦不例外。

在西方对中国发生影响之前，中国封建的藩篱无所不在，对手工业及商业进行着重重盘剥与限制，要突破它是极为困难的。

由于历来重农抑末的政策倾向，商人地位极度卑下，使商业及手工业者所受压迫的残酷与惨重都远甚于农民，农民只有破产而被从农村抛出时，才有可能去手工业工场或作坊去当学徒或作雇工。明朝建立了匠户匠籍制度，编入匠籍者世代从事官营手工业，为官府服役，没有经营和迁徙的自由，也不许脱籍，一旦逃匿便会受到法律的严厉惩罚。清朝同样对工匠进行残酷的封建性剥削，工匠的口粮仅能维持自身，根本难以养家糊口，而工价亦少得可怜，并且“匠役有过，惩创必加”[①]，时时遭受鞭扑之刑。由此农业与小手工业密切结合的自然经济在中国得到了真正的保护，即使在经济发展最快的苏松杭一带，亦未有任何显著改变。乡村纺织是“农暇之时……以助耕织”[②]，妇女“随其乡土，各有资息，以佐其夫”[③]，男人亦于农隙之时，按照各地条件，进行不同的手工业生产。农村中常有一些手工工场或大作坊，如制糖业、榨油业、制茶业等等，但却不脱离农村副业的性质，例如广东东莞“春月以糖本散种蔗之农，冬则课收其蔗，复榨为糖”[④]；四川内江“以艺蔗为务，平日聚夫力作……入冬辘轳煎煮，昼夜轮更”等[⑤]，都与农业生产密切结合。苏松杭一带，“纺织不止乡落，虽城中亦然。里媪晨抱纱入市，易木棉以归，明旦复抱纱以出，无顷刻间……田家收获，输官偿息外，未卒岁，室庐已空，其衣食全赖此”。[⑥]商业高利贷资本虽然活跃，但它只是把农民在农隙间所纺织的纱和布都变成了商品，使农民维持简单再生产，不致被抛出农村，而将终身依附在土地上。因之这一切的手工业及商业资本都不但未改变农村的自给生活，并且正是服务、巩固和补充了这种生活，

① 《苏州织造局志》卷九，宦迹。
② 周建鼎：康熙《松江府志》卷 5，第 2 页。
③ 张履祥《杨园先生全集》卷 50，《补农书》下，第 20 页。
④ 宣统《东莞县志》卷 15，物产下，第 13 页，引周志。
⑤ 王果等：道光《内江县志要》卷 1，第 29 页。
⑥ 周建鼎：康熙《松江府志》卷五，第 4 页。引明正德年间顾清府志。并参见谈起行、叶承：乾隆《上海县志》卷 1，第 22 页；熊其英：光绪《清浦县志》卷 2，第 15—16 页，引卓志等。

直至资本主义入侵之前，在整个封建社会中，资本主义都很难在中国形成一种经济成分，即使有亦只是萌芽而已。

鸦片战争以后，“成千上万的英美船只开到了中国”，中国广袤的领土被迫日渐对外开放，外国势力对中国的渗透也步步加深。“这个国家很快就为不列颠和美国廉价工业品所充斥，以手工劳动为基础的中国工业经不住机器的竞争”[①]，古老的中国从经济上遇到了前所未有的挑战，社会经济和政治生活都被楔入了一种新的因素和力量。这样一种强大的外来势力，终于逐渐破坏了中国原有的自然经济，使手工业者大批破产，中国社会也发生了前所未有的巨大改变。

自18世纪中叶工业革命和大机器生产以后，欧美的发展极为迅速，而其中生产增长最快的行业便是纺织业，纺织品成了欧美商人开拓海外市场、赚取利润的重要商品。早在鸦片战争之前，英美商人已开始将他们的洋布和毛织品输向中国，但由于当时贸易不畅，口岸稀少，因而其输入数量不大，价格也贵。“鸦片战争替英国商业开辟了中国市场”[②]，在此之前，西方仅在广州隔着一条小缝窥视中国，门内的世界充满了诱惑，透过门缝人们看到中国有那么众多的人口，门内有那么广阔的市场，因此一旦打开了大门，西方商人们都禁不住欣喜若狂，一个个回家抱起自己的纺织品，怀着追求利润的强烈愿望兴奋地向中国蜂拥而去。而不想中国手工业的最重要部门却也正是纺织业，“男耕女织”的社会生活已在中国持续了几千年，这种小手工业对西方商品有着强烈的抵制能力。因此当西方人怀着一腔热望将各种商品纷纷运至中国时，才不禁感到大失所望。“没有人能使他们相信，新开放的市场也会到货太多卖不出去的”。[③]他们的产品大量滞销，价格

①《马克思恩格斯全集》第7卷，人民出版社1978年版，第264页。

②《马克思恩格斯论中国》，人民出版社1961年版，第145页。

③ 1852年3月密切尔报告书，见1858年3月31日额尔金致克拉兰敦发文，英国外交部档案，编号F.O.17/287。

不断下降，这种情形持续了整整 20 多年。正常的贸易是不同于鸦片走私与苦力贸易的，它不能用也不可能用直接的暴力来强制进行，中国的国内市场对正当的进口商品种类和数量，毕竟能够按照消费者的需要做出选择。中国长期不能开放正常贸易，使中国不能开阔眼界，导致毒品的泛滥，这是有识之士者都为之痛心的。

然而一个社会的真正发展，它不可能凭一时侥幸，其整体的发展水平才是其最终的决定力量。中国长期落后的手工生产毕竟不能比拟西方大工业生产，因而它可抵挡西方机制产品于一时，却难抵制它于永久。19 世纪初，由于美国机器纺织工业还没有建成，英国纺织工业也未进一步发展起来，中国土布便以其结实耐用而行销于欧美市场。到 20 年代美国马萨诸塞的纺织中心建立起来，英国纺织工业也得到了迅速发展，中国土布的出口就急剧衰退了。同时英国又开始比较多地向中国输出机纺棉纱，仅此便已打击了当时广州附近的农村家庭手工业。到鸦片战争之后，英美取得了五口通商的权利，棉纱棉布向中国的输出变得更为便利，从而以通商口岸及其邻近地区开始，中国的手工棉纺织业受到了严重冲击。例如上海附近的松江、太仓、嘉定等地，明代即以棉布著名，清代时苏州亦盛产棉布，然而五口通商以后却情况大变。原来“松江利在棉布、梭布，较稻田倍蓰”，但“近日洋布大行，价才当梭布三分之一。吾村专以纺织为业，近闻已无纱可纺。松太布市，消减大半”。[①]广州附近的顺德，原出产斜纹布，但因“洋织盛，而土机衰矣。按女布遍于县市，自西洋以风火水牛运机成布，舶至贱售，女工几停其半”。[②]在福建厦门一带，商人原将漳州、同安的土产棉布运往宁波、上海、天津、辽宁及台湾等处，又在宁波等地购买江浙的棉布及其他货物转回厦门销售，生意十分兴隆。但自厦门开埠后，“该夷除贩运洋货外，兼运洋布洋棉，

① 包世臣：《答族子孟开书》，《安吴四种》，卷 26。
② 咸丰《顺德县志》卷 3，第 45 页。

其物充积于厦口，内地之商贩，皆在厦门运入各府销售，其质既美，其价复廉，民间之买洋布洋棉者，十室而九。由是江浙之棉布不复畅销，商人多不贩运；而闽产之土布土棉，遂亦因之壅滞不能出口”。[①]中国土布在市场上受到了很大排挤，通商口岸附近地区和小农业相结合的手工棉纺织业开始迅速下降。

西方这种棉纺织业的不断输入，起初仅对五口通商地区的纺织业产生了很大冲击，对五口之外的广大地区则影响微乎其微，中国最广大的地区仍然一如既往地保持着自己往常习惯的男耕女织、自给自足的生活。要想打破这种小农经济与小手工业密切结合的经济结构，西方工业制造品必须有强大的能力，才能除去这项“对华进出口贸易的主要障碍”（马克思语）。然而二次鸦片战争以后，这种能力却由于资本主义的空前发展而日益增强了，“因为机器日益减低了工业品的价格”，“以手工劳动为基础的旧有手工工场制度或旧有工业制度，各处都被破坏了。一切半野蛮的国家，过去多少是离开了历史发展的，其工业向来是依靠于手工工场的，现在已迫不得已而走出闭关自守的状况，这些国家已开始购买比较便宜的英国货”了。[②]资本主义国家的工业制造品开始在中国获得广阔的销售市场，随着对外商埠的不断增开，从60—70年代，西方国家尤其是英国洋纱洋布对中国的输入迅速扩大，成了西方输入中国棉纺织品的主要部分。

洋纱最重要的优点在其价格优势。例如1887年在牛庄的每包300斤重的洋纱售价银57两，当地同量土纱售价却达87两，[③]洋纱价格要低三分之一。土纱因而无法再与洋纱竞争，洋纱市场销量日渐增长，土纱的市场份额不断减少，并渐渐为洋纱所取代，中国农村大批纺纱手工业者因此而失去了工作。如江浙地区，“自洋纱盛行，而轧花、弹花、纺纱等事，弃焉若忘。幼弱女子，亦

① 道光二十五年福州将军兼管闽海关奏，载《历史研究》1954年第3期。
② 恩格斯著，吴恩裕译：《共产主义原理》，载《新建设》1951年7月号。
③ 严中平：《中国棉纺织史稿》，科学出版社1955年版，第72页。

无有习之者”。[①]广东“纱业在昔尤发达……几乎无男不种植，无女不纺织”，而“近则纺织之业，风流云散，至觅一纺纱器具而不可得”。[②]贵州的洋纱“完全排斥了手纺土纱，今日差不多走到任何一家农户都可看到，过去曾为不可少的纺车都摆在一边，满布着灰尘，被遗弃了”。[③]纺与织开始逐渐分离，大多的农民只织不纺，小农纺纱业开始解体。

在纺纱业解体的同时，中国的小农手工织布业也面临着同样的困境。鸦片战争后西方输入中国的纺织品数量过多，由此形成了滞销，并导致价格的不断下降。然而二次鸦片战争以后，随着中国开埠通商口岸的日益增多，原来仅在东南沿海地区流行的洋布，也迅速扩展到了北方及内地的广大地区。有记载说到这种情形：“自天津诸约成立后，外国棉布之输入数量，大见兴奋……中北各省之民众，从前对于洋布，既鲜认识，亦无从购置，至是因汉口、天津、芝罘（登州）等埠商人努力推销……洋布销路，日有扩展。”[④]尤其在六七十年代以后，欧美各国由于新式蒸汽织机的普遍采用，以及美国南北战争结束后工商业的大发展，使棉织品成本大幅下降，加之同时苏伊士运河的通航、运输成本的下降，更使西方输入中国的洋布销售价格大幅降低。由于洋布“价格低廉，所以一年一年地流行起来”。[⑤]1861 年天津市场上的洋布售价，便由原先低于土布价格的三分之一跌至“仅及土布价钱的一半”[⑥]，而烟台“本色布在 1866 年的售价是二两九钱至四两，

①《川沙县志》卷 14，参见周澹宁：《中国近代经济史新论》，南京大学出版社 1991 年版，第 139 页。

② 邬庆时：《番禺末业志》，载《工商业第四》卷四。

③《布莱克本商会访华团报告书（1896—1897）》，第 270—271 页。

④ 姚贤镐：《中国近代对外贸易史资料（1840—1895）》第 3 册，中华书局 1962 年版，第 1035 页。

⑤《海关贸易报告册》，1871 年，宁波口，第 133 页，转引自《中国近代手工业资料》第 2 卷，第 221 页。

⑥ 汪敬虞：《十九世纪西方资本主义对中国的经济侵略》，人民出版社 1983 年版，第 92 页。

1867年是二两五钱至三两，而1868年的价格大约在二两二钱到二两五钱之间”。“外国棉布在这样的低价下就能与土布竞争，并能负担运输费而深入到内地去”。[①]洋布至此开始以物美价廉的更大优势，大规模地占领了中国各地的布料市场。1888年，一位在九江的西方人记述这里洋布销售的情况道：“洋布由于价钱便宜，似乎在这一地区正在顶替土布……近五年来数字在稳步增加，目前差不多比1884年增长了一倍。”[②]在浙江，“尽管洋标布不如土布结实，但在大小和价钱方面，它却具有两方面的优越性。寻常土布，幅宽不足洋标布的一半，而售价却相等。洋标布加染以后，大量地为买不起绸缎或其他昂贵衣料的人用来做长衫和外衣。洋标布主要流行于本省贫瘠和人口稀少的地区，如衢州、姚州、金华便是。”[③]湖南、湖北到1880年时，也是洋布盛行，土布滞销。[④]到了八九十年代以后，洋布的销售已经由通商口岸扩及到了广大内地，形成了全国性的畅销局面。“自洋纱、洋布进口，华人贪其价廉质美，相率购用……迄今通商大埠，及内地市镇城乡，衣大布者十之二三，衣洋布者十之七八”。[⑤]洋布在中国的消费者，也已由原先城市里的富裕阶层而广泛扩展到一般人了。1889年，总理衙门大臣奕劻在上奏中说到洋布大有取代土布之势，“棉布为中国自有之利，本无须取给于外洋。乃洋人以机器织成，幅宽质细，价廉而适于用，人皆便之，反弃土布而不用。”[⑥]因而在东南沿海和长江中下游的许多地区，洋布已经战胜了土布。

洋布价格虽然低廉，但却由于其不耐用的缺点，所以大多在城镇流行，而在农村，其取代土布的速度却远远低于其取代土纱

---

① Returns of Trade and Trade Reports，1897，Kiukian9，P4，附录。

② 姚贤镐：《中国近代对外贸易史资料（1840—1895）》第3册，中华书局1962年版，第1359页。

③ Returns of Trade and Trade Reports 1871—1872，Ninpo，PP133—134.

④ 光绪《巴陵县志》卷七。

⑤ 郑观应：《盛世危言》卷七《纺织》。

⑥ 姚贤镐：《中国近代对外贸易史资料（1840—1895）》第3册，中华书局1962年版，第1359页。

的过程。由于洋纱比土纱便宜得多，因而得以取代土纱，但这个过程却排斥了大量的劳动力，使得他们无事可做。中国工商业不发达，在农业之外的就业机会便几乎为零了。东南沿海和长江中下游地区，由于土布市场被洋布所控制，所以这一带手工棉织业迅速地被破坏，1883年，曾为手工棉织业最盛的松江，因“洋布充斥，而女红之利减矣”。[①]嘉定本是“匹夫匹妇，五口之家，日织一匹，赢钱百文”。而“自洋布盛行，土布日贱，计其所赢，仅得往日之半”。[②]江西如南昌县的农家，本来是“耕以足食，织以致余”，并以出产䈪布闻名，但到“光绪中岁以后，䈪布之业浸微，妇女愁叹坐食，机杼不闻”[③]，到1893年洋布充斥的地区，“中国之织妇机女束手坐毙者，奚啻千百万人”。[④]但这种现象却是难以避免的，发达的社会生产力，最终一定会战胜落后的小手工生产。对于上千年来有着根深蒂固耕织传统的中国来说，这却必定也是一个长期而痛苦的过程。随着洋纱取代了土纱和手工纺纱业的纷纷破产，大量的劳动力便转向了购买洋纱从事织布业。市场上的洋布售价虽然低廉，但在中国这个绝对贫穷的社会中，农民也仍然缺乏购买力。这与城镇是不同的，洋布主要靠市场销售，城镇居民由于脱离了土地和耕织自给的小农生活，日常衣着早已依赖于市场，市场上洋布售价低廉，质地又细密光滑，色泽美观，因此购买洋布对他们无疑更为合算。而对农民来说，其织布的目的却在于补贴家用，进入市场无关紧要，整个劳动又几乎不花分文，只要洋布价格不低于洋纱，小农织布就一直持续下去。例如琼州，“文昌女工既失其纺纱职业，便转织布”。[⑤]内地大量的小农户也同样购买廉价的洋纱从事织布，如“四川、云南南部、贵州、广东等省，不论走到哪里，我们都发现有或多或少的织布

---

① 光绪《松江府续志》卷五。

② 光绪《嘉定县志》卷八。

③ 宣统《南昌县志》卷五六。

④ 薛福成：《庸盦海外文编》卷二。

⑤ Decennial Reports，1882—1891，PP620—621.

业，而在许多分布广阔的地区，毫不夸张地说，每一农家自己都有一架织布机，虽然有很多城市里面织布业很小，无可夸耀，但是却从乡间取得足够的供给”。[①]这些小的织布业，一般都使用洋纱。如“川北遍北一带，比户人家妇女莫不置有布机，洋棉纱所织之布，较土布无甚低昂”[②]，贵州省内“到处都看到大规模的手摇机织的土布业。每一城镇和乡村都是一个织布中心；在每一条商运大道上都遇见一长列驮着印度棉纱棉花，或成捆土布的骡马运输队。在城乡遇见的人，十分之八完全穿的本地织的土布”。[③]北方一带则“北方各处之人，俱购洋棉纱自织。其织成布匹较市中所售价廉而坚”，“第以棉纱由本口(镇江)转运各处而论，计运至徐州……济宁州……开封……归德……兖州……沂州……可见，新旧黄河腹内各府州县系购纱自织明矣。”[④]

洋布在农村之所以难以代替土布，与农村普遍的强劳力也有很大关系。中国农民大多从事重体力劳动，传统手织土布厚实耐磨，而洋布却纱线较细、质地轻薄，耐磨性也差。西方在50年代初便观察到，“我还没有看见过一个靠劳作生活的中国人，穿过一件用我们的布料做的衣服”。[⑤]60 年代初西人在华北直隶亦看到，虽然这里的洋布售价仅及土布一半，但只是城里人购买，“农村人民仍然爱好他们自织的土布”。[⑥]由于土布结实、耐用的特点，1872年一位在华西方人记录道：“我曾经听到许多省份的中国人异口同声地说：虽然按平方码的价格计算起来，洋布价格可能低些，但从长期看来，洋布在耐用和价廉两方面都不敌土布。”“土

① 《布莱克本商会访华团报告书（1896—1897）》，第217—218页。
② 《1890年通商各关华洋贸易总册》下卷，第52页。
③ 《布莱克本商会访华团报告书，1896—1897》，第266—267页。
④ 《1892年通商各关华洋贸易总册》下卷，第64页。
⑤ 汪敬虞：《十九世纪西方资本主义对中国的经济侵略》，人民出版社1983年版，第85页。
⑥ 汪敬虞：《十九世纪西方资本主义对中国的经济侵略》，人民出版社1983年版，第93页。

布是家庭织造的……穿着土布要经济得多。”[①]90年代初，来自重庆的西方人报告说：“乡下人无论如何也不会用洋布做日常衣服，因为洋布不耐穿；可是在城市里，尤其在重庆，就用大量漂白的或用云南靛蓝染过的市布做衣服。”[②]另一份来自重庆的报告也说：“我们的洋布主要只供给几个城市的居民使用，例如重庆、泸州、叙府、嘉定，并且几乎全部都为中产阶级买去，对他们说来，价钱的增长并没有严重的妨碍，而广大的乡村居民仍继续穿用土布，因为土布又温暖又耐穿。”[③]因而总体上说，洋布进口虽然抢占了土布的许多市场份额，但除了被迫开放的通商口岸及城镇地区，云南、贵州、四川以及广大的北方地区，洋布却还没有能够完全打进去，在各地的广大农民及各种体力劳动者，还是宁愿选择土布而不用洋布。整个中国农村的小农织布业因此继续维持着，农村绝大部分的耕与织并未完全分离，意味着传统自然经济并没有完全走向解体，但已逐渐走向了这个方向，虽然这将是一个较长的历史过程。尽管如此，大机器生产同小手工生产的历史差距，就如同洋枪洋炮与大刀长矛的对比一样强烈和惊心动魄，这个解体过程既使缓慢但最终也一定是不可避免的。

我国自然经济的解体，除了耕与织的分离外，传统手工业的衰落也是一项重要内容。自然经济除了耕织的密切结合，还有一些其他与之密切相关的手工业生产，例如炼铁、榨油、制糖等等，作为自然经济的重要补充。随着西方工业的发展和经济势力的广泛侵入，不仅破坏了农民家庭的手工棉纺织业，同时也打击了维系自然经济传统以外的其他手工业，使其遭到了前所未有的巨大冲击，许多也由此衰落了下去。

---

① 姚贤镐：《中国近代对外贸易史资料（1840—1895）》第3册，中华书局1962年版，第1342页。

② 姚贤镐：《中国近代对外贸易史资料（1840—1895）》第3册，中华书局1962年版，第1355页。

③ 姚贤镐：《中国近代对外贸易史资料（1840—1895）》第3册，中华书局1962年版，第1356页。

“由于机器劳动不断降低工业品的价格，以前世界各国的手工工场制度或手工劳动力为基础的工业制度，完全被摧毁……今天英国发明的新机器，一年后就会夺去中国成千上万工人的饭碗。”[①]尤其在二次鸦片战争后，通商口岸从5处增为19处，不仅遍布沿海地区和西北边疆，而且通过长江直伸到了整个沿海地区和广大内地。关税协定范围的扩大、税率的减低、子口税的规定又可使外国商品逃避内地重重税厘，外国轮船在长江上任意航行，这一切都为外国商品在中国行销创造了极为有利的条件。大工业和交通运输业的发展，更加强了外国资本主义在中国的势力，外国进口商品在占夺了中国棉纺织品市场的同时，又逐渐占夺了其他日用百货的市场，使中国传统手工业不可避免地陷入了破产。这些手工业大都是一家一户或单个小生产者的经营，因而无力扩大生产规模，同机器大生产相比有着明显的成本高的劣势；而中国生产的官营垄断，手工业从制度上缺乏保护，亦使得新技术、新发明创造的可能性极小。当西方产品大规模涌入后，由于既无价格优势，又无质量优势，传统手工业便遭到了致命的打击。

中国冶铁炼钢工业在外国侵入以前是重要的手工业部门，进口钢铁在四五十年代数量很少。而在外国势力侵入以后，尤其1870年苏伊士运河开通，大量的洋铁、洋钉和铁丝等五金商品纷

① 《马克思恩格斯选集》第1卷，人民出版社1978年版，第214页。

纷输入。自60年代末至80年代，进口钢铁每年都在数10万担至100余万担[①]，仅1867到1894年进口便增长了10余倍。[②]最初人们认为洋钢不如土钢，因而不愿使用，有的地方还禁止洋铁入境[③]；但是终因“价格以洋铁为廉”，又加“形式便利”，“较易加工，品质又纯”，人们还是逐渐“弃土铁而用洋铁”了。[④]例如1865年，洋铁平均每担二两五钱，土铁则不可能在这个价格之下生产。1869年的山东烟台，洋铁成本竟比土铁低一半，土铁已几乎完全被洋铁所代替[⑤]。尽管“中国商人很感到它的品质可疑，但是贫穷阶级制造工具时就很需要这种钢”。[⑥]进口的外国钢铁已经日益成了中国铁器手工制造业的“必需品”，土钢土铁价格因而销路日益缩减，大多不能挽救破灭的命运。例如著名的芜湖钢坊，在洋钢洋铁的冲击下，便由原先的数十家减少到了五六十年代的十四家，到80年代仅剩了一家，而到90年代末，这家仅存的钢坊也终于在洋钢竞销下最后停闭了，芜钢从此绝迹于世。[⑦]山西在40年代以前，仅晋城一县就有生铁炉十余座，熟铁炉百余座。[⑧]自外国侵入以后，70年代初即因洋铁竞争，“销路局限于中国北部”，产量逐渐减少[⑨]，此后虽经清政府批准改用海运向各地推销，甚至

①《中国近代手工业史料》第2卷，三联出版社1960年版，第164、第171页。

② 1867年进口洋铁11.34万担，到1894年进口118.54万担，增长了10余倍。姚贤镐：《中国对外贸易史资料》第3册，中华书局1962年版，第1387页。

③《中国近代手工业史料》第2卷，第173页；《通商各关华洋贸易总册》光绪十五年，温州口，第68页。

④《海关贸易报告册》，1877年，宁波口，第121页；1869年，烟台口，第175页；1873年，烟台口，第18页；1868年，汕头口，第85页等。转引自《中国近代手工业史料》第2卷，三联出版社1960年版，第172、第175、第174页。

⑤ 彭泽益：《中国近代手工业史资料》第1卷，中华书局1962年版，第495页。

⑥《海关贸易报告册》，1888年，天津口，第19页。转引自《中国近代手工业史料》第2卷，三联出版社1960年版，第173页。

⑦ 参见民国《芜湖县志》卷35，第6页；卷8，第2页；张九皋：《芜湖手工炼钢业的片断史料》，载《安徽史学通讯》1958年第1期，第86页。

⑧《中国实业志（山西省）》第3编，第171—172页，第6编，第478页。

⑨ 李希霍芬：《旅华日记》，转引自《中国近代手工业史资料》第2卷，三联出版社1960年版，第175页。不久又因连年大旱，炼铁“炉数顿减大半”。参见《中国实业志（山西省）》第3编，第171—172页；第6编，第478页。

停征炉税[①]，但也仍无起色，到了20世纪30年代，所存炉数竟不及昔日十分之一。[②]其他各地的冶铁炼钢手工业，虽或破产的时间略有先后不同，但大致情形完全一样。

传统手工业作坊——铁匠炉（摄于山西晋城泽州高都村）

近代以来，凡生产与进口货物相同，或可用进口洋货代替的各种手工业，几乎都遭到了类似这种冶炼钢业相同的命运，而很少能获得新的发展机会。例如制针业，浙江温州在1886—1887年还无进口，1888年进口洋针2500千颗，1889年又进口2900千颗。在山西，由于洋针的冲击，“使得山西的制针业几乎已经绝迹了”。[③]制糖业也同样如此，原先“东南各省，所植甘蔗，获利颇丰。”而“自通商以来，洋船所带洋糖，色泽莹白，人咸爱之”，中国旧日生产之糖遂“销路日绌，糖商折阅，无可挽回”了。[④]煤油在1874年以前“尚属仅见之物”[⑤]，几千年来中国老

① 李鸿章：《山西铁斤请归海运折》，《李文忠公全书·奏稿》卷48，第31—32页；张之洞：《批委员蔡简梁禀察明西省铁商炉座情形》，载《张文襄公全集》卷115，公牍30，第36—37页。

②《中国实业志（山西省）》第三编，第171—172页。

③ 彭泽益：《中国近代手工业史资料》第1卷，中华书局1962后版，第177—178页。

④ 彭泽益：《中国近代手工业史资料》第1卷，中华书局1962后版，第495页。

⑤《通商各关华洋贸易总册》光绪二十年，厦门口，第86页。

百姓一般都在使用植物油和蜡烛照明，煤油仅“不过好奇者用之”。[①] 但到80年代初以后，人们“喜其值贱适用，几乎触目皆是”[②]，很快取代了植物油和蜡烛，而占领了中国照明的所用油市场，民间榨油业也因而随之衰落。火柴使用亦是“一年比一年更为普遍”，“在大部城市已经侵夺了火石和铁片的地位”。[③] 此外洋靛排挤土靛，进口纸烟排挤土著人制烟丝，洋伞排挤土伞等等，凡有外国商品进口的地方和部门，都排挤中国相应的手工业产品，它们占夺中国市场的过程，同样也是中国手工业遭受破产的过程。“资本主义商品生产愈是发展，那些主要以本人直接需用为目的，只把多余生产物转为商品的一切旧生产形态，就愈是不免受到破坏和解体的影响。”[④]中国在自然经济基础上进行生产的城乡手工业，既已无力抗拒外国商品的侵袭，只能步步退却，销路日见萎缩。于是“洋布、洋纱、洋花边、洋袜、洋巾入中国，而女红失业；煤油、洋烛、洋电灯入中国，而东南数省之析树皆弃为不材；洋铁、洋针、洋钉入中国，而业冶者多无事投闲”。[⑤] 除去陶瓷，爆竹、制扇、竹木器家具制造、刀剪、铜锡器具制造、中药材加工，以及农具制造业等等这样一些在中国特殊条件下产生的手工业以及带有特种手工艺性质的产业，在外国进入后没有受到较显著的影响而大多保存了下来以外，其余大多数手工业者的破产，都已经是不可避免的事情了。

西方势力的侵入，总体上破坏了中国传统的农民家庭手工棉纺织业，也打击了这项手工业以外的其他一些手工业部门。这对中国产生了两种严重不利的后果：一是由于缺乏关税保护，中国贸易入超数额逐年增大，并在进出口贸易存在严重不等价交换的

①《通商各关华洋贸易总册》光绪二十五年，厦门口，第63页。

② 《益闻录》，光绪六年二月二十五日，第二册，第77页。

③《海关贸易报告册》，1871年，宁波口，第136页，转引自《中国近代手工业史料》第2卷，三联出版社1960年版，第170页。

④ 马克思：《资本论》第2卷，第19页。

⑤ 郑观应：《盛世危言》增订新编，卷7，华夏出版社2002年版，第20页。

情况下，使得外国资本家大获利润，而中国却财富外流，货币资本积累严重不足，从而大大阻滞和束缚了我国工业化的较快发展。二是外国商品排挤了同类商品中的中国土货，使以此为生的中国农民、手工业者纷纷破产，生活陷入了苦难深渊，也进一步加深了整个中国的苦难程度。然而从另一面，我们又不能不承认，这是我们长期处于落后的封建社会所付出的沉重代价。中国旧有的小农业和小手工业是一种落后的生产方式，他们千年如一日的亘古不变，葬送了其发展的生命力。正是这些旧的生产方式以及相应社会体制结构的长期停滞与落伍，才造成了中国产品的根本劣势，及在整体上缺乏竞争力。外国商品的进口是不可避免的，它像一面镜子，随着中外交往的日益加深，愈来愈清晰地照出了中国旧有生产方式的局限性；亦像一种催化剂，催动了传统手工业的逐步瓦解和近代新工业体系的孕育与诞生。

大多数外国商品的进入都是中国人自己需要和选择的结果，正是由于这些商品的进口，中国人的生活水平在某种程度上又开始得以不断地提高和改善。而生产资料商品的进口，例如早期的棉纱进口提高了土布的质量及竞争力，后来染料的进口又使我国纺织业能生产出不褪色的美观布匹，都说明了这种进口对于我国的工业生产和民族工业也是有利的。更为明显的是，在我国同类工业尚未兴起之前，机器设备、洋铁五金、木材、汽车等商品的进口，都弥补了我们在这些生产方面的不足，又同时有利于我国促生这些新型工业，以及带动相应的工业、交通运输业以及房屋建筑等等相关行业的兴起。进口商品在长时期内大部分都由上海进口，由此又繁荣了上海经济，并带动了有关地区的经济发展。这些外国商品的大量进口还开拓了中国广大的市场，从而打破了中国上千年来那种封闭的、自给自足的自然经济状态，促使了中国自然经济的分解。虽然这个解体的过程是十分痛苦的，但它却又是必须的，是社会文明和社会发展所必须具有的前提，而它的解体在中国旧有的封建秩序和经济基础上却是不可能的。正是这种外来势力的推力，才使中国脱出了历史的常规，开始了探索新生产方式的努力。也是由于中外相交后显示出来的生产力间的巨大差距，促使了中国觉醒，并为弥补这种差距和减少中国漏卮的扩大，一大批爱国人士开始谋求抵制的方法，从而开拓了我们自己新的、适应于近代发展的民族工业诞生。早在19世纪80年代，便有人精辟地指出："优胜劣败，适者生存，而不适则归淘汰，此天演之公例也。不必征诸远，征诸40年来沪上淘汰之种种事物可矣。试举如下事，多不烦引也。如有轮船而沙船淘汰，有洋布而土布淘汰，有洋针而本针淘汰，有皮鞋、线袜而钉鞋、布袜淘汰，有火柴而火石淘汰，有纸烟、雪茄而水烟、旱烟淘汰。吾为此言，人必谓我顽固守旧，对于陈腐之物质有认为国粹，亟思保存之意，实则非也。特惧自知拙劣而不能就原有者改进之，就未有者仿造之耳。"[①]我国的棉纺、面粉、火柴、卷烟等民族资本主义工业，就是为了抵制洋货而逐步发展起来的。有的进口商积累了相当资本时就生产同一类产品，例如经营五金进口的商人用商业资本投资于生产五金的工厂，做西药进口生意的药房设厂制造西药，等等，都证明了马克思的至理名言：西方资产阶级迫使一切民族采用资产阶级的生产方式。他们在中国造成了一场社会革命。进口贸易虽然给中国带来了巨大的苦难，但外国商人却又起了促进中国逐步按照西方国家的榜样走向资本主义化这一符合世界历史前进趋势的作用。这一切都使中国传统的社会经济结构和生产方式开始发生深刻的变化，从而促使中国先是官办的，后是民办的各种近代工业终于由此纷纷产生。从这些方面讲，它又对近代中国物质文明的快速转型有着重要的推动作用。

① 胡祥翰编：《上海小志》，卷十《杂记》，转引自《近代上海地方志经济史料专辑》，第343页。

（二）近代民用工业的产生与发展

近代以来，与西方经济往来的一个最重要的结果便是清政府对于经济事务态度的转变。长期以来怀着对自己固有文化的高度优越感和物产丰富的高度自信，认为“天朝不宝远物，凡尔国奇巧之器，亦不视为珍品”，相信自己完全可以不与外界交往的清朝，仅仅过了数十年，便在军事较量上完全惨败在西方资本主义的炮舰之下，并从此而一败再败，接受了一个又一个不平等条约；门户开放，对外通商，国外商品蜂拥而入，而中国无论军事还是经济都毫无还手之力，落后的小农经济和小手工业者纷纷破产，西方势力逐步渗透到了中国社会的每一个角落。其以通商为基础积累了越来越雄厚的资本，在国内各方面亦起着越来越大的支配作用，“进口洋货，日增月盛”，“出口土货年减一年”[①]，这一切无不令人痛心疾首，忧心如焚。为了增强国家的军事力量和赶上西方的工业经济，清政府终于开始了有意识的近代化努力，在二次鸦片战争失败后便很快开始开办洋务，首先以军事工业为起点，试图通过武器、弹药的制造等军事工业的发展来制止侵略，抵御外侮，振兴国家。

然而在洋务军事工业的建设与发展过程中，清政府才感到了事情远非其想象。军事工业在整个资本主义经济政治体系中只是一个环节，而仅将这个环节孤零零地摘取下来移植到中国，必然要发生畸形和困难：如经费来源枯竭，原料、燃料供应不上，技术落后，人才缺乏，管理制度混乱等等，都会堵塞其进一步发展的通道。因而清政府全力发展军事工业时，很快便感到了难以为继：军事建设成本高昂，花费惊人，自己的生产既缺乏经济效益，又缺乏军事价值。一艘自造军舰可用来向外国购买二至三艘同样形式的军舰，并且自造舰只枪炮质量低劣。江南制造局“岁糜经

① 《李文忠公全书·奏稿》卷9。

费一百四十万金，而各械无一完善者"[1]，其他各局亦是"制局虽开，枪炮不闻其利"。"每有军事，各省仓皇分购"。"既糜国帑，更误军需，一有争战，败征且见"。[2]除了用来屠杀手无寸铁的百姓，根本不能对付任何外来侵略。因而从70年代之后，清政府认识到了"必先富而后能强"[3]，于是由过去仅仅投资军事工业的状况，转而在兴办军用工业"求强"的同时开始"求富"，倡导民用工业的生产，并希望以此为军用工业拓开财源。

在近代洋务民用工业开始之前，中国民间已在西方影响之下，开始有了一些早期带有近代化特征的新型资本主义，尽管规模都非常小。两次鸦片战争后，中国自然经济的结构在外国商品冲击下日渐解体，城乡商品经济日益发展，破产失业农民和手工业者日渐增多，商品市场和劳动力市场亦得以不断扩大。外国依靠机器迅速提高生产率和产品质量，从而获取高额利润、改善人们生活的现实，也在相当程度上刺激了人们学习西方、投资近代工业的愿望和热情。于是许多民间工业从船舶、机器修造业开始，纺织、缫丝及造纸、印刷、面粉、火柴等部门也都于19世纪70年代后渐次产生。

中国最早的船舶、机器修造工业是从与西方接触较早的广州和上海开始的。早在鸦片战争期间，"十三行"商人潘世荣和潘仕成便在这里开始了仿制外国轮船的活动。[4]此后以修理轮船为主的陈联泰机器厂亦在广州出现[5]，并在70年代以后扩大规模，在修理轮船之外制造缫丝机器，承担了中国商人自办的第一家缫丝厂——广东南海继昌隆缫丝厂的机器制造和安装。直到进入90

① 《洋务运动》(四)，上海人民出版社2000年版，第178页。

② 刘铭传：《遵筹整顿海防讲求武备折》，(光绪十年闰五月初二日)《刘壮肃公奏议》第2卷，第40页。

③ 《李文忠公全书·奏稿》卷43，第43页。

④ 中国史学会编：《鸦片战争》第1册，上海神州国光社1954年版，第405—406页；《筹办夷务始末》，道光朝，卷63，中华书局1964年版，第2470页。

⑤ 陈滚滚：《陈联泰与均和安机器厂的概况》，《广东文史资料》第20辑，1965年6月。

年代，广州船舶修造工业仍未少衰，有好几家造船厂在广州成立，建造出了各种吨位和不同式样的轮船，其“生意之多，大有供不应求之势”。[①]而上海的船舶机器修造业则是在19世纪50年代后期出现的，最早的船厂是1858年由广东籍买办郭甘章创设的甘章船厂。[②]它拥有一座干船坞，开办之初“凑资不易”，“事成之后”却“大得利益”。[③]

60年代之后，洋务运动开始兴起，清政府大力创办中国近代军用工业，也开始了轮船制造。1862年，曾国藩创立的安庆内军械所制成了中国第一艘轮船“黄鹄号”。尽管“行驶迟钝，不甚得法”[④]，然而它却是中国经营近代军事工业的开端，体现了中国由手工生产向机器生产的过渡。1865年，上海江南制造总局成立，洋务派正式开办了自己的造船工业。许多民间小型轮船和机器修理厂，亦在60年代后期开办起来，并在70年代进一步发展。1874年上海《申报》报道说：“上海一处，近有华人数家开设大铁厂数座，多在虹口地方，深知修理水镬、水炉，并能照图铸成铁器，以供西人轮船之用，概可与西匠媲美。”[⑤]到了90年代初期，这类厂家已有了30余家，[⑥]轮船招商局附设之同茂船厂，有“机器厂一连数间，所有机器杂物俱全”，并有长336英尺，阔78英尺之船坞一座。[⑦]有些工厂已经制造了多艘轮船，例如虹口铁厂1886年曾经制造两艘小型轮船[⑧]，均昌船厂在1882—1884年两年内，亦制造了6艘轮船。[⑨]许多工厂在修造轮船之外，还制造缫丝、印

① China Maritime Customs: Decennial Reports on the Trade. Industries, etc. 1890—1901年，广州，第196页。

② North China Herald，1859年1月15日，第95页。参阅徐润：《徐愚斋自叙年谱》，1927年，第4页。

③《徐愚斋自叙年谱》，第4页。

④《曾文正公全集·奏稿》卷27，第10页。

⑤《申报》，1874年7月28日。

⑥ 参见汪敬虞：《中国资本主义现代企业的起步》，经济管理出版社2007年版。

⑦《申报》，1878年12月12日。

⑧《申报》，1886年10月17日。

⑨ North China Herald，1884年2月6日。

刷等各种机器，这种情形在80年代以后尤为普遍。

中国现代缫丝工业，从广东起步，逐渐由广东、浙江而发展到了上海，19世纪90年代又发展到了华北烟台和华中武汉等地区。广东第一家缫丝厂是华侨陈启沅于1873年在南海成立的继昌隆缫丝厂，两年后有人仿照此厂机器，另建了4家丝厂。到了1881年，广州、顺德、南海地区的这类丝厂已增至10家，有缫车2400架，年产丝近一千担[①]，80年代中期以后，新式缫丝工业“在广东已经牢固地树立了根基”[②]，仅当时顺德一县便设有42家，新会一县设有3家[③]，全省丝厂拥有缫车25000部左右，而到80年代末时发展速度更超越了前一阶段，仅广州一地就有丝厂五六十家。[④]

浙江的机器缫丝工业从19世纪70年代末开始酝酿，但整体发展却不顺利。上海华商的缫丝工厂出现较晚，最早是1882年由浙江丝商黄宗宪所办的公和永丝厂，初有缫车100部，之后逐渐扩充，1892年增至858部。[⑤]80年代中期以后，上海又陆续出现了一些华商丝厂，例坤记(1884年)、裕慎(1890年)、延昌(1893年)、正和(1894年)和纶华(1894年)等。其中坤记和裕慎规模较大，各有缫车232部和200部。[⑥]与此同时，原由外商经营的丝厂也有一些转到了中国人手里。如1882年由英商承办的公平丝厂，1885年转由华商租办，后转为华商企业[⑦]；1892年成立的美商乾

---

① China Maritime Customs: Special Series: No. 3, Silk, 1881年版，第151页；Daily News，1882年1月16日，第47页。

② Great Briton Foreign Office: Diplomatic and Consular Repots on Trade and Finance，China，1885年，广州，第4页。

③ 陈启沅：《广东厘务局详》。载陈启沅：《广东蚕桑谱》，1897年版；《申报》，1887年12月15日。

④ China Maritime Customs: Decennial Reports on the Trade. Industries, etc. 1882—1891年，广州，第577页。

⑤ North China Herald，1882年1月17日，第63页；《新报》，1882年1月4日；《农商公报》，1915年第16期，选载门，第14页。

⑥ 日本东亚同文会：《江南事情》，经济篇，1910年版，第150—152页。

⑦《申报》1885年3月20日，1887年12月22日；《中外日报》，1901年5月23日。

康丝厂，开办不久也转卖给了中国商人。[①]同时江南产丝地区，改进缫丝生产技术的活动亦已普遍推行了起来。

烟台缫丝厂成立于1877年，最初是由德国宝兴洋行创办的[②]，开办四年后进行改组，改组后“大部分股东是中国人”[③]，附股者也多为买办，1886年，却最终转入了洋务官僚盛宣怀手中。[④]武汉缫丝厂则是湖广总督张之洞创办的纱、布、丝、麻四局的一个组成部分，它筹办于1894年，由于经费困难，到1895年还只是部分开工。[⑤]

棉纺织业是中国最大的一项手工业，也是中国封建制度的经济基础。然而自二次鸦片战争以后，却受到了外国势力越来越大的冲击，外国棉纺织品在中国日益畅销和流行，农村棉纺织业大批破产。1876年李鸿章致两江总督沈葆桢信中说：“英国洋布入中土，每年售银三千数百万，实为耗财之大端。既已家喻户晓，无从禁制，亟宜购机器仿织，期渐收回利源。”[⑥]张之洞在给光绪皇帝的《拟设织布局折》中亦说：“窃自中外通商以来，中国之财溢于外洋者，洋药而外，莫如洋布、洋纱……棉布为中国自有之利，反为外洋独擅之利。耕织交病，民生日蹙，再过十年，何堪设想！”因此提出：“今既不能禁其不来，唯有购备机器，纺花织布，自扩其工商之利，以保权利。”[⑦]李鸿章于是自1878年开始，筹办了中国第一家棉纺织工业——上海织布局；张之洞则

① 《时务报》，1897年，第27册，第14—15页。

② Great Briton Foreign Office: Diplomatic and Consular Repots on Trade and Finance, China, 1877年，烟台，第39页；《新报》，1881年9月30日。

③ China Maritime Customs: Reports on Trade at the Treaty Ports in China, 1881年，烟台，第9页。

④ 《申报》，1887年2月5日； China Maritime Customs: Decennial Reports on the Trade. Industries, etc. 1882—1891年，烟台，第75页；王元綎：《野蚕录》，第93—94页。

⑤ 抄本张之洞电稿，转见孙毓棠编：《中国近代工业史资料》第1辑，第955页。

⑥ 《李文忠公全书·朋僚函稿》卷16，第3页。

⑦ 孙毓棠：《中国近代工业史资料》第一辑，下册，北京科学出版社1957年版，第907—908页。

于1888年在广东创办纺织厂，不久因由两广总督调任湖广总督，又将纺织厂随其移至湖北筹创，建立了湖北纺织四局。

上海机器织布局

西方纺织技术的日趋成熟，以及洋布、洋纱的大量输入，使中国的棉纺织手工业受到了沉重打击，然而却又促进了中国近代纺织工业的兴起。纺织技术所带来的经济效益，吸引了大量买办、商人等皆欲投入，早在19世纪50年代末期，上海便有买办商人多次企图依附外国人兴办棉纺织厂，但均未成功。上海织布局成立后，洋务派规定“十年以内只准华商附股搭办，不准另行设局”[①]，因而使得民族资本投资棉纺织机器工业受到了很大阻遏。1888年广东和福建皆欲设厂，由于与上海织布局“十年专利”相抵触，张之洞亲自去函与李鸿章相商，李鸿章以广东距沪较远而未加限制；但福建一厂则始终没有开办起来。[②] 然而纺纱织布富有希望的前景，却“很自然地吸引资本投向这个工业”[③]，因此当

①《李文忠公全集·奏稿》卷43，第44页。

② China Maritime Customs: Decennial Reports on the Trade. Industries, etc. 1892—1901年，福州，第95页。

③ China Maritime Customs: Decennial Reports on the Trade. Industries, etc. 1892—1901年，卷1，第513页。

1887年上海织布局筹集资本一再受挫之时，上海便有一批商人以垫款给布局为条件取得了设厂权利，在布局之外另办了一家纺纱新局，名义上属织布局的一个分局，实际上是一家独立的纱厂。[①] 1893年上海另有两家纱厂亦同时筹办，一家为安徽商人浙江牙厘局总办朱鸿度创设，与纺纱新局采取的是同样的办法；而另一家的创办人，却是上海织布局总办杨宗瀚。

1893年10月，上海织布局意外被焚。李鸿章派其亲信盛宣怀进行恢复，计划在上海设一总厂，另在上海、宁波、镇江等处分设10厂，加上当时正在筹设的湖北纺纱官局，共拟置纱锭40万枚，布机5000台，“十年之内，不准续添，以免壅滞。”[②] 在此基础上的华盛纺织总厂很快建成，1894年已部分开车[③]，然而李鸿章所设想的总目标却并未实现。

在各地筹办纱厂的同时，许多人也开始准备设立纺纱工序的轧花工业。1886年，严信厚在宁波设立了第一家通久轧花厂[④]，此后上海棉利(1891年)、源记(1891年)、广德泰(1892年)、礼和(1893年)等轧花厂相继成立[⑤]，汉口在1893年亦建起了昌记轧花厂[⑥]，它们大都由日本进口脚踏轧花机，但也有一些是用蒸汽发动的。

近代矿业中的资本主义企业首先是从煤矿开始，其产生也主要是为了适应洋务军事工业和轮船航运的需要。从1875年起李鸿章开始筹划磁州煤矿，到1894年甲午战争为止，全国先后成立大小新式煤矿15座。但其中只有开平煤矿办得较有成效，从1881

---

① 《申报》1888年4月22日。

② 《李文忠公全集·奏稿》卷78，第10—12页。

③ China Maritime Customs: Decennial Reports on the Trade. Industries, etc. 1892—1901年，下卷，第513页。

④ North China Herald，1886年9月18日，第305页；参阅孙毓棠编：《中国近代工业史资料》第1辑，第973—978、第984页。

⑤ 孙毓棠编：《中国近代工业史资料》第1辑，第978—979页；《中国工商业考》，第14页。

⑥ 《申报》，1873年10月12日。

年正式投产到1896年，每年采煤量由36000多吨上升到了488000多吨，15年间产量增加了12倍多[①]；而除此之外的煤矿，几乎都以失败而告终。官办的基隆煤矿，即使在初期比较顺利条件下，也存在着运输和生产严重脱节的矛盾[②]，经营管理的腐败和生产条件的恶劣，使矿山不能保证有充足的劳动力。[③]虽然它曾力图垄断台湾煤炭生产，但其产量最高年份的1881年亦不过产煤54000吨[④]，比煤矿开办前手工煤窑的产量还少21000吨。[⑤]其他煤矿亦多如此，既使作为官办汉阳铁厂重要组成部分的王三石和马鞍山煤矿亦不例外，王三石从勘探到建井，历经三年，花费50万两经费，而开工不及半年，便因矿中积水过多而停顿。[⑥]马鞍山虽然出煤，但“灰矿并重，万不合炼焦之用”[⑦]，而且产量小，所出之煤只能供炼焦炉用之半[⑧]，这也成了以后汉阳铁厂的一个致命伤。

冶铁和采煤一样，都是洋务派为了其军事工业而在矿业中最先进的两个部门。汉阳铁厂是近代中国最著盛名的大型铁厂，张之洞早在两广总督任时便计划筹建，当其调任湖北后，设厂计划也随之由广州移至武汉。1890年湖北铁政局正式成立，厂址选定在汉阳，年终动工，1893年竣工，1894年初开炉，至6月30日炼出了第一炉生铁。[⑨]由于此时清政府决定修筑铁路，张之洞创办

① 1881年，Great Briton Foreign Office: Diplomatic and Consular Repots on Trade and Finance, China，1882年，天津，第88页；1896年，China Maritime Customs: Reports on Trade at the Treaty Ports in China，1897年，天津，第27页。

② J. W. Davidson: The Island of Formosa, Past and Present，1903年版，第482页。

③ China Maritime Customs: Reports on Trade at the Treaty Ports in China，1878年，淡水，第219页；Great Briton Foreign Office: Diplomatic and Consular Repots on Trade and Finance, China，1877年，淡水与基隆，第144页。

④ North China Herald，1882年1月17日，第74页。

⑤ Great Briton Foreign Office: Diplomatic and Consular Repots on Trade and Finance, China，1872年，淡水，第200页。

⑥ North China Herald，1894年6月1日，第845页。

⑦ 叶景葵：《卷盦书跋》，1957年，第54页。

⑧ 抄本张之洞电稿，转见孙毓棠编：《中国近代工业史资料》第1辑，第807页。

⑨《张文襄公全集》奏议，卷34。

汉阳铁厂

铁厂，正与他铸铁以应制轨的需要分不开。然而张之洞力图打开中国自制钢铁市场，但却没有考虑冶炼钢铁的原料和燃料问题，当向外国订购机器时，有人建议他先将铁矿、煤焦送往外国化验，然后决定订购何种机炉，而张之洞却以“中国之大，何所不有，岂必先觅煤铁而后购机炉为辞，不予考虑”。[①]等到厂移湖北后，对于何种煤适宜于钢铁的冶炼，依然认识不足，以致所炼焦煤，多不合用。开炉不到五个月，即因煤炭缺乏，停炉达十月之久。[②]汉阳铁厂为当时亚洲最大的钢铁厂，铁厂设有高炉两座，全开工日可出生铁 100 余吨[③]，但由于燃料供应不足，却始终未能全部开工，截至停炉之日止，将近五个月的时间只出铁 5600 余吨。[④]铁厂原预算 246.8 万余两，而实用官款前后却达 583 万两之多，远远超出了预算。[⑤]在“经费久罄”、“罗掘已穷”的情况下，张之洞只得把它交给盛宣怀招商承办，不了了之。另外，中国此时开

① 叶景葵：《卷盦书跋》。

②《张文襄公全集·奏议》卷 39，第 18 页。

③《张文襄公全集·奏议》卷 39，第 1—12 页。

④ 抄本张之洞电稿，转见孙毓棠编：《中国近代工业史资料》第 1 辑，科学出版社 1957 年版，第 796 页。

⑤ 孙毓棠编：《中国近代工业史资料》第 1 辑，科学出版社 1957 年版，第 885—887 页。

办的其他矿厂，也大多效益不佳。例如山东平度金矿设有日产金砂50吨的舂矿机一台[①]，但从1887年开工到1889年停工，两年之内，实际生产之金砂，不足200吨[②]，仅及舂矿机4天的生产能力。至于小型矿厂，有的反不如手工生产。如平泉铜矿自1885年采用机器熔炼铜砂以后，所出净铜，反不及土法之半。[③]淄川铅矿的生产，成本大大高于手工矿厂[④]，不少矿厂后来竟又由机器退回到了手工生产，如平度金矿经过多年亏折以后，改用土法生产[⑤]，承平银矿在开办以后近10年中，亏损40余万两，只得又于1891年改为土法生产，始略有盈余[⑥]，由此可见中国大机器生产的基础是何等薄弱。而此时唯一经营出色的矿厂即是1889年投入生产的漠河金矿，它在开办以后产金量大幅增加，仅5年之间，产金量折合银两即增加了1倍以上[⑦]，在按年发放股息，向清政府提供了大量报效之外，还能用相当资金以添置机器，来提高生产效率。

在洋务派举办军事工业"求强"的同时，发展近代民用工业的"求富"事业亦于70年代开始起步，包括轮船、铁路和电报等许多方面都是其重要的组成部分，其中轮船招商局是中国近代航运业产生的重要标志，亦是洋务派发展中国近代民用工业的起点。

早在鸦片战争时期，广东行商潘仕成等曾仿制外国轮船"放入内河"，开始了新式轮运业的试探，至50年代广州地区亦有华商投资于轮运的尝试。但此时他们的船只都依附于外国势力，挂着外国的旗帜，直到60年代中期，新式轮船业才开始受到洋务派重视。1864年，总理衙门要求各省查明华商买、雇洋船是否报明

① 《申报》，1887年6月10日。

② China Maritime Customs: Reports on Trade at the Treaty Ports in China，1890年，烟台，第50页。

③ 《沪报》，1886年3月17日。

④ 《益闻录》，1888年11月24日。

⑤ China Maritime Customs: Decennial Reports on the Trade. Industries, etc. 1892—1901年，烟台，第81页。

⑥ 《徐愚斋自叙年谱》，第76页。

⑦ 《矿务档》第7册，第4530、第4555—4556、第4572页。

立案的问题，并拟订章程以便稽查管理[①]，一些地方督抚也纷纷主张自立章程。曾国藩、李鸿章、左宗棠等人即于1865—1867年根据情况制定了本地区内雇、租、买洋船等的具体措施及办法，对华商造买洋船，或租或雇，悉听自便，官不禁阻，准赴外国贸易，并准其在中国通商各口来往等规定。[②]民间购置轮船的活动因而日益增多，而洋务派的活动则更为频繁。例如1866年曾国藩、李鸿章便在上海购置轮船5艘，在军运之外，兼营商运[③]，丁日昌亦在1872年前自购小轮1艘，航行上海汕头一线。[④]

上海轮船招商局

1872年轮船招商局的成立，在中国的航运史上是一个重要的转折点。尽管它的经营在大部分时间内都是不很成功的，但在它成立后的第一个10年中，资本即由476000两扩大到200万两，营业净收入由81000多两扩大到912000多两[⑤]，在某种程度上为中国挽回了利权，部分实现了李鸿章“稍分洋商之利”的初衷。

①《海防档》，1957年版，甲、购买船炮（三），第809页。
②《海防档》，购买船炮，第821—823、第866、第879页。
③ Great Briton Foreign Office: Diplomatic and Consular Repots on Trade and Finance, China, 1866年，上海，第19页；《申报》，1873年8月25日。
④ American Neptune, 1957年7月号，第215页。
⑤ 张国辉：《洋务运动与中国近代企业》，中国社会科学出版社1979年版，第168、第178页。

然而在招商局创办之时，清廷又有沿海沿江各省“不准另行购雇西洋轮船”的专利规定[①]，之后更与英国“太古”、“怡和”公司数次订立“齐价合同”，从而使得众多华商从事长江沿海的航运活动更为艰难。1877年招商局收买了美商旗昌轮船公司，其实力比以往更加雄厚，对其他民族企业的开办与发展压制也更为严重。例如1883年间成立的湖南小轮公司，在筹办过程中三次受阻于地方官，成立后又受到了招商局的干预，最后又受到其兼并威胁，终于不得开业。前一年上海商人叶澄衷申请制造轮船，另立广运局，也被李鸿章批驳，“不准另树一帜”。[②]这种情形直到90年代亦然，所有民间航运的试探大都受到了官方阻止，十有八九以失败告终，即使1887年在台湾巡抚刘铭传主持下成立的中国台湾商务局亦不例外。由于和招商局利益发生冲突，主持招商局的盛宣怀、马建忠等便极力反对台湾商务局的船只进入长江和华北口岸，将其航行范围严格限制在台湾、福建和广东沿海地区[③]，而在这里台湾商务局又受到英国德忌利士轮船公司的跌价竞争，也很难得到发展机会[④]，其他公司更是如此。

除去航运业，中国自办的铁路运输则始自1881年唐胥铁路。这条铁路自开平矿务局的唐山煤井到胥各庄，全长约20里，专供矿局运煤之用，其资本由矿务局承担。5年之后又伸展至距矿区85里之阎庄，同时成立开平运煤铁路公司，集资25万两，独立于矿局之外。[⑤]1887年，又改开平铁路公司为中国铁路公司，拟集股本100万两，接修阎庄至芦台、北塘、大沽以至天津一线，计长175里，于1888年10月建成通车。[⑥]这条铁路的每一次扩展，

① 《李文忠公全书·奏稿》卷19，第48页

② North China Herald，1887年9月10日，第288页。

③ North China Herald，1887年9月10日，第288—289页。

④ 《申报》，1890年4月12日。

⑤ 《李文忠公全书·译署函稿》卷18，第55页；《申报》，1886年7月27日，1877年4月26日。

⑥ 《海防档》戊，铁路(一)，第39页；《申报》，1887年4月26日。

几乎都出于李鸿章的推动，从最初只是开平一条运煤专用铁路，到接通阎庄至天津一线，这条铁路在李鸿章心目中也早已成了海防重要设施。当开平铁路公司成立之初，李鸿章曾以“不动官帑、不借洋债”相号召[①]，但这条铁路实际支出130万两，除其中公款16万两，其余大都是“暂借洋款”维持的。[②]

在李鸿章修建阎庄至天津一线的同时，台湾巡抚刘铭传也提出了修造台湾铁路的计划。然几经周折，这条铁路原定由基隆修至台南，全长600余里，但其资金始终未能招足，于1888年改归官办。它于1887年由基隆开始兴修，至1893年底修至距基隆198里的新竹，由于经费无着，因而未再延展。[③]虽刘铭传认为台湾铁路“较之开平铁路，工倍而价廉”[④]，但其修抵新竹之时，所耗经费亦已达到了130万两。[⑤]每里造价虽略低于开平，但仍大大超过了预算。

19世纪90年代，清政府又同意在湖广总督张之洞主持下筹建卢汉铁路(卢沟桥至汉口)，以及在直隶总督李鸿章主持下筹建关东铁路(林西至吉林)，其筹建经费全出官款。清政府先同意自1890年起户部每年筹拨经费200万两修建卢汉铁路[⑥]，而后却又以1891年李鸿章以关东铁路亟须先办，请将卢汉经费拨归关东使用。[⑦]直到甲午战争前夕，关东铁路仅修至山海关，而卢汉铁路则陷于停顿。

电报传输是近代信息交通的重要工具。19世纪70年代西方国家的远洋海底电线，第一次接通了中国的通商口岸，中国面临着对外交通史上的重大变革，电讯事业的兴起已如箭在弦。1882

---

①《李文忠公全书·海军函稿》，卷2，第2页。

②《海防档》戊，铁路(一)，第39—40页；《李文忠公全书·海军函稿》卷3，第30页。

③《德宗实录》卷320，第3页；《申报》，1893年8月8日。

④《刘壮肃公奏议》卷5，第25页。

⑤《洋务运动》第6册，上海人民出版社2000年版，第281页。

⑥《海防档》戊，铁路(一)，第70页。

⑦《张文襄公全集》卷134，第25—26页。

年，中国终于兴办了第一家电报企业中国电报局，而此前十年，已有商办电报在开始酝酿，但却均未获官方支持。1874年，由于发生了日本侵台事件，办理台湾海防的沈葆桢最先向清政府提议修建福州至台湾的电线，第二年福建巡抚丁日昌再倡此议，但由于种种原因均未能架设成功，直到1879年，北洋大臣李鸿章在天津和大沽之间，试设一条长40英里的电线，终于当年5月建成通报。[①]所有这些活动的经费，都是“官为筹给”，没有吸收私人投资。津沽电线建成之后，李鸿章又建议筹设沟通南北讯息的津沪电线，从1881年4月开始架设，历时半载，于当年11月完工[②]，并在天津设立电报总局，于12月开始通报。[③]总局后于1884年移至上海，自1882年4月起，又改为官督商办。[④]

在官督商办的电报总局中，代表商股的是经办洋务企业的主要人物郑观应和经元善，他们都在电报局中投下了资本[⑤]，并分别担任了上海分局的总办和会办。招股工作进行得十分顺利，股票在市场上一度“不胫而走”，“已挂号而不得票者”，大有人在。[⑥]在其成立以后的10年中，电报总局共修建了5条主要干线，除津沪线外，还有1883年兴建的苏、浙、闽、粤线和江宁、汉口线，1885年兴建的川、鄂、云、贵线，1888年兴建的粤、赣线，1889年兴建的陕、甘线[⑦]，再加此时各省自办的电线，已基本形成了一个全国范围的电线网。电报局营业增长十分迅速，开办不到三年所收官报信资即足以偿还全部所欠官款[⑧]，而到甲午战争结束的1895

① North China Herald，1879年3月31日，第413页；5月24日，第543页；《李文忠公全书》，奏稿，卷38，第16页。

②《李文忠公全书·奏稿》卷44，第22页。

③《海防档》丁，电线(二)，第294页。

④ 盛宣怀《愚斋存稿》，1914年刊，第10页。

⑤ 经元善《居易初集》卷2，1890年刊，第31页；North China Herald，1882年4月22日，第421页。

⑥《申报》，1882年5月9日。

⑦《海防档》丁，电线，第432、第731、第1221—1222页；《李文忠公全书》，奏稿，卷62，第28页；《洋务运动》第6册，第417页。

⑧《李文忠公全书·奏稿》卷53，第21页。

年，其营业收入又上升到了114万余元的高峰[1]，其盈利情况在当时是极为少见的。然而电报局和洋务派所办的其他企业一样排斥民营企业，使得私营电讯企业难以产生。

中国人自办的第一家保险公司，是在1876年初成立的保险招商局。它是由轮船招商局总办唐廷枢和会办徐润发起，其目的主要在于承保轮船招商局的船只，开办时有资本15万两，总局设于上海，并在招商局设有码头的口岸普遍设立分局[2]。由于其分局遍及沿海及内地口岸，加之它承保外商保险公司所不承保的夹板船，所以开业后投资与投保者都极为踊跃。至1876年7月，申请入股的数额已达20万两。[3]由于申请投保者在1877年"像水一样地涌进来"[4]，因此同时徐、唐等人在保险招商局之外，又集资25万两创立了仁和保险公司[5]，开办之后获利仍旧极丰，五年之中支付股息25.3万两，超过了原有的资本额。[6]因续添股本25万两，又开展海外保险业务[7]，而保险招商局在1878年改为济和保险公司，资本也扩大为50万两。[8]1886年两公司合并为仁济和保险公司，资本合而为100万两[9]，成了当时中国最大的一家保险企业。

在仁济和之外，香港、上海两处在19世纪70—80年代还出现了一些华商保险公司，例如香港的安泰、常安及万安等保险公司[10]、上海的上海保险公司等。这些公司有的把范围扩大到了水险、火险等，为华商保险业开辟了新的领域，但总体上它们却都未能获得较大发展。

---

① 经元善《居易初集》卷1，第44页。
②《益报》，1875年11月1日。
③ Herald，1876年7月15日，第46页。
④ Shanghai Courier and China Gazette，1877年4月20日，第3页。
⑤ Shanghai Courier and China Gazette，1887年4月20日，第3页；《徐愚斋自叙年谱》，第18页。
⑥《申报》，1881年3月12日。
⑦《徐愚斋自叙年谱》，第18页；《申报》，1881年3月12日。
⑧《徐愚斋自叙年谱》，第18页。
⑨《申报》，1890年4月18日。
⑩《申报》，1881年3月12日。

甲午战争前的中国虽然兴办了许多民用工业，但除极少数外大都未获成功，无论规模、数量都成效极小，封建腐朽的管理体制是最主要的因素。洋务运动期间，除极少数民用企业，大部分都是由洋务派首先创办的，并都采取了官督商办形式，即由商民私人集资，洋务官僚控制实权企业经营。民间买办资本虽然见到西方工商致富，却对封建遏制和官吏勒索充满了畏惧，不敢将资金直接投向工业，于是大都“诡寄洋行”，因而官督商办一经提出，立时受到了私人资本欢迎，许多买办资本纷纷向中国民族资本转化。然而封建制度则历来对工商业心存畏惧，因此对民办企业亦不是采取西方资本主义的经营方式，而是依然按照历代官府控制方法，名义上“商务应由商任，不能由官任之”[①]，实际上经营管理任职等却都由官府委派，不但对企业监督、稽查，甚至用人理财、经营人事权都完全由官方侵夺。官督商办的经营管理腐败、专横，“名为保商实剥商，官督商办势如虎”。[②]经营者以商资谋官利，私人资本家投资后既失去了股金支配权，又不得过问局事，不禁令其倍感寒心。封建制度的贪婪、腐败，最终遏制了中国近代民用工业的生命力，也造成了中国整体国力的始终衰微不振，这种管理模式，不但没为中国资本主义的发展提供坦途，却在近代转型的关键时刻，使其丧失了许多最宝贵的发展良机。

①《李文忠公全集·译署函稿》卷1，第40页。

② 郑观应：《商务叹》，《罗浮待鹤山人诗草》，宣统元年上海著易堂本，卷2，第29页。

第五章 近代工商业发展的阻力与传统法律观念的障碍

一、贫弱匮乏的国力状况

工商业发展的水平与程度在近代社会是一个十分重要的因素，也是一个社会走向近代化的关键步骤。近代工商业虽已逐渐注入了我国社会机体，但终其整个19世纪，中国的工商业还是全面落后的，在许多方面有着严重劣势。一个国家不能游离于世界之外，对比是一个巨大的参照系，只有通过这点我们才能真实地看清自己的位置。“中国社会已落后于西方，但历史经常被迷雾笼罩着，18世纪的康乾盛世貌似太平辉煌，实则正在滑向衰世凄凉，可当时中国没有人认识这一历史真相。只有岁月推移，迷雾消散，矛盾激化，百孔千疮才逐渐暴露，历史的悲剧只有在悲剧造成以后很久时间人们才会感到切肤之痛。”[①] 19世纪的各项危机使中国一日日沦入了半殖民地半封建的深渊，也给中国造成了越来越大的威胁。外国势力的不断渗透，大量财源的滚滚流失，使清政府既痛感自身的衰弱，同时也加深了对国计民生强烈的恐惧感。种种压力，都迫使清政府开始了经济近代化的努力，以解决内政外交的种种困境，同时抵御西方入侵。

然而中国的传统经济结构，尤其是以小农经济为核心的自给自足的生产方式，对于工商业的发展及工业化的启动却有着极大制约力。这种生产形式使得整个社会成为一个各自独立、互不相关的小生产体系，人们只关心各自的身边利益，却没有任何公共

① 戴逸：《十八世纪的中国与世界：导言卷》，辽海出版社1999年版，第5页。

意识。整个中国的社会化程度极低，很难形成资本主义发展的基本前提，即社会完整的分工体系。农村是一种家族宗法的血缘关系，一个家庭无论积累多少家产，但在传统多子多福的观念下，都会生育众多的子嗣来传承血统，然后再根据子嗣分家，于是再多的资产也都会被很快瓜分，因而中国自古便有“富不过三代”之说。传统农业大家族的观念亦强烈地限制着人们的独立创业，从国家到家庭人们都在强调儒家传统的伦理道德，例如忠孝持家、勤俭忍让、兄弟友爱等等，不辨正误，俗话说“清官难断家务事”。

由于缺乏社会意识，人们不是将家庭作为社会整体的一个组成部分去看待，而是站在伦理血缘的背景上去处理问题，家庭矛盾与纠纷很少有人去关注。封建法律注重维护家庭的稳定和家长权威，为持守孝道和无忤父母之意，大多数家庭无论子孙年龄多大，若家长在，都没有个人独立财产，亦不能有个人独立见解。《坊记》：“父母在不敢有其身，不敢私其才。”《内则》亦言：“子妇无私货，无私蓄，无私器，不敢私假，不敢私与。”封建的家长对财产具有绝对财产权，“历代法律对于同居卑幼不得家长的许可而私自擅用家财，皆有刑事处分，按照所动用的价值而决定身体刑的轻重，少则笞一十二十，多则杖至一百”①，父权在封建社会有着不可动摇的神圣权威。由于封建的长子继承和财产继承的诸子均分制，于是有家产者子嗣常常不思创业，无家产者亦能尽量傍靠家族，生产和消费便在极低的水平下维持着。到了清代，随着人口数量的急剧膨胀，生产数量的有限使得人们的生活水平变得急速困窘，许多人连糊口都难以保证，面临生存的巨大压力。

封建的社会法律和观念体制束缚，在很多方面都制约了人们创造财富和促进社会进步的可能，工商业中更是如此。重农抑商观念和相应的法律制度，使得除去与官府有着密切联系的皇商、

①瞿同祖：《瞿同祖法学论著集》，中国政法大学出版社 2004 年，第 26 页。

官商，大多数工商业者都经营艰难，在封建官府的卵翼与层层控制下，不仅承受社会歧视的压力，还要忍受各种重税陋规的重重盘剥。农业社会没有与封建统治分庭抗礼的市民等级，也没有自主性的法人团体，更缺乏保护商人利益的法律法规。因而商人一旦得势，便纷纷购地转为地主；而地主又兼营商业，商人亦兼为地主，地主、商人、高利贷合而为一互相转化，在这样一整套经济结构下，商业和高利贷资本不仅有着浓厚的封建性，亦在很大程度上从属于地主经济，更难以攻破小农与手工业密切结合的自然经济结构体系。

任何农业向工业化和近代社会的过渡，都要求农业社会的发展突破简单再生产，而能将农业和商业的经济剩余部分转移到工业部门上来。虽然中国长期以来都比较贫困，但在农业上也具有潜在的剩余。然而历代注重农业的政策和人们视土地为唯一财富的观念，却使地主阶级占有了经济剩余的绝大部分。例如19世纪后期中国的乡绅阶级仅占全国人口约2%，个人年收入总额却占到了国民生产总值的24%[1]，他们的收入如何应用，对中国市场的需求结构有着决定性影响。可是作为地主阶级，他们却宁肯购买土地，放高利贷，也不会投资有风险的工商事业。法律保护地主所有，然而商业资产却常常没有保障，整个国家没有经济发展的意识，也没有形成土地集中的大农场经营体制，因而中国经济中尽管存在一定的潜在剩余，但在地主手中也都根本未被用于发展，而是依据习俗被大量挥霍掉，例如讲究排场、奢华、享受和尊荣体面的生活，亦有许多甚至被窖封起来。历代政府大都采取轻田赋的财政方针，国家财政收入主要用来保持庞大的国家官僚机器运转，却没有增殖国家财富的观念。如明代田赋供给政府的粮食只占粮食总产量的10%左右，到了18世纪中叶，田赋所占粮食总

① 张仲礼：《中国士绅的收入》(Chang Chung-li, The Income of the Chinese Gentry, 1962, P296—297)。

产量份额大约只有 5%—6%，大致相当于 5000 万两白银。[①]到了 19 世纪后期，尽管经济有了很大发展，国民生产总值可能达到 33.38 亿两，其中政府收入总额约占国民生产总值的 7.5%，而北京中央政府所得到的那部分实际仅约占 3%，国家收入所占的份额甚小，经济剩余的绝大部分仍为地主阶级所占有。直到 19 世纪洋务运动的兴起，中国开始了近代工业化的起步，其所需要的资金数额十分庞大，然而国家财政却仍十分虚弱，洋务运动始终未敢触动原有的土地和分配关系，由此政府各项开支都捉襟见肘。清政府的岁入在 19 世纪 60—70 年代只有六七千万两，政府每年拥有的企业支出却约有几百万两；在 90 年代政府岁入只有八九千万两，每年办企业的支出却将近 1000 万两[②]，政府所占份额相当有限，经营成效更差，这从根本上便局限了这项近代化的许多庞大计划。中国资本原始积累始终在贫困有余而财富严重不足的情况下进行，其传统经济结构严重阻碍着传统中国向近代工业的转型。即 19 世纪中后期，尽管世界市场的需求已经加速了中国小农经济的商品与专门化，但从自给性农业转变为商品性农业的这种分化却仍局限在原来的结构之中。[③]

上面的情形与数字，当我们将其放置于历史的现实之中，才能深切地体会到它们的确切含义和深刻影响。鸦片战争打开了中国的大门，自此以后，许多西方人纷纷踏上中国的土地，由于相互生活背景的完全不同，因而他们同生于斯、长于斯并早已习惯于自己生活方式的中国人相比有着更为敏感的神经，也更易觉察出中西之间的巨大差异，这在相当程度上也决定了中西方关系及相互发展的最终走向。通过西方人的眼睛，我们也可以直观地回看那个时代中国人总体的社会生活状况，领悟历史遗留给我们今

① 珀金斯：《中国农业的发展（1368—1968）》，上海译文出版社 1984 年版，第 229 页。

② 侯继明：《外国投资和中国现代化》，见张仲礼主编：《中国近代经济史论著选译》，上海社会科学院出版社 1989 年版。

③ 黄宗智：《华北的小农经济与社会变迁》，中译本，中华书局 1986 年版。

日生活的空间及传统痕迹，从而更深地理解那个时代和我们的今天。

“中国的统治王朝，统治着亚洲大陆被地理学家称为中华帝国的广阔地域，在如此广袤的土地上维护唯一权力的统治，不论在历史上的任何时代还是当今世界上的任何地区，都是独一无二的……中国文明一直在其自身的体制内发展，其政府形式丝毫没有借鉴或参照任何其他王国，其文学也从未吸取其他民族的精华；中国的语言在其形式、结构与古老上，也是独一无二的；中国以其勤劳，爱好和平，人口众多和各种奇风异俗而闻名于世……”① 这是美国传教士卫三畏在《中国总论》开篇中对中国的总体论说，是西方最有代表性的汉学著作之一，它出版于1848年，反映了那个年代西方人对于中国最为客观的论述。就在这种客观中，我们仍不难体会出作者同此时的大多数西方人一样，对于中国这块世界上广阔土地上历久不变的恒久集权、盲目自大及与世隔绝等“独一无二”性给予的潜在否定性看法，正是这些造成了中国长期的封闭停滞。随着鸦片贸易与战争，大批西方人越来越多地进入中国，也留下了有关中国的越来越多的各种著述，由于有着完全不同的生活与文化背景，也使得他们能够更加自由地感受与思考，从而记述了许多中国人从来没有或很少留意过的问题，如乡约风俗、观念信仰、社会法律、医疗教育，以及鸦片、风水、纳妾、小脚、宗族、刑法等各类细节，从而使我们能够更多地了解那个时代中国贫穷落后的社会面貌。

在西方人眼中，总体的中国是灰色的，“城市或城镇内到处是曲折不平、坑坑洼洼、拥挤不堪的街道”，城市里都没有公共用水设施，也没有公共照明设施，“一到夜晚，街道一片漆黑，没有行人，显得冷落萧条，感觉有些阴森……因为受到照明条件

① The Middle Kingdom, by S. Wells Williams, New York, Charles Scribner’s Sons. 1883, Vol. I,P1.

的限制，中国的绝大多数人过着日出而作、日落而息的生活”[①]。即使北京也是如此，“它在各方面都显得腐朽肮脏。它的城墙巍然高耸，外城周长达到 23 英里。内城是满族人居住的，周长有 14 英里。商店十分简陋，街道尽管十分宽敞，却异常肮脏。没有一座建筑超过一层楼高，正对街道的围墙挡住了那些公侯富贾们的豪宅”[②]。而“一到城里，人就顿时显得拥挤起来，到处是衣衫褴褛的男子与孩子。有时出现一个官吏，穿着锦缎的长袍，在他的衬托下，人群就显得更加寒碜。川流不息的街头人流中，有时还夹杂着几个妇女儿童，我们一路躲闪着，被淹没在胡乱拥挤的人潮里。轿夫们抬着轿子大摇大摆地走过，把行人挤到墙根；农民挑着粪便，边走边吆喝，似乎根本不担心粪便溅到别人身上；担水的人担着沉重的水桶，双腿都被重负压得无法伸直了，一路尖叫着让人闪开路来；人群中还有一些手推车，车上有的堆满货物，有的还坐着人，一路颠簸；这些景象，让人永远无法忘怀。每个人都肮脏不堪，四周的环境也肮脏破旧。城市好像从未清扫过，也的确是无人清扫。污垢陈年、恶臭熏天。许多建筑物都快倒塌了，也无人修缮管理，到处是一片破败景色，的确如此，在我逗留中国的记忆中，还回忆不起哪里有修缮清扫某个建筑物的活动”[③]。城市如此，中国的乡村也同样破败，另一位作者 G.W. 诺克斯写道，“中国有无数个村庄，远远望去还挺漂亮，但却经不起近看。街道都很窄，不足 10 呎宽，房室又低又小，非常简陋，而且七零八落，毫无秩序，破旧肮脏，根本没有公园、娱乐场地或者所谓的郊外风光。村庄突然出现又突然消失，没有景色的过渡，村里经常像城里一样拥挤，没有树林、葡萄园，没有留出休闲场地，也没有任何室内休闲设施……中国给旅行者的肮脏混乱的印象，比印度还强烈……如果大家联想到这些东方人软弱无能，

① [美] E.A. 罗斯著：《E.A. 罗斯眼中的中国》，重庆出版社 2004 年版，第 4—5 页。
② [美]丁韪良：《花甲忆记》，广西师范大学出版社 2004 年版，第 134 页。
③ Climpses of China and Chinese Homes. by E. S. Morse, P13—14.

历史上不断受外族侵略，就能更深刻地理解这种环境。印度曾经多次被征服，中国连几千个外国兵都抵挡不住。他们不论是战争还是和平年代，都是乱七八糟，稀里糊涂，死抱着一些残旧的观念与方法不放。旅行者到中国，很容易产生这种看法，中国是怪诞的，荒败混乱得不可思议”[①]。

这样的判断许多是由有十足优越感的西方人做出，但无可否认，真实的情形就是那些充满善意的人们也不能蒙上自己的眼睛。为了生存，人们不得不绞尽脑汁，想方设法，竭尽全力寻找新的谋生方法，大多数人为生存苦苦挣扎， 为了多挣一点钱，常常会不顾一切地耗费精力甚至生命，但换来的仅仅是不至于饥饿。艰辛和苦难使不少人感到生活简直毫无意思，几乎看不到生命的价值，自杀在那个时代十分普遍。国家是贡品的征收者，而不是大众福利的保护者，封建家族及血缘观念使人们的意识都沉浸在一家一户的小农观念中，没有任何管理国家和参与保护公共利益环境的社会意识，成堆的垃圾、粪便、泥坑、倒塌的断壁及散乱的碎石到处都是，森林植被被任意砍伐和侵害，多数人对此都无动于衷。这种对自然环境无情的破坏，导致了各种自然灾害的频繁发生，仅1860—1894短短的30多年间，大洪水、大地震、大旱灾、大瘟疫、蝗灾、大风、奇寒等都交相并发，层出不穷，黄河几乎连年成灾，从1882—1890年便连续九次发生漫决，1887年又在河南郑州决口，豫、皖、苏“三省地面约二三十州县尽在洪流巨浸之中”[②]，93万人（一说200万人）沦为鱼腹[③]。1876到1879年，又发生了旷古未见的“丁戌奇荒”，山西、河南、陕西、直隶、山东等地皆旱魃肆虐，在百余万平方公里的土地上田地龟裂，河道干涸，树木枯槁，青草绝迹，灾荒中人们饿死、病死前

① The Spirit of the Orient. by G. W. Knox, P154—155.

②《录副档》，光绪十三年八月三十日刘恩溥折。转引自《近代中国灾荒纪年》，湖南教育出版社1990版，第501页。

③ 王劲峰等：《中国自然灾害区划》，中国科学技术出版社1995年版，第41页。

后达1000余万，惨绝人寰。这期间还有万人以上死亡的重大灾害27次，死亡人数15776442人[①]，不仅吞噬了无数人的生命，也使得人们的生存环境变得更加恶劣。尤其在面临重大灾难之时，人们这种极度困苦和不堪一击的情形便表现得更为明显。

晚清饥民

光绪初年的“丁戍奇荒”也许是历史上最为悲惨的一幕。由于从1876到1879连续4年的持续干旱，使得中国山西、河南、陕西、直隶、山东直至江苏、安徽、四川、甘肃等地皆深受影响，整个地区受灾人数达到了1.6到2亿之间，约占全国人口一半以上[②]。而山西、河南等地灾情最为严重，当时《申报》刊载有一份《山西饥民单》，使得我们至今仍能看到那种毛骨悚然的地狱般惨景：“灵石县三家村九十二家，（饿死）三百人，全家饿死七十二家；圪老村七十家，全家饿死者六十多家；郑家庄五十家全绝了；孔家庄六家，全家饿死五家……”“吃人肉者平常耳”，“凤台、阳城两县活人吃活人实在多。阳城县所辖四面饿死民人有八分，川底村二百家，饿死一百九十二家”，“屯留县城外七村内饿死

① 夏明方：《从清末灾害群发期看中国早期现代化的历史条件——灾荒与洋务运动研究之一》，载《清史研究》1998年第1期。

② 李文海：《历史并不遥远》，中国人民大学出版社2004年版，第196页。

一万一千八百人，全家饿死六百二十六家，王家庄一人杀吃人肉”，“已经吃了八个人”，“有活人吃死人肉者”，“太原府省内大约饿死者有一半，太原府城内饿死者两万有余”。[①]“在遭受灾难最为严重的一些县份中（山西），百姓像野兽似的互相掠食；并且在几百个甚至在几千个村落中，十分之七的居民已经死亡了。”[②] 其惨相令人耳不忍闻。由于人口损失奇重，山西、河南许多地区的人口数目，直到民国时期也没有恢复到灾前水平，以致当时许多清朝官员每每称之为有清一代“二百三十余年未见之惨相、未闻之悲痛”。

在“丁戊奇荒”期间，随之又伴有蝗患、疾疫、狼灾、鼠灾等多种灾害，1878 年春夏间华北又爆发大面积瘟疫，山西省“瘟疫大作”，全省因疫而死者“十之二三”。河南安阳死于瘟疫的饥民占旱荒期间死亡人口的半数以上[③]，河南灾区十人九病，“此传彼染，瞬判存亡”，连清政府派往河南督察救灾事务的钦差大臣也染疫不治，死在任上。陕西疫情也很凶猛，延榆绥道道台以及榆林县的三任县令都相继染疫身亡，山西临汾城关这年春间瘟疫流行时，每天倒毙饥民不下数十百人，该县令组织各地绅董，整整两月还没有将染疫倒毙的尸体掩埋干净。[④] 天灾人祸的相互交织，都使得许多人口“不待岁祲而已难支”，始终在

①《申报》，1878 年 4 月 11 日。

② 马士：《中华帝国对外关系史》第 2 卷，上海书店出版社 2000 年版，第 339 页，注③。

③ 夏明方：《从清末灾害群发期看中国早期现代化的历史条件——灾荒与洋务运动研究之一》，载《清史研究》1998 年第 1 期。

④ 李文海：《历史并不遥远》，中国人民大学出版社 2004 年版，第 199 页。

饥饿和死亡线上挣扎，“岁值水旱，家口嗷嗷”。[①]其抵御自然灾害的能力极为脆弱，从而也更加大了灾荒发生的自然频率。

险恶的经济环境使多数中国人对生活的看法都以物质为衡量标准，人们没有更高的生活情趣，无穷无尽的沉闷、单调、乏味而又充满艰辛苦难的生活，使人们陷在痛苦绝望的深渊里，吸食鸦片的劣习某种程度上就这样成了国人调剂生活的娱乐活动，而弥漫全国。由于时常食不果腹，饱尝饥饿，很多人们都只有在吸食鸦片中才能快速缓解饥饿带来的折磨，麻醉食欲不能满足时造成的苦痛，这种悲惨辛酸的事实在造成中国鸦片泛滥的原因时也起着十分重要的作用。美国人罗斯坐着轿子在中国长期旅行后，也忍不住对抬他的苦力抽鸦片的行为给予了满腔同情，他描写道：“在旅行途中曾经遇到过持续 8 天都是阴雨绵绵的天气，那些苦力把行李放在车上，抬着我们，身上却没有任何遮风挡雨的东西，连换洗的衣服也没有，真是苦到家了。他们每天都要抬着 70 到 90 磅重的物品，在冷风细雨中迎来送往，在崎岖不平的山路上跋涉，在水流湍急的河段中奋进，有时要连续不停地奔波 12 个小时，直到黄昏时分才走到某家小旅馆，没有欢乐，缺少暖意，苦力们也早已累得直不起腰了。旅馆里除了一个砖炕、一块烂席子，啥也没有。既没有毯子，也没有木床，更别提什么烘烤衣服或取暖的火盆。可是苦力们除了两件湿漉漉的棉衣外，再没有其他衣服，真是可怜。等到吃晚饭的时候，苦力们也只是将就着吃些米饭、豆腐或空心面条。吃罢晚饭，那些累坏了的脚夫们就地蜷缩在破席子上，傍着小烟灯，吸着鸦片，云里雾里自逍遥，慢慢地便消解了他们长时间卖苦力而导致的身心劳累”。[②]

中国的民众是勤劳的，但人们拼命劳作却始终极端贫困，不能促进经济的繁荣，简单地直面和应对压力，也不能促进社会的

---

① 转引自严中平：《中国近代经济史》，人民出版社 2000 年版，第 84 页。

② ［美］E. A. 罗斯著：《E. A. 罗斯眼中的中国》，重庆出版社 2004 年版，第 106—107 页。

进步和自身环境的任何改善，其真实的原因发人深省。社会的繁荣进步主要依赖的是普遍健康积极的社会心态和人们无穷无尽的发明创造，这一切对中国最广大的民众来说几乎完全是一种奢望。极端的贫困使人们每日都在为最基本的生活资料而艰苦奔波，不可能去探索思考、发明创造，社会的更新与进步也愈发渺茫。由于传统文化的影响，人们相信“不孝有三，无后为大”，艰难的生活使人们寿命短促，因而人们早婚早育，在15至20岁时便已成婚，并不考虑经济与社会前景。轻率而毫无节制地生育孩子，“他们一生中的大多数时间仿佛都是在为生育后代、繁衍人口而生活着”。① 由此导致了人口过多，食品匮乏，生活艰苦，再加各种不公平及腐朽制度的摧残，更使人们素质低下，生命的价值不能升华，也得不到应有的尊重，很少有人考虑这样的严重后果和子孙后代应有的幸福前途。

英国传教士麦都思在他的《中国：现状与前景》中描绘道：“中国的人口那么多，映在基督教慈善家的眼前的，竟是多么苦难的景象。三亿六千万生灵拥挤在一个国家，在一个专制暴君的驱使下，被同一种欺骗性的哲学蒙蔽着，膜拜同一种迷信。人类的三分之一人口，几乎占异教世界一半的人，被束缚在一根绳子上，受制于同一条咒语，每个月都有100万人死去，他们没有受过教育，没有蒙过圣恩……看到黑暗的恶魔统治整个庞大的国家，这个国家的人口又占全人类的三分之一，就令人万分痛苦。”“我的头脑已化成了泪水，我的眼睛已是两眼汪泉，我昼夜为这个民族死难的儿女哭泣。”②

贫困的中国导致了中国自身的无力，在当我们遇到西方列强时，从各方面都同对方表现出了巨大差距，从而也使我们沦入了漫长无尽的屈辱之中，不能决定自己的命运。这其中既有相互的

① ［美］E.A.罗斯著：《E.A.罗斯眼中的中国》，重庆出版社2004年版，第71页。

② China: Its State and Prospects, by W.H. Medurst, London: Jonh Snow. 2b, Paternoster Row. 1838, P71—72, 74.

误会，侵略者的蛮横与傲慢，也有我们自己的无知与不明，这些都构成了近代历史的重要部分。

二、洋务运动的艰难跋涉与传统社会法律观念的阻碍

作为中国近代化事业努力的开端，洋务运动涉及的范围是十分广泛的，为中国的近代化发展做出了重大建树。然而这场借西法以自强的运动却在甲午一战中，又败在了东洋小国日本手下，数十年功效毁于一旦。李鸿章为此悲痛地叹息："一生事业，扫地无余……'半生名节，被后生描画殆尽'。""我办了一辈子的事，练兵也，海军也，都是纸糊的老虎，何尝能实在放手办理？不过勉强涂饰，虚有其表……如一间破屋，由裱糊匠东补西贴。"①对他的洋务事业进行了深沉的哀叹。

无可否认，李鸿章对于甲午战争的失败有着不可推卸的责任，但封建末世，整个社会死气沉沉、毫无活力的运行机制及社会观念亦扼杀了一切具有生命力的事物。早在道光以前，清朝腐败便已十分严重。龚自珍以思想家的敏锐大声疾呼改革："一祖之法无不蔽，千夫之议无不靡，与其赠来者以劲改革，孰若自改革？"②但鸦片战争尚未结束，他已赍志而殁。与龚自珍同时代的杰出思想家魏源，也在鸦片战争前后提出了一系列改革主张，但在当时却极难找到回应之声。直到两次鸦片战争后，清廷才真正开始了学习西方，追求"自强"的洋务运动，然而随着洋务运动的日益深入和洋务思潮的广泛发展，反对的声浪也越来越明显并日益激烈起来，使得洋务运动每前进一步都阻力重重。

---

① 吴永：《庚子西狩丛谈》，岳麓书社版，第107页。
② 龚自珍：《乙丙之际著议第七》。

学习西方首先是由通其语言文字开始起步的。1860 年《北京条约》签订，洋务派认为：“以外国交涉事件，必先谙其语言文字，方不受人欺蒙。”[①]洋人所以敢入中国肆行无忌，“缘其处心积虑在数十年以前，凡中国语言文字，形势虚实，一言一动，无不周知，而彼族之举动，我则一无所知”，决定在中国设立同文馆，首先学习外国语言。数年之后，又“因思洋人制造机器、火器等件，以及行船、行军，无一不从天文、算学中来”[②]，进一步欲设天文算学馆，学习西方声光电化等自然科学知识，并为提高天文算学的地位，鼓励出身正途人员报考。然而中国传统士子则长期沉浸在苦读圣贤、寻章摘句和参加科举考试，获取功名的路途中，认为只有如此才是“正途”，“技术”则为“雕虫小技”，甚至“奇技淫巧”，当洋务派主张一出，立时遭到了以大学士倭仁、监察御史张盛藻等为代表的激烈反对。大学士倭仁在上皇帝奏章中说：“立国之道尚礼义，不尚权谋；根本之图在人心，不在技艺……天下之大，不患无才。如以天文必须讲习，博采旁求，必有精其术者，何必夷人，何必师事夷人？”[③]又道：“今复举聪明隽秀、国家所培养而储以有用者，变而从夷，正气为之不伸，邪氛因而弥炽，数

北京同文馆

① 《洋务运动》第 2 册，上海人民出版社 2000 年版，第 7 页。
② 《洋务运动》第 2 册，上海人民出版社 2000 年版，第 22 页。
③ 缪荃荪：《续碑传集》，载《洋务运动》第 2 册，上海人民出版社 2000 年版，第 30 页。

年以后，不尽驱中国之众咸归于夷不止。”[①]极谏应以孔孟、尧舜之道来治国兴邦，反对师事“夷人”，以防“以夷变夏”。倭仁为一朝帝师，此论一出，“都下一时传诵，以为至论”[②]，虽奕䜣等进行了有力驳斥，指出时之变，西方威胁，若倭仁等仅以“忠信为甲胄，礼仪为干橹等词，或可折冲樽俎，足以制敌之命，臣等实未敢信”。[③]并以倭仁“天下之大，不患无才”等语，反唇相讥，要求倭仁既知有此等人才，不妨保举数人，另设一馆，就请倭仁主持。倭仁只得承认自己“意中并无精于天文算学之人，不敢妄保”[④]，争论终以洋务派取得了胜利。然而所有反对之声都出于长期的封建正统，却在社会上赢得了广泛的赞许之声。洋务派被攻击为“强词夺理，师敌忘仇，御夷失策”，“溃夷夏之防，为乱阶之倡”[⑤]。同文馆招生受到了严重打击，“正途”出身基本没有，洋务派提高自然科学知识的计划严重受挫，从而跟近西方科学技术的愿望、措施从一开始便遭到了极大打击。使其在很多情况下，中国走向近代化，其需要的不仅仅是财力物力，更重要的则是思想、文化和法律制度的观念保障。在洋务运动推行过程中，几乎每一项事业莫不遇到类似同文馆的遭遇，正如蒋廷黻在其《中国近代史》中指出的：“在我们这个社会里，做事极不容易。同治年间起始的自强运动，虽未达到目的，然而能有相当的成绩，已经费了九牛二虎之力”。[⑥]中国是一个有几千年历史的古老国家，历史上曾创造过辉煌的文明，但同它的光辉业绩相比，历史的包袱也更加沉重。上千年的专制统治，形成了巨大的历史惰性，它积淀在文化底层，深入到了全民族的骨髓和血脉之中，形成了巨大的社会和心理力量，从而在历史转折的关键时刻，无形地制约

①《筹办夷务始末》（同治朝）卷47，中华书局1979年，第25页。
②《旧闻随笔》卷2。
③《洋务运动》第2册，上海人民出版社2000年版，第31—33页。
④《筹办夷务始末》（同治朝）卷48，中华书局1979年，第19页。
⑤《洋务运动》第2册，上海人民出版社2000年版，第43—50页。
⑥《中国近代史》，上海古籍出版社2005年版，第86页。

和影响着人们的思维空间和活动方式，也阻碍着历史前进的步伐。

在第二次鸦片战争中，英法联军先占领广州，又夺取大沽。就在他们准备逼迫清政府签订《天津条约》之前，“不过，农村居民对此漠不关心。”美国传教士丁韪良描写道：“我们的一艘炮舰中途搁浅，不得不雇用了四百个农民来拉纤。他们十分卖力，好像根本不是在帮助国家的敌人。总而言之，对于中国人来说，‘爱国主义’在他们的词汇表里是没有的。关于这方面，他们所知道的大体上就是吹捧中国，辱骂外国。取而代之的是，他们反复灌输对政府的效忠，但这种情操主要局限于士大夫阶层。他们对于宗室、地区和省份的乡土观念极重，但是加在这些观念之间悠久的仇外传统则很容易被入侵者利用。正是由于老百姓缺乏强烈的爱国主义激情和朴素的忠君观念，才使得中国的统治王朝可能长久不衰。对于普通的中国人来说，无所谓政治，他们的思想远离这种最为动荡不安的东西。大致可以这样来形容，中国人就像波旁王朝时期的法国人：无论谁统治他都高兴，用吃和睡来忘掉愁苦。”①

这段话形象地说明了中国传统政治和法律结构的巨大缺陷。中国基层组织结构是松散的，统治者对民众从未有过任何尊重，也未给过他们任何权利。民众只是在艰难地求取生存，亦与政府隔膜并缺乏感情。由于长期处在自给自足的圈子里和贫苦的生活状态里，农民们很少能够读书，与统治者的精神、生活自然有着天渊之别。因此中国的统治上下脱节，士大夫、民众之间亦情感隔绝，当上层拼命地维护封建礼俗时，下层则只是在为生存所必需的吃穿住行日夜奔波。近代中国总体落后所造成的巨大落差与悲哀，除了应当探索经济本身，其形成原因和相关因素也更加耐人寻味。

法律是维护社会常态最主要的内容，我国的传统则是封建法

① 丁韪良：《花甲记忆》，广西师范大学出版社 2004 年版，第 110—111 页。

律，它维护封建的统治秩序及专制制度。我国传统文化最早来源于原始文化，并在它形成以后从来没有中断过，这在世界上是极为罕见的。世界许多国家如希腊、罗马、埃及、波斯等都有过较为远古的观念和宗教，但进入中世纪后几乎都发生了根本转向甚至断裂，许多国家旧有的血缘关系随之打破，以适应其不同民族之间共同生活及社会交往需要。在此基础上的许多原有自发观念，如民族原始自然宗教，也都纷纷被新起的较高级观念或新生世界性宗教所取代。但中国在私有制社会形成以后，却仍沿用了原始社会的氏族血缘关系，组建了以男性血缘为纽带的宗法等级社会，经过夏、商、周三代的发展，在孔子那里形成了系统的儒家思想。儒家思想是中国传统文化的集大成者，中国的政治、法律等各项制度无不受其影响，它同远古三代有着密切渊源，并在以后时间内不断补充发展，得到了历代统治者的高度尊崇，从而奠定了自己在中国封建社会中长期绝对的统治地位。中国虽然在秦朝建立了历史上第一个中央集权制的封建国家，然而早在夏商周时期，君主便已具有极高权威。当夏启与有扈氏大战于甘之野时，夏启便向全军下令："弗用命戮于社，予则孥戮汝。"[①] 商代君主盘庚迁都时许多贵族、平民留恋故土，不愿迁徙，盘庚亦对他们发出了同样的威胁与警告："乃有不吉不迪，颠越不恭，暂遇奸宄，我乃劓殄灭之，无遗育，无俾易种于兹新邑。往哉，生生！"[②] 显示出一副专断的面孔。"普天之下，莫非王土；率土之滨，莫非王臣"[③]，周朝时整个社会都已匍匐在了王权的脚下，到了秦朝，更是"天下之事无大小皆决于上"[④]，皇帝集全国立法、司法、行政及生杀大权于一身，对天下人"生之、任之、富之、贫之、贵之、贱之"[⑤]，君主集权达到了空前高度。之后历朝君主都不断地

① 《尚书・甘誓》。
② 《尚书・盘庚》。
③ 《诗经・ 小雅》。
④ 《史记・秦始皇本纪》。
⑤ 《管子・任法》。

加强皇权，皇帝的意志成了法律，他们不但是国家的最高统治者和立法者，同时又拥有最高的司法审判权和最终的司法裁决权，从而建立了古代上千年以皇权为中心的中国专制法律体系。在这个体系中儒家思想长期占据主导和统治地位，他们以礼仪为社会根基，将“礼”抬至十分高度，认为“安上治民莫大于礼”[①]，礼仪“经国家，定社稷”[②]，“别尊卑，异贵贱”[③]，无礼就会天下大乱，国之治乱，皆系于礼之兴废。在儒家“礼”的观念指导下，人们认定人心善恶取决于道德教化，而道德教化则依赖于君主圣明，由此中国走向了人治道路，封建礼仪日趋繁复，并在发展中融入法律，“君君、臣臣、父父、子子”等“礼”的观念，不但成为断罪标准，甚至以礼断案、以礼代法，森严等级不可僭越。法律日益为礼教支配，国家对社会的控制力量日益加强，君权大于国法，权力支配了法律，由此法律对皇帝没有任何约束力，成为传统法律的极大尴尬。

儒家的中心思想是一种比较俗世的态度，它不信鬼神，但又不否定鬼神，“祭如在，祭神如神在”；对鬼神持一种怀疑态度“敬而远之”，却不再对它进行深入的思辨与研究。它不信来世，而看重现世，忠孝观念是其一切社会关系的基础，又是其统治社会的核心灵魂。中国以家族、宗族为基础来组建社会，因而从夏朝开始，便设立了不孝罪名，“五刑之罪三千，而罪莫大于不孝”[④]。这种罪名代代相袭，给予父亲极大权威。在儒家文化的土壤里，人与人之间是讲究贵贱有等、长幼有序的伦常关系，而这种关系最集中的体现则莫过于在家族之中，父权的存在正意味着父权与其他家庭人员的地位不平等，它是封建社会等级的标志。父权的权威无与伦比，他掌控着对子女的生杀大权和绝对财产权

---

① 《论语·颜渊》。
② 《左传》，隐公十一年。
③ 《淮南鸿烈解》卷十一，《齐俗训》。
④ 《孝经·五刑章》。

利，虽然随着法律的发展父权生杀大权受到了一定限制，但子孙“违犯教令（通常是不听训责、顶嘴反骂之类细微琐事），父母加以扑责而无心致死，无罪；非理殴杀（指自然扑责以外的残忍虐待的杀害，如勒毙活埋）有罪，‘罪亦甚轻’，‘明、清时的法律皆止杖一百’”。[①] 父母对子女则具有无需举证的控告权，清朝法律明确规定“父母控告，即照所控办理，不必审讯”。[②] 父母若以“不孝”要求处死子女，则官府无不照办。子孙骂父母、祖父母，按唐、宋、明、清法律皆处绞刑；[③] 一旦冒犯父母不究子孙主观是否有过错，一律杀无赦。家长对家族具有绝对的财产权，《坊记》说：“父母在不敢有其身，不敢私其才。”否则即是犯罪，“历代法律对于同居卑幼不得家长的许可而私自擅用家财，皆有刑事处分，按照所动用的价值而决定身体刑的轻重，少则笞一十、二十，多则杖至一百。”[④]

封建中国将父权抬至到了无比的高位，正是家国一体的具体表现，家是国的基础，而国是家的放大。封建等级制度建立在父权基础之上，侵犯父权便是对礼义和封建等级的严重破坏，故国法难容。于是“天子为民父母，为天下王”[⑤]，国被家化，君被父化，皇帝成为封建社会的最大“家长”，也拥有了父权在家中享有的至高权力，对父母的“孝”，上升为了对君主和国家的“忠”，孔子“其为人也，孝悌而犯上者，鲜矣；不好犯上，而好作乱者，未之有也”[⑥]，忠君正是巩固君权统治的重要手段。在“礼治”的旗号下，倡导“亲亲、尊尊”，儒家“修身、齐家、治国平天下”的一切做人理想，都必须先从忠孝做起，即曾国藩“君虽不仁，臣不可不忠；父虽不慈，子不可不孝；夫虽不贤，

① 瞿同祖：《瞿同祖法学论著集》，中国政法大学出版社 2004 年版，第 18 页。
② 《大清律例》二八。
③ 梁治平：《法辨》，中国政法大学出版社 2002 年版，第 20 页。
④ 瞿同祖：《瞿同祖法学论著集》，中国政法大学出版社 2004 年版，第 26 页。
⑤ 《尚书·洪范》。
⑥ 《论与·学而》。

妻不可不顺”。[①]这样单方面地要求服从，顺民思想深深浸透在了每一个人心中。“在家行孝，出门尽忠”，“忠孝一体”，统治者标榜以“孝治天下”，“不孝有三，无后为大”，传承血脉，不断子嗣是为重要的封建孝道；而出人头地、获取功名，荣华富贵、升官发财，则是更重要的封建孝道，所谓忠君事亲、光宗耀祖。国家关系由此成了一种世俗家族意义上的扩大，皇权至上，官吏被称为“民之父母，为民做主”。如此种种都使人们更加关注现实利益，却很少注意世界、宇宙等现实之外的真理寻求。儒家提倡忠孝仁义，恭敬孝悌，但它却建立在宗法等级的基础之上，强调上下尊卑，长幼有别，等级有序，男女有差，要求人们安守本分，“不在其位，不谋其政”，否则即是僭越篡逆。这种思想适应于传统中国自给自足的自然经济，也更加深了人们之间一家一户，互不往来，对周围及社会事物漠不关心，麻木不仁的态度，从而也限制了中国进入近代化之前人们所必需的责任感和主权意识，以及社会化交流及行为观念的产生。

清代法庭

由于中国各安其分及“三纲六纪”的长期规范，参与关心社会都被认为是“擅妄”的表现，也往往会从制度和观念上为人们招来各种祸端。中国古代的法律主要是刑律，它是统治者治民的工具，代表统治阶级的意志，与宗法专制相适应，维护封建的三纲五常。一旦触犯，轻者严刑拷打，血肉横飞；重者万剐凌迟，祸延九族。官场险恶，官官相护；社

① 《曾国藩全集》，岳麓书社 1987 年版，《家书》（二），第 937 页。

会等级森严，人命贱如草芥。法律没有任何保护民众权利的内容，“官大一级压死人”，有着极大随意性的法律常常“衙门口朝南开，有理无钱莫进来”。以谋反为十恶之首的大清刑律，承继了千年不变的法律传统，对人们的惩治更加惨毒苛酷，难以名状。凡谋反、谋大逆，但共谋者，不分首从，皆凌迟处死；并株连其父子、祖孙、兄弟之同居之人，不分异姓及伯叔父、兄弟之子，不限籍之同异，16 岁以上皆斩；15 岁以下及母、女、妻、妾、姊妹等给付功臣之家为奴，财产入官。对于背叛朝廷、私通和投降外国的谋判罪，“但共谋者，不分首从皆斩，妻妾、子女，给付功臣之家为奴，财产并入官。”甚至任意扩大谋反、大逆罪的范围，凡“上书奏事犯讳者”，奏疏不当者，皆以“妄议朝政”治罪；触犯皇帝亦为大不敬罪，如上书奏事误犯御名及庙讳，杖八十，若为名字触犯者，杖一百。清朝还屡屡大兴文字狱，一字一句锻炼成案，并引“大逆”条例定罪，一案构成，全家被杀或灭族满门，康、雍、乾三朝迭兴文字狱达百多余起，“告讦频起，士民畏惧”。除去斩绞，清代死刑还设非法之刑，如凌迟、枭首、戮尸等等，明律凌迟律例共计十三条，清律全部承袭外，又增劫囚、发冢、谋杀人、杀一家三口、威逼人致死、殴伤业师、殴祖父母和父母、狱囚脱监及谋杀本夫等九条十三罪。有清一代除法外用刑十分普遍外，官僚贵族还广泛采用私刑，直到处死，各级审案过程中枷号、夹棍、拶指等刑讯手段更无遑论。在封建司法的程序下，各级官吏将不属自己权限案件逐级上报，层层审转，直至有权作出判决的审级批准后才予终审，这种逐级审转复核之立法原意是使各司法部门对案件都负有责任，但由于司法判案都是下级仅对上级负责，于是从上到下集体徇私比比皆是，人们有了冤狱亦投告无门，冤抑难伸。明清之际，由于大兴文字狱，凡些许思想见解与当权者稍有抵触的人，便几乎都被杀了头甚至遭株连九族之祸，许多人死前还要受尽酷刑煎熬，其惨毒无状，荼酷难言，令人魂飞魄散，黎庶惊骇，于是在全社会造成了一种白色恐怖，人人忧危，君臣之礼也渐成了一种紧张下作甚至主奴恩义亦无的奴役关系，封建专制的极端发展，使得上上下下，人们对祸患都避之唯恐不及，深恐引火烧身，惹祸上门，于是"不关己事不开口，一问摇头三不知"，大臣以"多磕头少说话"为信条，阿谀奉承，因循苟且，遇事时常相互推诿，渐至已成文化本能。《清代野史》记载，英国公使威妥玛一日至总理衙门，满座"诸人相顾，无敢先发一语。余不能复耐，乃先发言曰，'近日天气甚好。'而诸人尚不敢言。惟沈君某者，似觉不可复默，乃答首曰：'今日天气果好。'于是王大臣莫不曰：'今日天气果好'。"[①]于是外人传为笑柄。一句话尚不敢负责答语，因而当近代面对西方入侵，"夷情猖獗，凡有血气者无不同声愤恨"[②]，但自强的开始比起鸦片战争的炮声却迟滞了整整20年。所以如此，传统中国人的关系不仅在经济方面自给自足，在政治法律和思想观念上也同样一家一户，互不相关。数千年封建刑律的严厉苛酷和残忍无常，包括深受儒学熏陶，熟读儒家经典，并通过科举考试上升为社会官吏和领导阶层的人们同样如此，由于事权不一，难当责任，更无人能各抒己见。

在鸦片战争中，当以贸易为本的英国依据本国情形，一开始便对中国进行沿海封锁，企图通过这点来卡住中国经济咽喉。不料这在以农为本的自然经济面前却显得分外可笑，因为直至发生了诸如"乍浦之战"、"第二次厦门之战"后，许多人还不知道这是因为英国封锁的缘故[③]，中国对此根本没有感觉。更多的国人则由于信息闭塞，或因儒家"礼乐征伐自天子出"的传统观念，对此事亦毫不关心。时正潜入北京的俄国外交部官员报告称："关

① 《清代野史》第七册，《清代之竹头木屑》，第295—296页。
② 《洋务运动》第1册，上海人民出版社2000年版，第5页。
③ 茅海建：《天朝的崩溃》，生活·读书·新知三联书店1995年版，第163页。

于对英作战的情况，一无所知。中国官员避免谈此事。”[①]包括以后慨然有天下志的曾国藩，此时也在自己圆明园以南的挂甲屯居处练习字，“温经书”，“读史”，“读集”或者“作文”[②]，却看不到战争对他的任何触动。即使鸦片战争失败后，在清政府统治者仍未引起极大的震动，时人记载“和议之后，都门仍复恬嬉，大有雨过忘雷之意。海疆之事，转喉触讳，绝口不提，即茶坊酒肆之中，亦大书‘免谈时事’四字，俨有诗书偶语之禁”。[③]

清政府总理各国事务衙门的官员

近代中国遭遇到了前所未有的强敌入侵，关键时候国人都“事不关己，高高挂起”，造成了百年中国的无数悲剧。早在鸦片战争中，西方人便已看到“战争的整个过程暴露了中国的重大弱点之一，由于这个弱点使它若干年后继续蒙受损失。中华帝国，作为一个整体，并没有同英国作战，只是它的若干部分参加了战争，并且只是在被直接攻击的时候才参加的”。[④]直到甲午中日战争，这种情形仍未改变，“西报有论者曰：日本非与中国战，实与李鸿章一人战耳……最可笑者，刘公岛降舰之役，（中国）当事

① [俄]阿·伊帕托娃：《第一次鸦片战争及战争以后的中国》，载《清史研究通讯》1990年第3期。

②《曾国藩全集》日记（一），岳麓书社1987年版，第43页。

③《鸦片战争》第5册，上海人民出版社1957年版，第529页。

④ 费纳克：《现代东洋史》，第41—44页。

者致书日军，求放还广丙一舰，书中谓此舰系属广东，此次战役，与广东无涉云云。各国闻者，莫不笑之，而不知此语实代表各省疆臣之思想者也”。[①]但这却正是适宜于传统农业社会儒家文化千年熏陶的必然结果。

高度发达的社会化程度是西方工业化和资本主义成功的关键，正是在此基础上才形成了西方广泛的社会分工，以及机器和制造业的迅猛发展。而在中国小农经济和儒家等级观念的支配下，这一切则同工业化的要求完全相悖，亦难与近代化的发展相互协调。儒家又将人分为君子小人，提倡读书做官，轻视体力劳作，认为“劳心者治人，劳力者治于人”，“礼教荣辱以加君子……桎梏鞭扑以加小人”[②]，在读书和实践之间划上了一道巨大鸿沟，由此不仅形成了千百年来人们生活的强烈反差，也造成了中国长期以来技术改进的极端落后，官吏与社会之间相互隔绝，以及处理社会事务能力的巨大缺陷。然而尽管如此，通过千年不变的封建统治及小农经济，儒家思想却早已成为一种惯有的思维模式，深深渗入了中国社会的每个角落和国人的血液之中，其思想巨大的局限也同样浸透在每个人的思想和行为之中。从这种角度上讲，近代中国包括洋务运动的重重困难，以及中国发展的缓慢与长期落后所造成的巨大悲剧，都决非是一人一事之咎，而有着深刻的历史与文化原因。

社会的进步与停滞时常不是单一因素所决定的，但有些因素却非常关键，其中思想、文化与法律、制度的观念便是这样的重要因素。一个民族真正强盛的生命力，也许正是思想、文化和法律制度的发达程度，国家的落后也同样基于这些观念和制度文明的落后，例如“华夷之辨”即是传统文化留给中国又一项沉重的历史重负。当 18 世纪欧美先进国家在政治、经济、文化等领域的

---

① 梁启超：《李鸿章传》，海南国际新闻出版中心 1993 年版，第 54—55 页。

② 《荀子·富国》。

巨大变革推动下突飞猛进的时候，大清帝国却仍沉浸在“天朝德威远被……无所不有”，“立中外之大防”等愚昧的天朝制度和观念下，坚持拒绝与西方平等交往。直至整个19世纪，许多人还是抱着这样的观点，不仅对西方深怀仇视，并因此而抗拒一切外来事物。此时西方虽已经实现了工业革命，但近代化的钢铁工业却刚刚开始，化学工业刚刚起步，铁路建设初步踏入规模发展，机动轮船尚未完全取代帆船。如果中国能奋起直追学习西方，仍有可能会迎头赶上，比中国贫弱得多的日本即是例子，在短短数十年间由于积极发愤，很快摆脱了旧日落后面貌，成为东方强盛国家。然而中国在这历史的关键时刻，却将大量时间与精力都浪费在了“华夷之辨”上，从马戛尔尼和阿美士德使团进京开始，到鸦片战争后，尽管已力弱不能伏人，但为了维护天朝上国的面子，仍不惜让渡关税及许多主权利益，以坚决拒绝外国公使进京，甚至不惜与西方开战。直到二次鸦片战争失败，清廷被迫同意外国公使驻京，而当这些使节向清廷提出觐见皇帝的要求后，围绕这个问题外国使节又与清廷断断续续进行了长达近半个世纪的交涉，多次引起统治阶级内部和中外的激烈争论，却没有时间对于国家利益及主权、社会发展等现实事务予以关注和研究。在儒家道统和制度法律方面来看，“隆礼”不但是人们言行的标准，而且还是政治等级不可冒犯的治国之本。丁韪良曾为此感叹发问道：“接见大使的礼节成为国家政策的重要事务，全世界只有北京如此。中国以礼节为主要的统治工具，礼部是一个重要的行政部门，这样的国家怎么可能不这样呢？……那么这个神秘的问题到底是什么？是服装的问题吗，就像遵从欧洲宫廷的着装习惯是召见的先决条件？二者相似，只是跪拜代替服装成为主要的问题。”①

“华夷之辨”的陈腐观念，深深阻碍着中国融入世界的进步潮流，从各方面对近代化的阻力都是不可低估的。从洋务运动开

① 丁韪良：《花甲记忆》，广西师范大学出版社2004年版，第294页。

始保守势力以华夷之辨顽固地反对天文算学馆之设，后又以此而反对任何学习西方工业技术，反对学习西方文化法律制度，认为“学于敌人以为胜敌之策，从古未闻”。[①]“中国数千年来，未尝用轮船机器”，“但固我士卒之心，结以忠义，不必洋人机巧也”。所以“不可购买洋枪、洋船，为敌人所饵取；又不可仿照制造，暗销我中国有数之帑项，掷之汪洋”。[②]由此中国近代发展如修筑铁路、架设电报等项都受到了保守势力的强烈反对，直到 1870 年以后，由英国至上海、香港等地的海底电缆都已铺通，中国纳入了世界电报网络之中，西方在中国经商、谈判等各种事项都以瞬息万里的电报传递信息，而中国却依然故我，传递信息仍靠传统的马匹驿道。工科给事陈彝 1875 年的奏折中说，电线可以“用于外洋，不可用于中国”，因为“华洋风俗不同，天为之也。洋人知有天主、耶稣，不知有祖先……中国视死如生，千万年未之有改，而体魄所藏为尤重。电线之设，深入地底，横冲直贯，四通八达，地脉既绝，风侵水灌，势所必至，为子孙者心何以安？传曰：‘求忠臣必于孝子之门’。藉使中国之民肯不顾祖宗丘墓，听其设立铜线，尚安望尊君亲上乎？”[③]所以兴办电报就是背弃祖宗，背弃祖宗就是不孝，不孝就会导致不忠，架设电线必然导致不忠不孝。郭嵩焘因而感叹道：“中国人心有万不可能解者，西洋为害之烈，莫甚于鸦片烟……中国士大夫甘心陷溺，恬不为悔……而一闻修造铁路、电报，痛心疾首，群起阻难，至有一见洋人机器为公愤者。”[④]这些反对洋务、反对学习西方技术的论点，又大都源于华夷之辨；并且这种反对的阻力也不仅仅局限于上层官僚，民众出于自然经济的传统习惯，其因循守旧、无知短见和偏执激烈的态度并不亚于上层反对派。例如 70 年代最

①《洋务运动》（一），上海人民出版社 2000 年版，第 122 页。
②《洋务运动》（一），上海人民出版社 2000 年版，第 122 页。
③《洋务运动文献汇编》第 6 册，台湾世界书局 1963 年版，第 330 页。
④《洋务运动》（一），上海人民出版社 2000 年版，第 303—304 页。

早的华侨商人陈启沅开办近代缫丝厂，最先使用机器，“及工厂已成，果著成效，机房中人联群挟制，鼓动风潮，谓此风一开则工人失业，生计立穷，无知之民向率附和，几欲将丝厂毁拆。”[①]由于“机器动力代替手工操作，使人在幻想中觉得恶果很多，这是主要的反对理由……第二个理由是因为男女在同一厂房里做工，有伤风化……又说高烟囱有伤风水”[②]。中国近代工业主要由拥有军政大权的洋务派开头，其原因亦在于近代化的推动还必须要首先克服各种反对势力的重重干扰和阻碍。然而即使洋务派握有相当大的权力，传统却仍有不可忽视的强大力量。例如19世纪70年代英商怡和洋行瞒着中国擅修吴淞铁路，清政府以其藐视中国主权，因以28.5万两银子将其赎回。而铁路收回后沈葆桢竟屈于社会压力，将重金买回的铁路拆毁运至台湾，放置海滩任其毁坏。为此李鸿章在给郭嵩焘的信中愤然写道：“幼丹（沈葆桢）识见不广，又甚偏愎。吴淞铁路拆送台湾，已成废物，不受谏阻，徒邀取时俗称誉。”[③] 沈葆桢是当时公认的洋务派，竟也干出此等蠢事，可见当时洋务事业之难。

早在设同文馆时，奕䜣等便希图学习西方天文算学，而大多数正途人员则未从变局中引出师法西方，发愤图强的教训，相反从夷夏大防的观点出发，视西学如洪水猛兽，同文馆招生受到了严重打击，由此对清廷培养学兼中西的官员起了十分恶劣的作用，使得清廷具有西学知识的高级官员始终严重缺乏，就连翻译人才也严重不足。种种情形，又使得中国取法西方、推进近代化的过程中人才奇缺，远远不能适应取法世界文明以自强和抵御外侮的需要，以致国力衰微，造成了近代中国长期被动挨打的局面。

长期的夷夏之防，使中国与世界的相互交流沟通都变得异常困难，人们局限在自己的知识和思维框架内并以此来诠释西方，

---

①《中国近代工业史资料》第一辑，下册，三联书店1957年版，第957页。
②《捷报》，载《中国近代工业史资料》第一辑，下册，三联书店1957年版，第959页。
③《李文忠公全书·朋僚函稿》卷18，第5页。

却不站在对方的角度对对手的思想文化等进行深入的探讨和研究，使得数十年间中国对世界的了解始终处在隔岸看花，似懂非懂的状态。例如西方的基督教、十字架几乎家喻户晓，无人不知，但当时中国的许多士大夫不接受西方的常说，而是节外生枝地本着自己固有的传统观念去阐释推论，如张自牧在《瀛海论》中说："西人言器，莫精于十字架。盖奇偶像相交之形，用之成规，折之成矩，䦆之成角，剖之成弧。制器之用备矣。先儒相承《河图》、《洛书》中宫五岁数，皆作十字线，特未阐其意耳。惟其具天地之全体，兼水火之大用，故能劾治谲奇袤之有害于世者。周官壶涿氏掌攻水虫，则牡棤午贯象齿而沉之。午贯者十字也。《汉书·方术传》谓之禁架，古之巫医，皆有是器。耶稣殆得其遗法，尝操十字以行其术耳。而汤若望、龙华民辈乃讹为受刑之具，或又疑为窥天之器，则西人之陋已。"[①] 宁可曲意解说，在已获得的固有知识内找根据，如汤若望、龙华民等所说的西方观点摒拒不用。这种在许多情形下中国固有的常用思维，使得中外交流常常南辕北辙，所说问题风马牛不相及，或者已被曲解得面目全非。长期"华夷之辩"而形成的闭塞思维，其给中国近代化事业所造成的巨大困难是令人难以想象的。

三、近代工商业发展与传统社会法律观念的不和谐音

在现代社会中，社会法律观念和相应制度是一个国家近代化不可缺少的重要条件，然而清政府却没有认识到这个问题。由于长期的封建专制和等级制度影响，漫长的历史上中国始终实行重农抑商的传统政策，使工商业的发展从各方面都受到了极大阻滞。在历史发展的关键时刻，清政府未能表现出对变化做出反应以及推动社会走入近代化的能力，却仍是极力抱残守缺，在旧有制度

---

① 张自牧：《瀛海论》，第6页，转引自王尔敏：《晚清政治思想史论》，广西师范大学出版社2005年版，第7页。

上补苴罅漏，以图维护专制统治。中国迟迟不能迈向近代化道路，法律制度、人文思想、文化观念和经济状况，对此都有重大影响。

工商业发展与近代社会法律有着密切关系，它需要法律的规范与保障。西方经济发展的重要因素即在于其法治社会基础的建立，在经济活动中制定了各类法律规范，以保证工商业在社会经济中的正常运转。由于很早便有了商品交换，西方也较早有了工商业的发展与繁荣，并产生了众多实力雄厚的工商业力量，马克斯·韦伯在《新教伦理与资本主义精神》一书中认为，商人群体的精神气质正是资本主义企业精神的基础。欧美资本主义的发展大都是由商业资本作为工业资本先驱的，人类法治文明相当程度上起于西方工商业力量对社会法律体系的重大贡献极其影响。早在11 世纪，意大利各城市中的商人谋求增加更多贸易机会和商业利润，便建构出为扩大和保护贸易关系而产生的法律体制[①]，随着作为贸易中心的城市大量形成，工商业者又在这里建立起了自己的法律体制及商业法庭，法律作为市场化经济生活中的重要行为规范，使人们交易和个人财产、自身权利的保障都通过这种法律秩序体现出来。它通过首先约束政府，使之不能对经济任意干预；同时对经济活动进行约束，为经济发展提供制度保障。如果没有法治前提，如对私有财产的保护、对合同的履行以及公平裁判和合理市场竞争秩序的维护等等，资本主义经济的持久发展是不可想象的。缺乏法治是窒息经济活力的重要原因，而中国数千年传统的小农经济，以及适合于这种经济基础的法律制度，却造成了我国深厚的人治基础，使法治文明成为我们社会发展的重大缺失。

受制于传统和历史文化因素，我国在近代转轨之前几乎没有任何法治意识。工商业长期受制于官府控制，加之缺乏必要的政治权利和法律保护，商人绝大多数情况下是国家和豪门盘剥榨取

① 泰格·利维著，纪琨译：《法律与资本主义的兴起》（中译本），学林出版社 1996 年版，第 58 页。

的对象，无法赢取社会地位。“家有一镒金，一囊珠，可以赂相公之子弟，结相公之僮奴，便可朝为屠酤，夕乘轩车”[①]，只要有一丝可能，商人都会急于以任何方式来改变自己身份，“重农抑商”的政策导向，使法律长期“在于对农民的治理，是以很少有涉及商业的条文。合资贸易、违背契约、负债、破产等等，都被看成私人之间的事情而与公众福利无关。立法精神既然如此，法律中对于这一方面的规定自然会出现很大的罅漏，因而不可避免地使商业不能得到应有的发展”[②]。中国商业资本长期投向购买土地，而不能转向产业资本并进而产生资本主义，这些制度和法律本身无疑也有着重大影响。商人组织按照传统的伦理方式，带有着浓厚的家族和血缘特征，对封建政权及管理形式有着强烈的依附性，即使在工商业较为发达的宋代，“商业资本与高利贷资本的代表人物” 仍然对“官僚士大夫总是啧啧称美，不胜向往之至的，总是想方设法挤进官僚士大夫群中，借以改变自己的门第，巩固自己的经济地位。”[③] 欧洲社会商人组织的强大以及宗教机构的强有力支持，在中国历史上从来没有出现过，千百年来的封建法律很少变化，亦从未能根据社会经济的发展形势进行调整，国家权力吞噬了个人利益，商人没有合法参与国家政治生活的条件和依据，其力量也因而时常备受打击。尽管中国历史上也有过一些地域商业的发展如晋商、徽商等等，然而总体上“中国视商人素不甚重，即有拥资巨万，人争赴之，而背地尚多微词，以为彼虽势焰薰灼，不过一市侩已耳”[④]。尤在 16—17 世纪（即明嘉靖到万历年间），中国工商业有过一段较快发展，但明政府很快亦开始了对它的有意识摧残，商人力量缺乏抗衡，儒家“亲亲”、“尊尊”的高度一体化价值认同，家国一体的社会结构，都使商

① 南宋曾慥：《类说》卷 27，引。
② 黄仁宇：《万历十五年》，中华书局 1982 年版，第 150 页。
③ 漆侠：《宋代经济史》下册，上海人民出版社 1987 年版，第 1122 页。
④ 《论整顿茶市》，《皇朝经世文续编》卷 61。

人们不可能形成独立的社会力量和获得相对宽松的发展空间。因而当与西方贸易以后，面对不断与西方通商的现实及外国商品的滚滚涌入，传统法律陷入到了巨大矛盾中，随着近代商业活动和对外贸易的急速扩展，建立在旧有封建基础之上的法律关系对许多事务都没有规范，如企业活动、公司关系、金融信用、破产、赔偿等等，引起了西方人日益强烈的微词和不满，其对于社会经济的阻碍也日渐突出。

清朝法律对近代工商业的发展有着极大抑制作用，为了防止冲击封建专制赖以存在的自然经济基础，官府不断采取高额征税、低价收购产品，甚至无偿摊派的办法，压制某些工商业。封建户籍制度将农民紧紧束缚在土地上不能流动，法律对手工业者雇佣的劳动人数亦有严格限制。农村长期的家产分割法和“多子均分”的继承制度到了明清，使家产分割更加频繁，不论地产发展如何，都不能阻碍它的分割。这种状况造成了农村土地的严重零星分散，每户中的成年男子劳动力，由于有着土地财产的保障都很少从农业生产中分离出来，自由劳动力很难出现，更加固了小农社会的生产基础，阻碍了小农经济自身结构的瓦解。长期以来，中国财政收入主要依靠农业赋税和田赋，然而近现代以来形势则逐渐发生了重大变化，农业赋税长期占国家岁入总额的 2 / 3 乃至 3 / 4 以上，如太平天国起义前的 1849 年，清廷岁入共 4200 余万两，而田赋即高达 3300 万两，占总数的 78. 57 %。[①] 但 50 年代初至 60 年代初以后，由于国内外战争的影响，清政府田赋收入大幅下降，各省丁漕收数每年“十不得其四五”，甚至“十不得其三四”。[②]1863—1873 年间虽有所回升，但每年短缺数额仍在 1100

① 王庆云：《熙朝纪政》卷 4， 第 27、第 35 页。

② 中国社会科学院经济研究所藏清代抄档：同治六年十二月初十日户部尚书宝鋆等奏；李鸿章：《李文忠公全集·奏稿》卷九，页四。转引自刘克祥：《太平天国后清政府的财政“整顿”和搜刮政策》，载《中国社会科学院经济研究所集刊》（三），中国社会科学出版社 1981 年版。

万两左右，相当于原额的 37%。[①] 直到八九十年代，地丁和漕粮每年短征额仍在 1000 万两和 100 万两上下，各占原额的 1 / 3 或 2 / 5[②]，田赋征收大幅减少，使清政府财政困难日益突出，财政重点也逐渐从“征农”转向了“征商”，许多新式财源和近代赋税如海关洋税，包括进出口税、内地子口税、船钞、鸦片税等都在国家收入中占据了重要地位。然而形势的变化却没有切断它同传统经济的纽带，工商业与传统落后的封建体制共存，旧有法律关系也没有根据情况的变化有任何改变。有清代广设抄关，重征商税，始终实行重要商品的禁榷制度，如有偷越关卡与偷漏税行为，不仅客商照律治罪，地方官员也一并议处。《户部则例》规定，“关税短缺，令现任官赔缴”，从而促使各抄关弁尽以增课为能事，肆意苛求。除关税外，还征收牙税、落地税、盐税、矿税、茶税、酒税等等，加之胥役的勒索无度，形成了广大工商业者不堪忍受的重负。清代客商如匿税，按律 “笞五十，物货一半入官”，使得客商视官卡为畏途，亦促使了大量商业资本和利润去逐向土地。太平天国起义前后，清政府在过境中到处抽取重税并在各地设置关卡限制商品流通，为了补充剧烈增长的军费开支和对外赔款，更在各地开设厘金，由各省地方督抚自行掌握征收，厘捐名目繁多，抽捐机构系统庞杂，没有任何法度可以遵守，“弹丸一隅”，“此去彼来，商民几无所适从”[③]，对于商民百般盘剥。即使洋务运动期间，对于企业亦随意摊派勒取，给近代企业的发展设置了重重障碍。在人治传统下，清政府不受制度约束，随意干预人们的社会各项生产经营和商品流通，长期重农抑商的政策对工商业

① 参见《户部现钱各案节要》，转引自刘克祥《太平天国后清政府的财政“整顿”和搜刮政策》，载《中国社会科学院经济研究所集刊》（三），中国社会科学出版社 1981 年版。

② 中国社会科学院经济研究所藏清代抄档：《厘剔官吏经征钱粮积弊折》，转引自刘克祥：《十九世纪五十至九十年代清政府的减赋和清赋运动》，《中国社会科学院经济研究所集刊》（七），第 294、第 350 页。

③ 雷以诚：《请推广捐釐助饷疏》，《皇朝经世文续编》卷 56，户政 28，釐捐， 第 11 页。

"重税租以困辱之"，法律特权无处不在，官僚本身腐朽和对于生产经营的极度隔膜，都使商业资本很难转化为工业资本，也不可能形成货币资本的大量积累。中国没有像西方那样形成足以同封建官府相抗衡的独立政治力量，亦是封建社会长期停滞及近代转型十分艰难的重要原因。

洋务运动是由传统向近代迈步的重要开端，它由军事工业起步，清政府希望以此实现官僚垄断下的近代化，以维持其独裁统治。而随着军事工业的发展，其需要的原材料、燃料等日益增加，近代交通、电讯等的配合也都急宜要求跟上，清政府开支日益频繁浩大，左支右绌，却仍不能满足需要，于是又提出了"求富"目标，洋务企业由单纯的军事工业发展到了求富的民用工业阶段。这些企业以赚取利润为目的，使用机器从事商品生产，使中国土地上出现了一种新的资本主义生产力，官督商办应运而生。

所谓官督商办，即由商民私人集资，洋务官僚控制实权的企业经营。"官督"即政府对企业监督、稽查及保护扶持；而"商办"则是"商为承办"，企业资本由商筹集，"商务应由商任，不能由官任之"[①]，"所有盈亏全归商人，与官无涉"[②]，企业拥有经营权，官则在企业经营上给予一定好处，对于企业"维持"保护[③]，"总其大纲，察其利病"[④]。早在清政府创办民用工业之前，民间已经出现了许多向近代工业投资的行动，清廷举办军事工业已力感不支，更无财力投资民用，便采取了招股民间集资的方法。此时的民间资本虽然看到了西方工商致富的现实，但由于对封建遏制和官吏勒索的畏惧，却不敢直接将资金投向工业，于是大都"诡寄洋行"，将资金放置在洋行名下，时常亦受洋行欺侮。因而官督商办一经提出，也立时受到了私人资本的欢迎，许

① 《李文忠公全集》·译署函稿卷1，第40页。
② 《李文忠公全集》·奏稿卷20，第33页。
③ 《李文忠公全集》·奏稿卷30，第31页。
④ 《李文忠公全书》·译署函稿卷1，第40页。

多民间资本纷纷转向中国民族资本，买办徐润的部分财富即转化成了招商局资本，郑观应部分财富亦转化成了上海机器织布局资本，等等。[①] 正如郑观应所指出的，"全恃官力则巨费难筹，兼集商资则众擎易举。然全归商办则土棍或至阻挠，兼依官威，则吏役又多需索，必官督商办，各有责成：商招股以兴工，不得有心隐漏；官稽查以征税，亦不得分外诛求，则上下相继，两弊俱去"[②]。希望借此达到"官商势合"[③]，以同外国侵略者进行商战的目的。

然而对于封建统治者来说，他们则历来害怕私人工商业，因此又时时企图官办，商办与官办的矛盾始终贯穿于清末"振兴工商"的实践中。在军事工业实行官府垄断同时，对于民用工业清廷亦同样不愿采用西方资本主义经营模式，而仍以传统官府控制，尽量采取了官督商办的形式，各地商办公司的设立以及协理人选都要经过清廷的批准。名义上"商务应由商任，不能由官任之"[④]，"官督"只是"官为维持"，[⑤] 而实际上则不但对企业监督、稽查，甚至对人事权、监督权和经营权都予完全侵夺了。封建势力对商人怀着极大偏见，国子监祭酒王先谦弹劾轮船招商局，"归商不归官，局务漫无钤制，流弊不可胜穷"[⑥]，要求把该局收归官办，遭到了李鸿章等的反对。但李鸿章同样担心民间资本"漫无钤制"，"久恐争利滋弊"[⑦]，因此亦通过官督商办插手企业，并以国家权力给其各项专利或营业特权等优惠，从内部建立自己的控制权，而后又以"报效"为由，对清廷的优惠还以成倍的报效，

① 参见徐泰来：《洋务运动新论》，湖南人民出版社 1986 年版，第 11 页。
② 郑观应：《盛世危言》开矿（上），《郑观应集》上册，上海人民出版社 1982 年版，第 704 页。
③ 郑观应：《盛世危言》商战（上），《郑观应集》上册，上海人民出版社 1982 年版，第 590 页。
④《李文忠公全集·译署函稿》卷 1，第 40 页。
⑤《李文忠公全集·奏稿》卷 30，第 31 页。
⑥《洋务运动》第 6 册，上海人民出版社 2000 年版，第 39 页。
⑦《复翁玉甫中丞》，《李文忠公全集·朋僚函稿》，卷 15。

对企业进行压迫需索。李鸿章1885年批准的官督商办企业“用人章程”上写道，对企业“专派大员一人认真督办，用人理财悉听调度”。[①] 张之洞对企业则是“用人、理财，筹划布置……及一切应办事宜，遵照湖广总督札饬，均由督办一手经理，酌量妥办，但随时择要汇报湖广总督查考”，“督办”由“湖广总督奏派”。[②]“商能分利，不能分权；商能查账，不能擅路”[③]，使商股处在了完全无权的“权操于上”状况。民族资本家原本希望洋务官僚掌握企业的人事和监督权，以换取清政府对民族资本的支持，从而达到发展民族工商业和私人资本的目的，使“衙署差役自不敢妄行婪索，地方官吏亦无陋规名目，私馈苞苴”，从而“上下相维”、“举无败事”。[④] 官督商办企业“仿照西例，官总其成，防弊而不分其权。一切应办事宜，由股商中慎选一精明干练守廉洁之人，综计出入，另举在股董事十人，襄赞其成”。[⑤] 然而这种官“防其弊”而不能“分其权”的观念却与李鸿章、张之洞等洋务官僚“用人理财”悉听官方调度和“商能分利、不能分其权”的观念制度形成了尖锐矛盾。官督商办企业的资本大多或全部来自私股，但这些企业却没有为其开凿一条社会资金流向近代企业的渠道。外国资本的竞争，清廷税收的束缚，封建传统的打压，官吏豪绅的勒索等等，使私人资本创办近代企业困难重重，单凭自身力量无法抗拒这些强大阻力，只能依靠封建政权的荫庇寻找投资出路，然而“商股”投入这些企业，又无异于掉进陷阱，官督商办“本集自商，利散于官”，经营者以商资谋官利，“名为保商实剥商，官督商办势如虎”[⑥]，其管理腐败、专横，常使得私人资本家投资后既失去了股金支配权，又不得过问企业之事。洋务派在封建基

①《交通史航政篇》第1册，第156页。
②《张文襄公全集·奏稿》卷28，第8页。
③《张文襄公全集·电牍》卷150，第10—11页。
④ 薛福成：《庸庵文编》卷1，《创开铁路议》。
⑤ 郑观应：《盛世危言》初编，卷五，第2页。
⑥ 郑观应：《商务叹》，《罗浮待鹤山人诗草》，宣统元年上海著易堂本，卷2，第29页。

础上运用资本主义的生产力来维护封建政权，使资本主义受制于封建制度，必然会产生二者之间不可克服的矛盾，而洋务派掌握着企业经营主导权，最终导致了这些企业的大量亏损、负债和倒闭，官督商办的管理模式，不但未为中国民用资本主义的发展提供坦途，却在近代转型的关键时刻，使其丧失了许多最宝贵的发展良机。

受西方工业丰厚利润的影响，民间私人资本最早投资于近代工业，成为推进中国近代发展的重要力量，而它的发展则长期受到了清政府的极力压制。清政府原将解救财政危机的希望寄托于商办工矿企业上，但是它坚持官办和官督商办的立场则使其力图将权力揽在自己手中，不许民族资本染指。自 60 年代初期以前，清廷既不发展轮船业，又限制民间购买轮船，大量买办资本便将购买或租雇的洋船“诡寄”在洋商名下，或直接附股于外国航运公司，“官府不能过问”。清政府担心这样“漫无稽查，诚恐日久弊生”，1864 年起开始允许华商购买轮船，但必须由官衙门进行统制。1867 年，又公布了《华商买用洋商火轮夹板等项船只章程》，其手续繁苛、捐税严酷，使洋人看后都认为“观此次章程，即知贵国有不愿商民用此船只之意”。[①] 清廷没有意识到购买轮船对于近代航运的意义，其《章程》的要点亦只在于压制本国商人自行发展，防止轮船买卖“自相授受，不肯经官”[②]，因而许多商人提出兴办轮船航运的要求时，大都遭到了清政府的完全拒绝。商人不能脱离清政府的统治自由发展，1867 年，中国最早的留美学生容闳模仿西方公司拟定了“联设新轮公司章程”，通过曾国藩转给了总理衙门。总理衙门怀疑洋商参与其事，曾国藩亦言“若无此辈，未必能仿照外国公司办法”[③]，容闳计划于是搁浅。随着形势的发展，轮船制造的要求日益迫切，许多商人急切期望投资

① 《海防档》甲，购买船炮(三)，第 891 页。
② 《海防档》甲，购买船炮(三)，第 866 页。
③ 《海防档》甲，购买船炮(三)，第 876 页。

轮船航运业，却遭到了清政府的百般阻挠。1872年，上海轮船招商局成立，为了维护其垄断地位，清政府又规定“五十年内只准华商附股”，不准成立独立的华轮企业。“华商渴望自有轮船，这已是公开的秘密。”[①]许多商人只得被迫用洋人名义摆脱清政府的阻禁，“像八九十年代挂奥地利和意大利等国旗帜，每年在长江和沿海各口进出四五百只次，登薄吨数达五六十万吨的轮船，实际上全属华商”。[②]然而他们的生存却十分艰难，清廷及外国轮船公司联合起来，在许多方面对他们进行共同的挤压和排斥。这种压制民间私人资本、垄断近代工业生产的做法，不仅仅存在于航运业中，也存在于洋务及与近代相应的其他一切企业中。

清廷不仅对民族资本的发展进行钳制，同时又与民族资本争利。对于无利可图的企业，留给商人经营，而一旦有利可图，则立即禁止商人插手，甚至已经商办的企业，发现利大，也收回官办，不甘让利于民。如电政局原属商办，由于营利丰厚，清政府便以“电务为军国要政”为由，“筹还商股，将各电局悉数收回”。各省督抚为扩充实力，凡属“可兴大利”的矿产，皆定为官办，不准商办，即使已经商办的，也往往被寻各种借口夺回。如广东士敏土厂被两广总督岑春煊定为官办，“不准商人仿制，致碍公家之利”。广西平乐、富川锡矿、广东曲江、合浦、江苏幕府山等处的煤矿，都是因为“苗旺质佳，获利甚厚”，而被“勒令交出，改归官办”。而这些企业实行官办以后，由于官僚的无能和挥霍浪费，又都陷入了管理混乱、亏损不堪的状态。

1880年，早在上海机器织布局筹备期间，李鸿章就奏请了“十年专利”，“十年以内只准华商附股搭办，不准另行设局”。[③]这使得全国从1882—1891年的十年期间，除湖广总督张之洞在湖北武昌凭借势力迫使李鸿章让步，设立了湖北织布局

① 《海关十年报告》1882—1891年，上海口，第324页。
② 樊百川：《中国轮船航运业的兴起》，第208页。
③ 《李文忠公全集·奏稿》卷43，第44页。

外，再很少有他人设厂。现代社会通过法制维护公平，禁止垄断，而清政府则毫无这种意识，反将它变成了封建国家垄断，十年专利“准华商附股搭办”，但享有封建特权的织布局却既无压力，亦无责任感。1880年李鸿章委派编修戴恒为总办、道员龚寿图为会办，和郑观应、经元善等一起筹建办理上海织布局，虽“准华商附股搭办”，但华商附股后股金却“任事人任意挥霍，局事未成，而用途已至四万余两。且又有买空卖空等弊，以致延搁八年，毫无成就”[①]。布局“办理不善，闭歇将及五年，所有股票几同废纸”[②]。经办官员龚寿图“假称亏折，蓄意诳骗”[③]，“揭郑观应擅挪公款，受押股票，利则归己，害则归公”[④]。当龚寿图、龚彝图主持局务时，又将原有股票称为老股，另设新股损害股东利益，将老股每股加价银三十两以辅助新股，不愿者以三股折作一股。大量老股东不愿加价，甘受“拼股”。有的满怀怨气在《申报》上刊登启事，要求“旧帐揭清”，警告“愿办其事者反躬自思，勿以人可欺耳”。[⑤] 然而参与新股的人大多与官场有密切关系，他们互相勾结，利用特殊地位鱼肉商股，令附股商人欲哭无泪，未附股者裹足不前。“十年专利”名为允许商人附股搭办，参与发财，实则不仅没有利息，连本金也几乎被吞没了。[⑥]到盛宣怀接办时，商股每股只剩下二成[⑦]，造成了十分可叹的局面。织布局设立原本即为与洋人争利，1876年李鸿章致两江总督沈葆桢信中说：“英国洋布入中土，每年售银三千数百万，实为耗财之大端。既已家喻户晓，无从禁制，亟宜购机器仿织，期渐收回利源。”[⑧]

---

① 孙毓棠编：《中国近代工业史资料》第1辑，下册，中华书局1962年版，第1054页。
② 孙毓棠编：《中国近代工业史资料》第1辑，下册，中华书局1962年版，第1055页。
③ 孙毓棠编：《中国近代工业史资料》第1辑，下册，中华书局1962年版，第1056页。
④ 孙毓棠编：《中国近代工业史资料》第1辑，下册，中华书局1962年版，第1057页。
⑤ 《申报》，1888年7月13日。
⑥ 孙毓棠编：《中国近代工业史资料》第1辑，下册，中华书局1962年版，第1065页。
⑦ 《新辑时务汇通》卷83。
⑧ 《李文忠公全书·朋僚函稿》，卷16，第3页。

然而这项专利权的设立却仅仅阻止了本国进步，“外国入口洋布每年约一千五百万匹，值银三千万两……［东洋］进口之纱至值银一千三百五十万。”[①]上海机器织布局却“所设织机不过二三百张，每日开织只五六百匹，岁得十八万匹，仅当时进口棉布八十万之一耳；则十年之间，所夺洋人之利，奚啻九牛之一毛”。[②] 这种专利“自缚其众将士手足，仅以一身当关拒守”[③]，仅仅限制了外资及华商在中国设厂，却不能阻止洋布进口，反而严重丧失了中国自有之利，剥夺了自己的生计能力。

清政府对于不同行业的垄断各有其特点，但总体对于私人资本的发展百般阻挠，限于财力能力，它又常将专利权授予某一公司或企业进行垄断，而自己从中获取报效。如重庆聚昌自来火公司，享有25年制造及出售火柴的专利权，这家公司的产品必须以一定价格售与火柴公所，“公所在火柴厂与商人之间，好像是个中介人一样，从付给火柴厂的货款中取费百分之十”。[④] 李鸿章言：“聚昌公司愿图专利，只能不许华人在该处再开，不能禁止洋商贩运贸易。”[⑤] 其专利权仅仅针对华商，却不针对洋商。80年代初，广东南海一带缫丝厂被地方官府以未经“禀明立案”为由，将所有丝厂“永远勒停”，要求各厂厂主将机器变卖，具结“永不复开”[⑥]，一些丝厂被迫迁往澳门。山东烟台唯一一家丝厂烟台纩丝局，原由一批洋行买办经营，当其转入官僚盛宣怀之手以后，所有机器不准民间仿效[⑦]，烟台从此不再成为新式缫丝工业基地。这些产业垄断政策在许多行业都不同形式的存在着，严重

---

① 郑观应：《盛世危言·后编》卷七，《致容纯圃星使书》。

② 马建忠：《适可斋记言记行》卷1，《洋务运动》第1册，第406页。

③ 陈忠倚辑：《皇朝经世文三编》卷61。《中国近代工业史资料》第一辑，下册第256页。

④ 《海关十年报告》1892—1901年，重庆口，上卷，第135—136页。

⑤ 《李文忠公全集·译署函稿》，卷20，第49页。

⑥ 孙毓棠编：《中国近代工业史资料》第一辑，下册，第964页。

⑦ 转见汪敬虞：《洋务派不能承担发展中国资本主义的历史任务》，载《历史研究》1985年第4期。

窒息着中国民族资本的发展之路。如上海机器织布局焚毁以后，清政府重建规模更大的华盛纺织总厂，建成后“无论官办、商办，即以现办纱机四十万锭子、布机五千张为额，十年之内，不准续添，俾免壅滞”。[1] 开平矿务局“距唐山十里内不准他人开采”[2]，“不准另立煤矿公司”，“土窿采出之煤应尽商局照时价收买，不准先令他商争售”。[3] 萍乡煤矿“援照开平禁止商人别立公司，及多开小窿，招价收买”，地方官对企图别立公司的商人“随时申禁，以重矿务”。[4] 中国电报局是“独市生意”[5]，其章程规定独占商务电报，凡商人集资增设电线必须置于该局控制之下；汉阳铁厂享有独占供应“官办钢铁料件”及芦汉、粤汉路轨特权等等，不胜枚举，都体现了清廷压制民间私人资本的垄断性，它同近代工业各项技术极端落后一起，造成了近代中国各项产业停滞的重要原因。

插手现代企业的洋务派官僚，很大程度上同民族资本家的观念并不相同，尽管他们有着“寓强于富”的雄心，但洋务派本身多为官僚，位高权重，行事主观，从根本上缺乏商务观念，严重影响了企业创办发展。如张之洞筹办汉阳铁厂，其筹办意图原本是“华民所需外洋之物必应悉行仿造，虽不尽断来源，亦可渐开风气。洋布、洋米而外，洋铁最为大宗。在我多出一分之货，即少漏一分之财，积之日久，强弱之势必有转移于无形者。是以虽当竭蹶之时，亦不得不勉力筹办”。[6]但他却对生产十分隔膜，开始即打算将钢铁厂设置广州，不考虑生产与原料、交通运输之间的关系，广州既无铁矿，亦不产可炼焦之煤，只是由于官迁湖广总督，才将煤矿又迁至汉阳，在距汉阳不远处大冶找到了铁矿，

① 《李文忠公全集·奏稿》，卷78，第11页。
② 《周止庵先生别传》，《禀直督袁陈开滦矿界文》，1937年，第26页。
③ 《愚斋存稿》卷2，第16页。
④ 全汉升：《汉冶萍公司史略》（香港中文大学，1972年），第296页。
⑤ 《盛世危言后编》卷12，第4页。
⑥ 《张文襄公全集·奏议》27卷，第3页.

办厂条件比广州好多了。然把铁厂设在汉阳，这里远离煤炭产区，铁矿仍要从大冶运来，使炼钢炼铁成本大大提高，但张之洞则顾及不到这里，只是委托驻英国公使刘瑞芬购办机器设备。英国工厂提出应当先化验铁砂、焦煤，才能决定用什么样的炼钢炉时，张之洞答复“中国之大，何处无煤铁佳矿，但照英国所有者购办一份可也”。[①]结果买来的三座炼钢炉中有两座酸性转炉，不适合后来汉阳铁厂所用的含磷较多的大冶铁矿。1893 年汉阳铁厂建成，然而开工时炼焦煤却仍无着落，不得已只得购买德国焦炭数千吨，结果仍未炼出一吨合格生铁。后又远道从开平运煤，不仅因煤供应不足时常封炉停火，使得生产陷于停顿，并且一吨生铁价值 20 余两白银，而所耗焦炭一项即 20 余两白银，生产愈多亏损愈大，汉阳铁厂实在难以维持，最后只得转让给了盛宣怀。

洋务企业大都有着浓厚的封建官僚衙门习气，管理机构庞大，冗员充斥，企业官员坐食高俸，许多人员挂名支薪，“不过徇情面倚声势，大率纨绔居多，不知稼穑之难，焉知大体，惟好为排场，任其挥霍”。许多企业被洋务官僚及其亲信视为私产和势力范围，他们在企业中挟私用人，培植党羽，“各局船栈，人浮于事……各船之‘总’，皆不在其事，但挂名分肥而已”[②]，每个官员的唯一任务便“是想尽方法找机会搜刮”[③]，各总办、督办利用封建血缘和裙带关系垄断企业，其亲朋故旧又以总办、督办为后台营私舞弊。如盛宣怀控制的电报局，各地分支机构均为他的叔父、姻亲、堂弟、堂侄、外甥、女婿之类；清末有人评论说，电报局是盛宣怀“以大众之利益，供一己之挥霍”，他“乘时巧窃，规占诸权以为己有，所揽利权，可谓极亘古全球所未有”[④]，其利用“官督”地位搜刮到的财富估计大约在六千万两以上，其中不

① 吴杰：《中国近代国民经济史》，人民出版社 1958 年版，第 375 页。

② 马良：《改革招商局建议》，《马相伯先生文集》，《洋务运动》（六），第 125 页。

③ 《英领事商务报告》，1878 年，第 143 页，见孙毓棠：《中国近代工业史资料》第一辑，下册，第 589 页。

④ 汪诒年：《汪穰卿先生遗文》，载《书牍辑存》（上），第 7 页。

少是吞食“官督商办”企业中的“商股”而来。1898年，德国经济学家舒玛海考察汉阳铁厂后说，这个企业“成为本国和外国人进行搜刮以饱私囊的对象”[①]。这种情形适合于绝大多数的洋务企业。左宗棠创办的福州船政局共1000余人，而管理机构即100多人，1866年左宗棠调任陕甘总督，沈葆桢接任船政大臣，开始便“荐书盈箧”，“户为之穿”，随后通过各种关系进厂的勤杂人员达88名。该局每月定额经费仅5万两白银，而“薪水工食”一项即达3.9万两，几占总经费的80%。[②] 张之洞创办的湖北官纺局“机器的情况很坏，同时有严重的浪费、混乱和怠工……关于这个纱厂，最大的困难是派来大批无用的人做监督，人们叫他们为坐办公桌的人，因为他们坐在桌旁，无所事事。他们为了一点私利把训练好的工人开除了，雇用一些生手”。

洋务管理十分混乱，因为官僚掌权而商人无权，因而人浮于事，从购置设备、原材料至员工薪金均向官府报销，浪费虚耗、虚报贪污、中饱私囊十分严重。如汉冶萍公司“其腐败之习气，实较官局尤甚。督办到厂一次，全厂必须张灯结彩，陈设一新，厂员翎顶衣冠，脚靴手本，站班迎迓。酒席赏耗之费，每次至二三百元之多，居然列入公司账内。督办之下，复设总、会办，月支薪水二百两、一千两，一凡绿呢轿，红伞亲兵、号以及公馆内所须一切器具、伙食、烟酒零用，均由公司支给。公司职员，汉、冶、萍三处，统计不下一千二百人，大半为督办之厮养，及其妾之兄弟，纯以营私舞弊为能。上年有萍矿坐办林志熙侵吞公款三十余万两，经工商部委员查出，现方由公司起诉，将林拘留。然汉冶萍公司开办以来，侵款自肥，如林志熙者，殆不可胜计，不过互相包庇，无人发现耳。即如汉口扬子江机器公司，即由汉阳铁厂搬出之旧机器所组成，并由铁厂提银五万两作为股本，由汉

① 施丢克尔：《十九世纪的德国与中国》，第286页。

② 参见李锋：《洋务企业失败的微观原因探析》，载《湖北省社会主义学院学报》2004年第3期。

厂总办李维格出名承办，得利由各厂员均分，实则厂员并无一钱股本在内，即窃汉厂之旧机器及五万金为彼数人之私产耳”。[①]轮船招商局“每年结账又徒务虚名，纷然划抵，究难取信。患在公私混乱，挪欠自如”。[②] 各企业“采办西洋军火器械，有浮报价银两三倍者，并有浮报四五倍者”[③]，机器局“管事一年，终身享用不尽”。[④]由此企业背上了沉重包袱，整体发展举步维艰。

洋务派将封建官僚体制搬进了近代企业，造成了企业经营管理的异常腐败，“官督”将本应当为资本主义性质的企业，置于封建官僚的控制下，使得企业大小官吏皆视企业为利薮，恰似一堆封建蛀虫，对于公款拼命侵蚀，盗窃贪污。徐润套用轮船招商局公款在上海做地产投机生意，1883 年上海金融界倒账风潮，徐润地产投机失败，牵连倒闭的钱庄达 22 家，徐润“受亏至八九十万”[⑤]，招商局也备受亏累。在上如此，在下者亦群起效尤，招商局各种房契、船契，均被抽换、抵押，“致远”和“图南”两艘轮船船契，被偷偷抵押给了怡和洋行，“悬挂英旗”。[⑥] 大小官吏巧立名目，竭力搜刮，贪污手段花样百出，洋务企业“正如肥肉自天而降，虫蚁聚食，不尽不止”。[⑦]大小官吏从内啮食，清政府则从外部勒索，它的主要表现则在洋务企业对清政府所缴纳的“报效”上。

民用企业本应面向社会以适应市场的需求，而晚清政府则通过种种方式向新式企业勒索无偿报效，洋务企业首先服务官方，从而成为企业一种沉重的负担和被迫的、难以逃避的义务，企业正常运转和资金周转因而受到极大影响。“普天之下，莫非王土；

① 参见郑起东：《清末垄断与中国商战的失败》，载《改革内参》2003 年第 26 期。
② 马良：《改革招商局建议》，《洋务运动》第 6 册，第 126 页。
③ 刘锡鸿：《筹办海防划一章程十条折片》，《洋务运动》第 2 册，第 485 页。
④ 刘锡鸿：《读郭廉使论时事书偶笔》，《洋务运动》第 1 册，第 289 页。
⑤ 徐润：《记地亩股票合业始终兴败事略》，《徐愚斋自叙年谱》，《洋务运动》（八），第 125 页。
⑥ 马良：《改革招商局建议》，《马相伯先生文集》，《洋务运动》（六），第 127 页。
⑦ 汪康年（穰卿）：《论政界之不宜自营实业》，《刍言报》，宣统三年闰六月初六日。

率土之滨，莫非王臣”，皇权意识的强烈，使人们认为国家所有一切都是皇室财产，皇帝是国家财物的当然拥有者，因而清廷亦以充分的理由要求企业进行报效。在“重农抑商”的传统下，官府对工商业长期实行垄断，近代以前，享有特权的商人如盐商、广东十三行行商、供应皇室物品的皇商和供应官府物品的官商等等，在给予经营特权的同时，也都必须向政府提供报效，如两淮盐商在1738至1804不到70年时间内，共上交报效3637余万两白银;广东十三行则在1773至1835的62年间,共上交报效508.5万两白银。[①] 在人们的意识中，工商业没有自己的独立地位，报效在中国长期存在，即使近代洋务企业的兴办，亦未使社会观念、结构有任何大的变化，西方社会的繁荣富强，使人们误认为西方就像中国一样，其财富来自于直接分享企业的利润。1881年，两江总督刘坤一奏折中说：“泰西各国以商而臻富强，若贸迁所获，无舆公家，自别有剥取之法，否则富强何自而来？”国家、企业就如父母、孩子的关系一样，父母帮助孩子赚钱，孩子回报父母理所当然：“在朝廷以父母之心为心，以我自有之利为外人所得，遏若为子弟所得，是以提之挈之，不遗余力，顾为子弟者，以父母之力而有是利，独不稍为父母计乎！”政府“以官力扶商”，商人同样应以所获利润回报政府,将“盈余利息”“酌提归公”，以“裨益公家”。这种情形大大降低了企业的盈利能力，对企业发展造成了极大的困难和障碍。优惠待遇常常是洋务官僚对官督商办企业的给予，在企业成立开办时，一些效益较好的企业得到过清廷垫借资金和某些其他方面的特权和优惠，如轮船招商局、漠河金矿和电报局等等，但有予必有求，一方的优惠必有另一方的报效。如轮船招商局必须为清廷运输漕粮，还要为清廷运载兵员、军火，迎送官员；煤矿产煤主要供应官办机器局及海军舰船

① 两淮盐商据何炳棣教授研究，广东十三行据陈国栋先生的研究，转引自朱荫贵：《论晚清中国新式工商企业对清朝政府的报效》，载《中国经济史研究》1997年4期。

用煤，只有部分次等煤方可在市场上出售；电报局要首先拍发官府电报等等。企业受到官价限制，甚至无偿“报效”官府，如招商局为清廷运输时常免费运送，有时是比正常运费低减很多的折扣运送，由于漕粮运费太低，1899—1911 年间招商局累计亏损 984800 余两白银。在电报局，一方面局方虽然领取了官方的津贴，另一方面，所有军机处、总理衙门以及各省督抚和出使各国大臣来往的洋务、军务电报，均列为头等官报，不但优先寄发，而且永不领取报资，“以尽商人报效之忱”。[①]这种“报效”不管企业盈亏，不顾企业发展，必须年年缴纳，有的竟占到企业资本总额的百分之五六十。清政府以各种名义向电报局勒索的报效从1884 年到 1902 年即多达 142 万元，约占资本总额 220 万元的 64%，即李鸿章也不得不承认“电报创设以来，实在功效，在官者多，在商者少”。[②]1888 年开工的漠河金矿，必须每年以纯利的 30%“报充军饷”，慈禧太后生日“报效”数万两；开平煤矿所产的煤必须由天津机器局和轮船招商局优先购用，订明抽官利 10%，慈禧生日须“报效”3 万两；轮船招商局仅 1894 年慈禧生日就“报效”5500 多两，1899 年规定每年拨盈余二成以“裕饷需”，从1891 年至 1911 年间，共“报效”了 135 万多两，占资本总额的34%。[③] 向清政府提供报效的企业范围涉及交通、矿业、电报、纺织、银行、钢铁等的各种行业，凡经营稍有成效或者利润，即需为清政府提供报效。漠河金矿 1889 年创办时资本 20 万两计，到 1911 年，在有限的 11 年中即为清廷提供了 114 万余两的报效，其数额是自身资本额将近 6 倍，是清政府垫借官本 13 万两的将近9 倍。清政府在要求企业提供报效时，企业完全没有商量和讨价还价的余地，大规模的报效勒索，对企业的发展带来了极大的损害，使得许多企业经营规模不可避免的陷于停滞不前的维持状况，

① 《洋务运动》(六)，第 337 页。
② 《洋务运动》(六)，第 365 页。
③ 参见段本洛：《如何正确评价洋务运动》，载《群众论丛》1980 年第 2 期。

尤在甲午战争后更趋严重，清政府不断提高企业的报效数额，更使企业资金日益拮据，困境频发，不少企业甚至在筹办期间即陷入困境。例如中国通商银行，当盛宣怀将请求批准开办的呈文和章程送交清廷后，总理衙门以报效太少严厉驳诘，并要盛宣怀转饬各商董重新“详筹妥议”修改章程。消息传出，原先即怕银行开办后遭遇清政府勒索的商人更加不敢投资，仅十余天商股即“退出六七十万”，筹办中的通商银行面临垮台危险，直到盛宣怀向李鸿章等清朝大员去电，请求向清政府不断疏通，又向总理衙门去电说明，通商银行才在原定开办日期推迟一个多月后开业。除向清政府“报效”外，洋务企业“若有盈余，地方官吏莫不思荐入，越俎代谋”。[①]上上下下也都把这些企业看作“肥肉自天而降”，从内到外给予蛀空。

在封建法律体系下，管理用人机构极不健全，官僚制度及作风进入企业，造成了企业管理极度混乱，生产技术落后，劳动生产率低下。企业管理大都是洋务官僚的私人，不懂设备性能，也没有经营管理经验，甚至“或且九九之数未诸，授以矿质而不能辨，叩以机括而不能名”[②]。电报局的官员“对电报是一无所知”；轮船招商局的官员“对轮船航运的复杂业务并无实际的知识”[③]。轮船修理由于管理不懂业务，“洋厂贪图生意，暗与船主管车串合，力劝全修，而经理者不悉机宜，茫无把握，其中所耗，每年亦何止数万金”[④]。即便稍懂业务之人，亦将企业作为升官发财的门径，“日与衣冠周旋，而于分内应照料之客货，每多漠不关心，不屑躬亲经理”[⑤]。主持人不懂生产、运输和销售的各个环节，1878年两江总督沈葆桢购买英人强建的吴淞铁路所拆毁的路轨，运至

① 郑观应：《盛世危言》，《商务二》，《洋务运动》（一），第523页。
②《光绪二十一年闰五月顺天府府尹胡燏棻奏》，《光绪政要》卷21，第17页。
③《北华捷报》，1900年6月20日，第750页；1884年8月1日，第118页。
④ 郑观应：《禀北洋通商大臣李傅相条陈轮船招商局利弊》，《洋务运动》（六），第118页。
⑤ 郑观应：《上北洋大臣李傅相禀陈招商局情形并整顿条陈》，《洋务运动》（六），第122页。

台湾基隆，同年基隆煤矿正式投产，而经理人却将购回的铁轨弃置海滨，不予铺筑，“任其潮汐冲渍”[①]。基隆煤矿总办叶文澜，每年有很长时间在厦门自营生意，“结果矿厂长期没有个负责人”[②]。1890 年张之洞兴办汉阳铁厂，消磨 6 年，耗银 560 多万两，却没有炼出 1 吨合用的钢铁[③]。

洋务官僚对近代企业愚昧无知，缺乏应有的经营管理业务知识，建立在封建社会法律关系基础之上的洋务近代企业，旧制度、旧思想、旧习惯等皆是它不断发展和科学管理的强大阻力。洋务企业中，开平煤矿算是比较成功，马建忠认为“中国有利之矿，仅开平煤矿耳”[④]，经办人唐廷枢亦被李鸿章称为“熟精洋学”[⑤]。经李鸿章同意，唐廷枢修筑一条从开平煤矿到丰润县胥各庄的

1881 年修建的唐山至胥各庄铁路

15 里单轨铁路，但清政府认为蒸汽机车的行驶会震动几十里外皇陵中的“列祖列宗”，因而坚决禁止机车牵引，只能使用骡马拖曳着车厢在轨道上爬行，造成了开平煤矿生产和运输的巨大失调。洋务企业无法解决这种先进的机器设备和落后的经营管理之间的矛盾，生产运销不能协调，技术装备各个部门难以平衡，原料、

① 《益闻录》，光绪六年三月初十日。
② 《英国领事商务报告》，1878 年，淡水与基隆，第 145 页。
③ 叶景葵：《卷庵书跋》，《附汉冶萍史》，《洋务运动》（八），第 526 页。
④ 马建忠：《适可斋记言》卷一，《洋务运动》（一），第 409 页。
⑤ 李鸿章：《直境开办矿务摺》，《李文忠公全书·奏稿》，卷 40，第 41 页。

燃料供应不上，修理、零配件不能满足需要，设备陈旧，技术落后，洋务派企图在封建经济基础上建立起来的上层建筑统治下，使用资本主义的生产力来维护封建政权，使资本主义生产力受制于封建制度，必然产生腐朽的生产关系与先进的生产力之间不可克服的矛盾，致使这些企业大都以亏损、负债、倒闭而告终。

近代洋务企业是在西方经济势力的大举入侵下，看到大量利润滚滚西流，因而力图“挽回利权”，“堵塞漏卮”，以“稍分洋商之利”而开办的[①]，然而就其愿望和现实来说，却有着十分巨大的差距。洋务企业不仅业务、技术和管理上完全依靠外国，并且依靠封建政权，排斥压制民族工业，实际更为外国资本的进入提供了有利条件。如外国轮船公司垄断中国江海航线，便由于中国轮船公司不仅后起，技术实力远逊外国，而且轮船在各地上交厘金，又要向清廷提供报效，外国公司则既无厘金又无报效，自然使中国难以比拟，亦无法竞争，其消极作用不言而喻。外国资本不但有着雄厚的经济实力，更有着不平等条约的特权，在产品销售和市场竞争中都占有压倒性优势。如煤矿业开平煤矿获得“每吨征收税银一钱”的特权，而“洋煤每吨税银五分”[②]。1882年开平煤炭降低售价与日本煤争夺天津市场，日本煤在天津的进口虽然日渐下降，可全国洋煤的进口量却在不断上升[③]，中国煤炭市场完全在外国侵略势力的控制之下。洋务派为了“稍分洋商之利”，也会同外国资本在市场争夺上发生矛盾，但这同抵制外国资本的扩张，“挽回利权”，“堵塞漏卮”却不可同日而语，由于处在腐朽落后的生产关系之下，资金贫乏，管理腐败，生产能力低下，

① 李鸿章：《试办织布局摺》，《李文忠公全书·奏稿》，卷40，第43页。

② 李鸿章：《请减出口煤税片》，《李文忠公全书·奏稿》，卷40，第44页。

③ 姚贤镐：《中国近代对外贸易史资料》第3册，第1605页。《主要进口商品量值表》：1884年煤的进口量为263378吨，值为1492552海关两；1885年煤的进口量为301932吨，值为1735375海关两；1886年煤的进口量为313568吨，值为1814438海关两；到1892年煤的进口激增，量为398230吨，值为2007685海关两；1893年量已增至428940吨，值增至2098063海关两。

产品质量窳劣，洋务企业在市场上根本无法同外国资本竞争。“既有督办，又有总办，更有会办、提调诸名目，岁用正款以数百万计，其中浮支冒领，供挥霍者不少，肥私囊者尤多，所以制成一物，比外洋昂率过半，而又苦于无机器，以至窳劣不精，难于销售”①，更难抵制外国资本的扩张。洋务企业甚至与外国资本联合垄断，共同压制中国民族资本发展，如轮船招商局便与怡和、太古订立“齐价合同”，用跌价竞争的手段进行倾轧，尽管一些外国商船也受到了一定损失，但真正受到严重打击的仍是中国商办轮船公司，因而为外国资本的入侵创造了更为有利的条件，使得外商在华轮船不断增加。正如陈炽所批评的，洋务派“惟是官商各局，仿效西法，而综理一切，统用西人，绝不思教养华人，以渐收其权利。夫日本东瀛小国耳，通商卅载，乃学西人之所能者而尽能之，举华人之所不能者而皆能之”②。先进的科学技术是人类共有的财富，然而它的引进则必须增进本民族的学习、吸收，才能促进本国的工业和社会生产力发展。然而洋务派则极力压制民族资本，洋务企业和封建政权结合在一起，限制民间自由开设近代企业，一面吸取民族资本供其驱使，一面又用封建官僚与买办相结合的制度和管理方式从企业内部，扼杀那些发展起来的资本主义生产力。因而洋务派虽然兴办了一些近代洋务企业，然而相应的近代企业制度则并未建立，商人和企业权利没有相应法律保护，社会政府和企业之间通过法律制度相互确定责、权、利的情形亦远未形成，这种状态势必会给当权者提供便利而对无权者造成极大损害。因此洋务运动尽管在某种程度上为近代资本主义的大生产方式在中国安家落户奠定了一定基础，但并没有为中国资本主义找到途径，相反却使得资本主义工业化的道路被旧的社会和法律制度等完全堵塞了。

① 郑观应：《盛世危言》卷7，《纺织》。
② 陈炽：《庸书》，《自立》，《戊戌变法》（一），第247页。

第六章 变局与近代社会法律观念的变革

一、"西学东渐"与洋务期间的社会法律观念

相当程度上，中国法律观念的近代化与洋务期间的社会法律观念变革都同西风东渐的影响密不可分。由于长期的闭关自守，中国政治、文化都进入了全面衰败，整个社会保守风气极为浓郁，在相当长的时期内，中国对世界大势茫然无知。当西欧、北美等都已完成资产阶级革命，建立起了一整套近代社会的法律体系和社会制度时，中国则仍以天朝大国的傲慢心理，既不了解海外情形，亦缺乏对外探索的兴趣，整个社会法律观念等都停留在传统的中世纪时代，很少受到外来影响。上千年的法律观念"法即是刑，刑即是法"，法律便意味着刑罚惩治，它不是保护人民的权利，而是用来镇压民众的工具，一切民事领域的活动都有可能违反刑律的规定而受到刑事处罚，由此大大加强了传统自然经济为主的农业社会的封闭保守性，以及专制主义的深厚基础。这种社会法律观念影响下，人们有着强烈的家族及家庭意识，却没有整体的社会观念，因而二次鸦片战争后"夷祸之烈极矣"，"凡有血气者无不同声愤恨"[①]，但洋务运动的真正发轫却困难重重。整个国家"讳言洋务，若于官场言及之，必以为其人非丧心病狂必不至是"[②]，因而"自强"要想成为一场运动，社会法律观念要想发生一定变革，也必须有一场大规模的舆论发动，才能逐渐开化这种社会的保守习气。

---

① 《筹办夷务始末》(咸丰朝)第8册，中华书局1979年，第2674—2675页。

② 《洋务运动》(一)，上海人民出版社2000年版，第484页。

然而要对这些习气进行开化，在当时的中国却是极为困难的。“祖宗之法”不仅对于下层百姓，即使对于希望稍事改革的统治者本身，亦是一副难以挣脱的精神锁链。直至整个19世纪，封建社会法律观念在人们心中有着举足轻重的影响，专制礼法不可超越，中国始终未从宗法专制的中世纪走出，它在完全缺乏准备的状况下被推入了世界浪潮，而大门冲开后却无任何应对方案，整个上下进退失据。向近代过渡已是历史的迫切任务，而能切实提出改造中国比较先进方案的却仅有洪仁玕、王韬、冯桂芬、李鸿章、郭嵩焘等极少数人，但他们或者人微言轻，难受重视；或者开拓维艰，举步受制；或者观点前瞻，时人难以理解，因而遭到极大攻讦，很多有见识的人也因此缄言闭口。就在这种历史的关键时刻，许多西方人在此起了十分重要的推动作用，对打开中国社会法律观念的变革之门有着至关重要的影响。

1865和1866年，在中国占据重要地位的海关总税务司赫德以及署理英国驻华公使威妥玛，向总理衙门各上了一篇《局外旁观论》和《新议论略》，针对清朝的内政外交首先提出了必须改革的种种建议，许多问题对当时的清廷都无异于当头棒喝。在说帖中，他们指出了中国已陷入了危险境地，官场腐败，用人唯亲；军事上兵饷不足，兵员虚报，训练窳劣。“平时拉弓举石，只讲架势，股肱怠惰，止得养鸟消遣”。[①]教育制度早已过时，士人所学非所用，能赋诗作文，对于日常行政却无知无能。官员调换频繁，降低了行政管理效能，“官之下取于民者多，而上输于国者少”，管理违规比比皆是，官员俸禄低微和包税盛行更助长了贪污腐败，清廷财政日益困难。[②]中国“种种非是，以致万国之内，最驯顺之百姓竟致处处不服变乱”。[③]鸦片战争以来中国处理对外事务不当，又导致了许多外事纠纷，直至招致了对外战争。

① 赫德：《局外旁观论》，《筹办夷务始末》（同治朝）卷40，第14页。
② 赫德：《局外旁观论》，《筹办夷务始末》（同治朝）卷40，第14、第18页。
③ 赫德：《局外旁观论》，《筹办夷务始末》（同治朝）卷40，第15页。

"似此各情，皆由智浅而欲轻人，力弱而欲伏人。"[①] 因此"两论"突出强调中国必须尊重履行条约，破除成例旧法，与各国和睦相处，以免再与西方启衅。若"违背条约，在万国公法，准至用兵。败者必认旧约赔补兵费，约外加保方止"。清廷要维护自己的主权，必须改革内政，学习西方，这已关系到了中国的生死存亡，如不急图改变，它便会面临被瓜分亡国的危险，"盖中华果致终衰亡时……一国干预，诸国从之，试问将来中华天下，仍能一统自主，抑或不免分属诸邦？此不待言而可知"[②]。

当两份文件递到总理衙门，奉上谕交由各地督抚详慎筹划时，顿时激起了一场轩然大波。西方人措词强烈，直言快语，不事雕饰，引起了清廷高度警觉。湖广总督官文直斥之为"包藏祸心"，江西巡抚刘坤一则认为"断不可从其所请"，两广总督瑞麟和广东巡抚蒋益澧则认为"自强之道，不待外求"，闽浙总督左宗棠更愤然指出"我之待赫德不为不优，而竟敢如此。彼故英人耳，其心惟利是视，于我何有？"[③] 即使李鸿章亦认为"赫总税务司前议，此间文武幕吏多不以为然"，建议将赫德所拟章程"斟酌改定，以免太阿倒持之患"[④]。清廷感到了"两论"的挟制性口吻，深恐其"日后借端生事地步"，所以应加"通盘筹划，先事图维"，以免"仓促更难措置"，因而必须"设法自强，使中国日后有备无患"。[⑤] 并将全件抄录给了沿江沿海督抚认真阅读，希望他们"共体时艰，勿泥成见"，"详慎筹划"，提出"设法自强"、和"保国保民"的具体办法。[⑥]

此次大范围的讨论大大增强了清政府普遍的危机感和自强的紧迫感，舆论上正适应了洋务运动的需要，并为此起了重要的推

① 赫德：《局外旁观论》，《筹办夷务始末》（同治朝）卷 40，第 16 页。
② 威妥玛：《新议论略》，《筹办夷务始末》（同治朝）卷 40，第 27 页。
③《筹办夷务始末》（同治朝）卷 42，第 46 页。
④《李文忠公全书·译署函稿》卷 10，第 5 页。
⑤《筹办夷务始末》（同治朝）卷 40，第 10 页。
⑥《筹办夷务始末》，（同治朝）卷 40，第 12—13 页。

进作用。正是“两论”的强烈震动和预感到了外国挟制的危机，“借法自强”终于成了多数督抚们的共识，使以自强为目的的洋务运动在统治阶级内部比较广泛地开展了起来。1865年李鸿章等将江南制造总局迁至上海城南高昌庙镇，扩大规模；崇厚、左宗棠等兴办天津机器局、福州船政局等等皆以此为契机。此后不久，总理衙门很快派旗人斌椿率同文馆学生随赫德游历欧洲，迈出了走向世界的第一步；1866年又奏准京师同文馆招收满汉举人及正途出身五品以下满汉官员从西人学习天文算学等等，皆是对此做出的反应。某种程度上，“两论”无疑是洋务运动兴起的重要建言，李鸿章曾用“外须和戎，内须变法”来概括洋务运动的基本内容[①]，“两论”的影响显而易见，它对中国内政外交、法律观念变化上等许多方面都产生了重要影响。

作为西方侵略者，“两论”的作者在近代中国都为西方列强谋取了大量利益，从根本上代表了西方立场。而另一方面，我们也不能否认由于长期处于宗法专制的封建社会，中国在其统治中无论对内、对外都有着许多封建中世纪愚昧、落后的特点，其发展进步的过于缓慢带给中国的灾难也是十分深重的。作为中国政府官员，在引进西方利器以保卫清朝统治的根本点上，赫德与洋务派目标一致，他站在清政府一边，“极思助中国自强”[②]。在《赫德日记》中，赫德数次提到他将《旁观者论》草稿讲给当时同在总理衙门工作的董恂、宝鋆等人听或看，董恂认为它会触犯一些人，但还是劝说赫德将它交上去。赫德因而感到乐观，并在日记中欢呼“我现在正被用来帮助中国的进步主张者！”[③]作为一个西方人，我们不能忽视在这里他们有着许多与中国完全不同的思维：贸易国家注重的是世界市场。从这种角度，西方发展与

① 李鸿章《复王壬秋山长》(光绪六年十二月二十二日)，《李文忠公全集·朋僚函稿》卷19，第43页。

②《戊戌变法》(一)，神州国光社1953年版，第519页。

③《赫德日记——赫德与中国早期现代化》，中国海关出版社2005年版，第424页。

中国进步有着许多共同利益。当西方大量推销其贸易产品时，中国是一个广阔的市场，然而鸦片战争后数十年中，中英贸易却长期处在停滞不前的状态，中国的过于赤贫及缺乏购买力是其重要原因之一。如果中国长期贫困、混乱下去，势必会降低这个市场本身的价值，亦大大制约西方供应中国市场的生产能力，从而使得双方贸易愿望落空，预想利润亦难以实现。同时若一个国家经济上没有适应世界市场的基本设施，以及交通、通讯等必备的商品流通条件和信息联络工具，双方贸易也很难得以持久发展。因此西方不断向中国提出改革旧法，学习西方，并且声明这些建议如得实行，“外国虽受其益，中国受益尤多”①。这些话应对我们有所启示。如果抛开“非我族类，其心必异”的偏见，我们就不能不承认，西方建言在许多方面，都要高于许多足不出户、当时尚处在封建中世纪蒙昧状态的国人观点，无论其所见是否正确，西方呈交的改革方案，既没有法律效力，也没有武力逼迫，中国对其拥有完全独立的分析和选择权。

然而当对它进行分析和选择时，中国自己却感到了极大困难。由于它是历史上从未有过之物，其所涉内容又过于深奥、庞大，统治者对此倍觉陌生、茫然。长期的封建专制使国人长期畏祸，有见识者亦难以尽言，中国历代的愚民政策又使文化教育十分落后，大多数国人处于愚昧无知的保守状态，对这些陌生事物的了解、消化、吸收尚需要一个漫长的过程。在这种情况下，就如同一个人不可能搬起自己正坐着的那把椅子一样，中国仅靠自身的力量亦很难走出这种中世纪的困境，许多西方人士便在这里为打破保守愚昧的封闭状态做出了许多可贵努力。

不可否认，近代西方是作为侵略者角色闯入中国的，但同时他们又带来了西方先进的技术与文化。在促进中国向近代转型和发展的过程中，我们应当对这些外来力量进行分类：促进中国近

① 威妥玛：《新议论略》，《筹办夷务始末》（同治朝）卷40，第31页、第30页。

代进步与发展的，不是西方的鸦片和战争，以鸦片和战争对中国进行侵略的行为，无论任何时候和任何情况下都足以使西方国家为此而蒙羞。然而另一方面，我们又不能忽视除了鸦片和战争，促使中国近代发展进步的最重要因素，还有中西间和平的文化与技术交流。

随着19世纪中外交往的日益频繁，越来越多的西方人进入中国，不少人并深深地卷入了中国的社会生活。尤其洋务运动时期，几乎每一项事业都与在华西方人有着密不可分的联系，例如绝大多数的洋务企业都雇有西方工程技术人员，外交、文化、教育、军事、海防等领域对西方人须臾不可或离；新兴的海关、学堂、制造、矿务、轮船、铁路、电报、纺织、练兵等等，亦无一不需要大量人才，而传统教育对这类人才的培养、提供却几乎为零。许多人至今认为洋务派在近代化过程中过于依赖西方人，然而若没有这些西方人士的大量参与，中国近代化的事业却是无法想象的。正如李鸿章所言，“不雇洋匠，即使造一小船，也不甚得法”[①]。在仓促走向开放道路时，国家还没有具备开放所必需的各类常识，“中国仿造，皆其初时旧式，良由师资不广，见闻不多……即使访询新式，孜孜效法，数年而后，西人别出新奇，中国又成故步，所谓随人作计终后人也”[②]。这是历史发展的客观状况，也是人们不能超越的历史现实。要在后起的国家实现近代化，学习、引进和利用先进国家的人才、技术是不可缺少的，任何故步自封、盲目排外的行为都只能是愚暗不明，亦只能使自己更加衰败落后。因而中国的近代化同西方有着十分密切的关系，即社会法律观念方面的变革亦不例外。

在近代来华人士中，商人和传教士占有最重要的地位，传教士们大多活跃在文化教育领域，其中不乏许多文化素养较高的人

①《李文忠公全集·奏稿》卷28，第18页。
②《李文忠公全集·奏稿》卷28，第20页。

物。当然我们也不能忘记许多西方教会和传教士们大都是随着“大炮在天朝呼啸”之后来到中国的，伴随二次鸦片战争的胜利，在条约制度保护下，西方传教士在中国取得了许多特权，又根据准许其进入内地和他们擅自添加的可在“各省租卖田地，建造自便”的条文，大批传教士深入到中国腹地，并且广为霸占土地，“谋田地房产，不先禀商地方官，硬立契据”，[①] 在中国犯下了许多罪行，尤其60—90年代的活动引起了极大民愤，并在中国引发了一系列教案。《东华续录》记载：“洋人爱某处房宅，其人不卖，则寻一无业奸民指为己物卖与洋人，并串通书吏窃印文约，洋人即据为己有，驱逐原主，地方不敢科以盗买盗卖。”[②]美国传教士李佳白，1887年在山东济南盗卖了大片土地，“自称是征得出租人的家属同意的，而该出租人当时却在狱中。”后来当业主家属上诉时，美国驻华公使田贝却出面干涉，终于在1889年迫使地方官将济南城外一块比李佳白强占的产业更大的土地拨给他作为补偿交换。田贝在呈美国政府的报告中声称：“我不愿炫耀我的成就，但是我感到有理由可以说，我为美国人争取土地的努力，已经获得了显著的成果。”[③]

传教士激起民愤的另一个重要原因便是他们干涉中国内政司法诉讼、曲庇教民。在这里天主教势力尤为严重，为了扩大其声望势力，吸引更多人入教，他们甚至将侵略者获得的治外法权也延伸到了内地教民阶层。法国公开声言：“我们绝对关心教徒，如果因为他们是教徒而受到凌辱，就等于是对法国不友好。”[④] 因而教会“不问教民之善否，其收入也太滥”[⑤]，于是“无识愚民，

① 李鸿章：《李文忠公全集·朋僚函稿》第12卷，第32页。

②《东华续录》（光绪朝）第138卷，第17—18页。

③《美国对外关系文件（1890年)》，第149页。参见顾长声：《传教士与近代中国》，上海世纪出版集团、上海人民出版社2004年版，第123—124页。

④ 卜拉致“高尔拜”号司令函，1853年11月11日。迈尔雪：《“加西尼”号中国海上远征记（1851—1854)》。

⑤《筹办夷务始末》（同治朝）第76卷，第32页。

或因诉讼无理，或因钱债被逼，辄即逃入教中，教士听其一面之词，为之出头庇护……百姓之积恨所以日见日深，教士之声名所以日见日坏也”[1]。也正因如此，使得许多“作奸犯科”、“抢占人妻”、“横侵人产”的人都加入了教会，他们不是出于真心信仰，而是“一依教堂为抗官之具，至有身犯重罪入教以求庇者，有与人为仇依附教士以逞其毒者。府县厅镇凡建有天主堂者，地方辄不能安其生，而教士之势乃张，为祸至于无穷”[2]。这种情形如曾国藩所言：“惟天主教屡滋事端……凡教中犯案，教士不问是非，曲庇教民，领事亦不问是非，曲庇教士。遇有民教争斗，平民恒屈，教民恒胜。教民势焰愈横，平民愤郁愈甚。郁极必发，则聚众而群思一逞。”[3]由此不满日益增加，各地教案频繁发生。这些传教士直接侵犯中国主权和人们日常生活，“干涉当地正常的合法诉讼程序，他们的信徒也浑水摸鱼……在身后洋枪洋炮的支持下，以外国人的身份迫使当地法官违法乱纪，做出偏向教会的裁决”[4]，其带给中国的巨大负面影响是不言而喻的。

然而任何事情都具有两面性，传教士们的活动也不例外。随着中国门户大开而进入中国的西方传教士，同样存在良莠不齐的诸多情况，一些传教士为非作歹，频频引发各类教案；与此同时，亦有很多传教士怀着真心帮助中国的愿望来到中国，对此我们应当鉴别，而不可以一概而论。不少传教士投身于中国的文化教育事业，并在介绍西学及促进中国改革发展等方面做了许多重要贡献，他们首先针对当时整个中国教育文化普遍落后的状况，开办了许多以西学为主的学堂，这成了中国近代教育的开端，也成了西方社会法律观念全面影响中国的开端。从提高整个民族素质和

---

① 中国第一历史档案馆、福建师范大学历史系：《清末教案》，第910—911页。

②《清季外交史料》第10卷。

③《筹办夷务始末》（同治朝）第76卷，第42页。

④ 德国传教士卫礼贤言，转引自赵树好：《教案与晚清社会》，中国文联出版社2001年版，第43页。

促进社会繁荣进步的角度而言，这些学堂皆远胜过中国传统私塾教授四书五经，仅培养学生获取功名的情况。正是这些西式学堂的开办大大扩展了教学内容，将教学与社会需要密切结合起来，亦为后来的洋务运动培育了大批人才。著名的如容闳、唐廷枢、马建忠、钟天纬、伍廷芳等洋务运动的重要人物，许多都受过此类西式教育，并进而为中国的近代化事业做出了重要贡献。而在中国官方的新型学堂中，传教士们亦占有重要位置，并大都是其中的骨干人物。

由于长期小农社会一家一户的分散经济，中国历史上从来不曾注重过人们应该掌握更多信息，并以此来了解并增加人们社会责任感的问题。西方传教士到达中国后，他们则在中国首先创立了许多近代新闻事业，起先希望将宗教的福音传到中国。当发现中国人很难接受其宗教观念时，便将传教与现实问题密切联系起来，以科学知识、文化政论等作为辅助手段，由此广泛地介绍西学，包括西方科学知识、人文地理、政治教育、法制观念等等，内容紧扣时代脉搏，因而赢得了众多读者。许多近代社会法律观念随着西方报纸、图书的大量刊印在社会上很快传播开来。在19世纪 40—90 年代的半个世纪中，西方各国先后在中国创办了近170种中、外文报刊，约占同一时期中国报刊总数的95%，其中大部分是以教会或传教士个人的名义创办的。这些报刊和书籍大都有益于中国的科学和文化发展，亦适应了中国近代文化及社会法律观念启蒙的迫切需要。某种程度上，正是这些西方人最早进行的启蒙运动，为洋务运动的不断深化注入了强大的推动力。

在许多洋务官员的支持下，西方人士成了中国早期近代化过程中介绍西学的主要力量。例如美国传教士林乐知历尽艰辛在中国办学、办报，其指导思想首先是中国关心的一系列问题，“总言振兴中国，一如何能富，二如何能强，三如何能智，四如何能善”[①]。李提摩太痛感中国“当事人员拘守成规，必不令西学通行于中国为重义也”，因而呼吁要“首教官员，次教富绅，三教儒士，四教平民”，培养一大批懂西学之人后，“将西国有益于国计民生诸书译为华文，并设中西书院，以华文教西学”，且“宜设报馆”普及新知，以逐步促使中国实现富强[②]。直到90年代，虽然宣传西学的中国人已日渐增多，但西方传教士仍是介绍西学的主力，他们广泛将中国当时所急需的政治、经济、法律、工业、交通和社会管理等多方面的知识都纷纷介绍进来，如铁路、公信局、轮船出洋、开矿、农学、医学、电学、化学、报馆、公书库、商贾股份、新银行、官项按年报销清账示众周知、万事清账、钱粮一律、厘捐一律、学校、知五洲律法、知五洲史学等等，内容涉及极为广泛。他们是把启蒙当作一切国家臻于近代文明的关键而向中国传播西学的，在当时中国能有这种自觉意识的人却还为数甚少。

赫德在《局外旁观论》中，曾批评中国官员能够吟诗作文，但却缺乏行政及具体做事的行为能力。这些批评并非空言，封建社会长期的专制和愚民政策，以及延承了数千年的科举制度及八股文章，是造成这种状况的重要原因。洋务运动推行的许多事务都同传统有着巨大甚至本质性的差别，因而亟须观念启蒙，打破旧有的封建禁锢，开启民智，灌输人们正确的思想观点和科学方法，使得国家尽快摆脱中世纪的专制影响及落后的生产生活方式，向市场经济和民主法治的近代社会体制转化。然而洋务官员却不可能迈出这关键性的一步，因为这不是涉及表面，而是一种机制构造性的改变。洋务运动起初只想学习西方的军事技术以摆脱自己被动挨打的局面，当其真正起步时，才发现牵一发而动全身，每一个步骤都会直接、间接地涉及祖宗之法，直至影响整个封建

① 《万国公报》633卷，第292页。
② 李提摩太：《富晋新规》，《万国公报》第11卷，第3—4页。

体制。改革是中国发展的希望，但这种希望却不能完全寄托在洋务派身上。如同高明的医生无法切除自己身上的肿瘤一样，洋务派也不可能给自己动手术，从根本上割去封建腐朽体制的毒瘤。他们不仅从属于这种体制，受益于这种体制，某种程度上亦是它的产物甚至构造者，尽管他们比同时期的其他人看得要远，并深深感到了这种体制的弊端与危机，但其改革的目的却在于仍要维护这种体制，而绝不是从根本上来反对它。这是历史文化的产物，也是社会环境的产物。因而在实际推动洋务事业的启蒙过程中，最重要的启蒙活动却大都首先是由西方人来进行的。

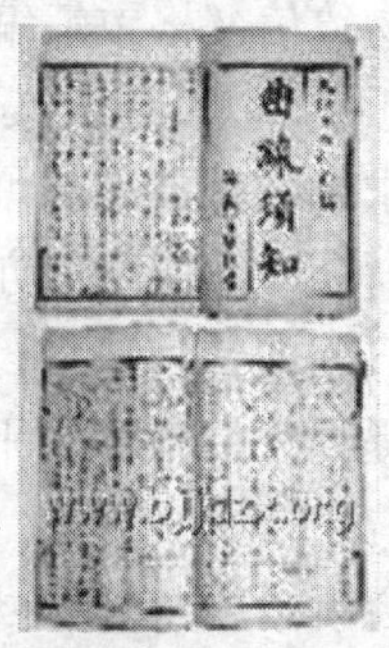

傅兰雅的《格致汇编》和林乐知主编的《万国公报》

自 1860 年之前，中国出版机构便几乎都为西方教会所办，而在 60 年代之后才有一些官办机构陆续加入，但西方出版机构仍占主要部分。他们在中国长期宣传西学不懈，广泛印发各类书籍呼吁中国适应时代变迁，尽快变法图强，向近代文明国家转变。其中英国传教士傅兰雅创办的科普杂志《格致汇编》和美国传教士林乐知主编的《万国公报》，是 19 世纪后期介绍西学最为集中、亦影响最大的杂志与报刊。

《格致汇编》是傅兰雅于 1786 年 2 月在上海创刊的。在传播西学过程中，由于深感科学对于中国的重要性，然而中国懂科学者为数太少，迫切需要科学启蒙。因此傅兰雅便萌发了创办科普杂志的思想，《格致汇编》由此诞生。傅兰雅十分负责，尤其是对读者提问，更是有问必答，备极周详。有些问题宽泛，例如有读者询问西国养蜂之法，他就选译《西国养蜂法》长文刊出，有些问题一时在中国找不到合适的人能够解答，例如宁波有人询问西国造船缆机器情形，周围之人皆不了然，他便寄信英国，问得确切答案后再给予答复。《格致汇编》包含的自然科学基础知识十分丰富，几乎数学、物理、化学、天文、地理、地质、生物、医学、药物学等等无所不有，并且语言浅近，脉络清晰，将许多枯燥的道理讲得十分生动，由此也受到了人们的热烈欢迎。许多人将其在生活中遇到的问题或不懂的事物致信《格致汇编》，以求解答，从数学奇题，到化验矿石、雷公电母，以及造火柴、制肥皂等等，各种问题五花八门，表明人们的求知欲正在普遍增加，尤其在通商口岸更为明显，“阅看诸君渐渐众多，问事信亦日多一日”[①]。从出版后第二年，每出一卷，数日间即销售一空，在知识界引起了极大反响，由此在普及科学和提高人们科学水平方面都为社会做出了重大贡献。

《万国公报》的前身是《教会新报》，它创办于 1868 年 9 月 5 日，起初主要宣传宗教，后来则越来越注重于科学知识的传播。1874 年 9 月 5 日，当其出满 300 期后，开始更名《万国公报》，仍为周刊，林乐知主编。与《格致汇编》不同，《万国公报》刊载中国事务、各国消息、时事述评、科学知识等等内容，涉及西学极为丰富。它迅速、及时、有针对性地对当时中国、世界发生的各种事件及时报道，并加以说明甚至评价，从各方面对于中国开阔视野、增长知识都有着十分重要的意义，使之逐渐成了人们学习了解西方的重要窗口和参照系，从而影响日益广远，几乎任何一种中文书刊都无法比拟。《万国公报》登载范围十分广泛，有科学、物理、地理、医学等等，其影响最大的则在于其对中国社会、

① 《格致汇编》第二年，第 2 卷，内封告白。

政治、经济、文化、法律、教育、观念等方面的广泛评论和见解，有许多都堪称“石破天惊”，在当时中国起着振聋发聩的作用，正如孙家鼐称赞林乐知所言，“于中国病源可谓洞见症结，此中国士大夫所不能知，知之而不敢言者”。[①] 而这却正是《万国公报》最为可贵的地方。

从19世纪末至20世纪初，中国不断兴起的大规模思想启蒙和改良运动，冲击旧有的封建桎梏，矛头直指千百年来封建宗法专制及封建礼教，不断倡导民主自由，其思想来源绝大部分都与这些西方传教士长期不懈的文化宣传有密切关系。他们站在世界角度，指出中国文化有两大不足，一是“增人之记性则有余，开人之心思则不足”；二是“唯知学古训”：“重古而薄今”[②]。为此他们批评中国传统崇古思想及教育弊端，“中国则以率由旧章为不违先王之道，而不知先王之道，宜于古未必宜于今。今之时势，非先王之时势矣。中国士人何食古不化若斯哉！”[③] 时代在变化，国家也应当随之改进。要想自强，就必须择善而从。“当此之时，非惟海上不能造万里长城，即旱地亦今非昔比，可任华人造万里长城以自固也。”[④] 中外交流已不可阻遏，若中国仍严“华夷之辩”，无疑是画地为牢，作茧自缚，因而必须打破畛域自守的封闭状态，中国才能跟上世界的进步潮流。

由于西方对中国的侵略行为，许多人对西方采取敌视态度，然而西方整体文明的水平远高于中国，这应当是全人类的共同财富。对其深闭固拒，进而排拒整个西方文明，这种态度貌似爱国，实则冬烘愚昧，不识大体，反而误国更深。正如林乐知所言，尽管西方也有黑暗和丑恶的一面，但任何国家都“有甘居下流之士”，中国亦不应“专究心于其恶俗而津津乐道之。彼西人之初

① 孙家鼐：《复龚景张太史心铭书》，《万国公报》第26册，第16230页。
② 狄考文：《振兴学校论》，《万国公报》653卷，第23页、第28页、第29页。
③ 盘溪钓史：《论制造可致富强》，《万国公报》697卷，第416页。
④ 林乐知：《中西关系略论》总结前论，《万国公报》368卷，第245页。

通贸易于粤东者，辄曰华人无他长，唯知食鼠及赌钱耳。试问华人，服乎不服？即问达于事理之西人，信乎不信？泰西诸国亦何尝无陋劣之俗，淫乱之事，若遗其至善而举其至不善，亦何尝不可以成书，而君子不为者，恶居下流也。以纪其至善之政为可疑，则将以纪其至不善者为可信乎？”[①] 这应当是金玉良言。中国近代频遭外辱，许多亦是国人长期闭目塞聪、短于目见的结果，不愿正视本国的落后及潜在危险，却盲目轻率，不但给自己招致了巨大祸患，亦造成了中国振兴的最大障碍。西人尽管流品不一，地位各异，但不妨碍我们的选择权。我们完全可以静下心来，谦虚、耐心地倾听其中任何一项含有合理及有益成分的观点，以促进我们的进步发展。“非我族类，其心必异”是传统宗法观念的狭隘偏见，以此看待世界就会足不出户，思维狭隘，拒绝一切有益的建议，亦使我们丧失众多宝贵的发展机会，其损失是难以估量的。近代化的道路是西方、包括日本所走过的，其中皆有成例可循，中国都应择善而从，“撷其菁华，而弃其糟粕”[②]。避免他们走过的弯路。

要理解西方这些忠告，人们还应当摒弃偏见，并对中西有全面了解，才能进行实际的比较，否则亦很难做出明智的选择。例如中国是一个不信教的国家，直到今天，人们的宗教感情都很薄弱，也无法理解西方传教士们的虔诚信仰和所作所为，更加怀疑他们的动机。即使西方对中国的观点十分有益，人们在肯定这些的同时，也会认为他们宣传的科学、技术及民主观念等较为有用，而热忱宣扬的宗教则毫无价值，甚至视为文化侵略。然而人们没有了解，正是基督教观念中最为重要的平等和救赎意识，才促使传教士们不避艰险，千里迢迢来到中国，帮助中国的进步事业，那是他们在听从上帝的召唤。在基督教义中，“上帝的国不能落

① 林乐知：《游说》，《万国公报》69卷，第3页。
② 蔡尔康：《以士保国续说》，《中东战纪本末》卷7，第21页。

下一个最小的”，如果抽掉了这样一项最重要的内容和文化背景，也就决不会有如此众多的传教士们在中国工作了。对在思想意识里从未有过此种观念、并长期深受儒家文化影响的中国人来说，理解这点确实有些困难，但这却绝不应该成为我们对此不加研究和忽略的理由。如同儒家文化熏陶下的中国，人们大都愿意与家人待在一起，一旦离开家乡就会深深产生一种背井离乡的凄凉感一样，每种文化都有其完全异质的不同情形和特点，我们不能忽视这些文化背景对人类心灵深处的巨大影响。若对于他们耗尽毕生精力为之奋斗甚至献身的理想观念我们始终不屑一顾，甚至充满敌意的猜测，那么也许我们将与他们永远隔膜，亦无法走近或理解他们，更不可能获得他们内心其实最愿意呈献给我们的、他们认为最珍贵的礼物。

正如我们常常相信“眼见为实”一样，其实眼睛所能提供我们的材料却大多都是虚假的，除非用“心”去辨别，否则我们是不能清楚地看见任何事物的。例如洋务运动起步阶段，许多人看到了中国的失败，但却只看到了双方武器间的差距，这是用眼能看到的；未能看到军事机器是整个社会复杂系统的一个方面，因为这是必须用“心”才能看到的。因而中国学习西方，首先学其洋枪洋炮，为此林乐知批评说，中国“如欲自强其国者，徒养多兵，广购兵船枪炮，自谓可以示威，而实与驴服狮皮，终为群兽觑破而丧其身者无异也”[①]。他对中国是用心批评的，希望中国看问题不宜仅流于肤浅表面，而应学习西方政治、经济和法律文化等思想观念方面精髓的内容，这样才能真正实现中国追求富强的目标。经过多少年的失败后，中国也终于用心体会出了这点，虽然仍然还很肤浅，但其理解水平却在步步提高。例如先由其船坚炮利而看到了后面的工业，由工业又看到了其依赖的商业，而工商业则又依赖于其后面政治、经济、文化、教育制度、法律观念

① 林乐知：《中西关系略论·总结前论》，《万国公报》368卷，第245页。

和社会科学体系等一系列事物的保障和支撑。西方文化是一个整体，学到其中任何一点，势必还要达到下面的更深层次，直至社会的结构和文化制度。由此，中国向西方的学习也正经历了这样一个过程：由军事而到技术工业，由技术而需要人才，由人才而兴办教育，由兴办而需要大量资金，由资金而兴办民用工业，而军用、民用工业皆效益极差，终于使人们看到了西方最重要的法律制度和文化因素，正如西方传教士们一开始便提醒他们的那样。然而若不经历这样的学习过程，人们是决然无法用心体会这一切的。大多具有真正价值的事物，人们对它的认识都并非轻而易举就能完成，真知灼见往往都需要百炼成金。

在整个洋务运动过程中，希望中国走向富强是许多传教士所谈最多的一个重要话题，根据自身的经历与认识，并在许多事务上向中国提出了建议。站在西方文化的参照系上，他们认为中国应当首先培养各类人才，兴办教育，学习西方科学技术，改革中国各项旧法弊政，做到民情相通，上下相达。同时要想致富，发展经济，官办的弊端层出不穷，只有致力工商、发展贸易、培育市场机制、建立完备的法律体系才是发展经济的关键所在。林乐知早在1876年便写道："种植佳矣，制造精矣；而卖者不易销，买者不易得，非懋迁未得其法乎？是以种植制造之前，当以懋迁之法为首务也……本国各省通商，天下各国通商，有利无害……欲知某国之强与不强，民之利与不利，先观其国中懋迁之法为何如也。"[①] 其中"懋迁"即为交换贸易，在近代史上最早向中国提示了中国应当将商品经济摆在国家首位，并将其置之于完备法律体系下的观点。1891年薛福成同样看到了商之重要性，并认为"握四民之纲者，商也"。[②] 随着时代向前发展，人们对此也看得更为真切，商品经济是中世纪向近代社会转变的关键，而法制

---

① 林乐知：《强国利民论》，《万国公报》418卷，第234页。
② 薛福成：《出使英法义比四国日记》，岳麓书社1985年版，长沙，第82页。

建设则是它的重要保障。鸦片战争失败以后，清廷办了一系列军事工业，由于缺乏商品意识和完善法律制度的制约，开支始终随意无度，用度浩繁，虽然多方筹措罗掘，仍然不能满足需要，只得又提出了“求富”目标。然而商务其自身的规律又要求企业及商品生产者都必须拥有相应的自主和所有权，这却同封建的控制垄断以及官办的官僚、腐败管理作风完全不能相容。缺乏法律保障的中国近代工商业发展始终如履薄冰，权益不断遭受任意侵害，从而亦严重影响了中国的现代化进程。为此许多西方人士都不断提醒清廷应当注重和发展民力，并依靠民力发展经济。“国家与民同乐，即与民同利，独享其乐，独专其利，美国家不为也。即如造轮船，开铁路，民力所能为者，听其好自为之，朝廷不禁也。倘使民间资本不敷，发国帑助之可耳。”[①] 英国传教士慕维廉写道：“中外殊风，凡举大事、兴大利，中凭乎官而事多难举，外则凭乎民焉，各人有各地，若开矿铁路等事，地属何人之界，即事属何人所办，唯上输国课而仍藏富于民也。”因此西方才会国富民强。中国要想解决资金困难，亦可以依靠本国商贾：“中华如有事而需用，何必贷诸外邦耶？富商大贾中国非鲜……即如上海亦有华商口轮船等均有股份，惟隐匿其名而不显露，恐有碍难口耳。”[②] 他们深刻地了解中国，亦能更深地看到中国病况所在，之所以如此，正如赫德所说：“矮人之于长人肩上所见，必远于长人。”[③] 西方许多切中肯綮的意见，就在于他们都来自西方资本主义国家，这是与中国旧有封建体系完全不同的一个崭新世界，从制度与文明的角度来说，资本主义毕竟远高于腐朽专制的封建体系。正因为站在更高的起点，西方才更容易看到中国发展的局限及症结所在，及思想、政治、法律体系等方面存在的种种弊端。例如：“民间开新之工，如开矿、铁路、火车、制造等事，须禀

① 《利民之政》，《万国公报》342卷，第580页。
② 慕维廉：《公报弁言》，《万国公报》5卷，第687页。
③ 《万国公报》36卷，第119页。

告官长，准而后行，若私自为之，动加责罚，故百姓不敢自擅。夫如是抑民自主之意，即阻挡诸事之兴，岂能富强哉？”[①]官员一面滥用权力，另一面又循规蹈矩；既缺乏常识，又缺乏事业心，随心所欲地阻难一切新事物。“如铁路，如商轮，如制造，如矿务，皆小民分所得为之事，朝廷惟订立例章，以资约束，填给信券，以便稽查……且居今日而谈时局，凡所谓铁路商轮制造矿务大公司者，几遍地球矣……但使公司无越分之举，公家即无顾问之烦。若年中大吏之挑剔是非，过往委员之需索赃秽，则概乎未有闻也。又若购定商船，独开大局，派定总办，视等专门，亦概乎未有见也。”[②]官吏贪赃枉法，官府不恰当地垄断和干预企业是清政府司空见惯的日常行为，政府控制经济命脉，企业成立需地方督抚乃至朝廷批准，有权势者常能得到批准并获得官府垄断性的专营权，而其他人则若干年不能办同类企业。我国第一任驻外公使郭嵩焘，从英国回到家乡湖南后联合乡绅，想办一个轮船公司从湘江到汉口运载客货，三次打报告给张之洞都未得以批准，后又找到李鸿章，因为李、张不睦仍未解决。直到1897年，湖南巡抚陈宝箴要求在湖南境内准许轮船营运，张之洞仍以经营小火轮，就会引得外国人以进入为由予以拒绝。私有经济不能自由发展，正是阻碍中国富强和近代化的根本原因。只有制定善法并得遵循，此项弊端才能改善，于国于民皆有大益。这些国人深有感触、但却久触于喉，既无力改变，又不敢尽言的情形一旦被外人道破，不禁心中都发出了强烈感慨。官员沈毓桂指出：“近来中国制造各物亦既有年，而卒无可以胜于西人之处，此其故何哉？盖由官办而非商办故也。”[③]随着洋务运动的不断深入，愈来愈多的人亦认识到了这点，反对官办的呼声日益高涨，直到甲午战争尤其清末新政之后，国家才开始了大力发展私有经济，各地鼓

① 慕维廉：《论中华今有之事》，《万国公报》515卷，第198页。
② 林乐知：《英国铁路考》，《万国公报》66卷，第4页。
③ 古吴志道老人：《中西相交之益》，《万国公报》649卷，第435页。

励发展工商业的机构、制度纷纷建立，公民权利和经济自由开始在法律制度上有了保障，民族工业的兴起从制度上终于得到了认可，这也正是中外有识之士长期共同呼吁的结果。

面对近代的严峻现实，自然经济下小农及小手工业生产是绝对无法与机器和商品为标记的近代经济相抗衡的，传统封建的伦理纲常、讲求吏治，要求官吏爱民如子、关心民瘼的封建经济管理方式更同近代社会的市场经济风马牛不相及。“今日各国，无一不如雷之急鼓，风之猛扇，中国必须随之而动，若俟各国之渐肆侵陵，而忿而出于一战，迟矣晚矣！”[①] 若不进行根本变革，中国富强的希望迟早要落空。然而长期的闭关自守，却使中国先进的知识分子所知都极为有限，更很少能掌握近代经济学的发展理论。为了配合中国的改革和近代化事业，西方传教士们又大量介绍了包括亚当·斯密的自由贸易论，以及各种分工、资本、工价、地租、利润、利息、经济周期等方面的西方经济学理论，在经济生活的实际操作方面，他们也介绍了银行公司的有关章程，货币的统一和发行，建立有预算、决算制度的现代财政，与资本主义相适应的财务和会计制度等方面问题。在洋务运动的关键时刻，西方人给中国适时地提出过许多忠告，例如洋务企业 80 年代初期筹资招股十分顺利，西方便提醒他们注意：“如其任事非人，弊日丛而利日绌，或更见弊而不见利，附股者灰心索意，将来别有兴作，欲如今日之章程甫出而股份挂齐，不可得也。”[②] 之后情况正说明了这点，由于封建官府的贪婪、腐败，局势很快便发生了不利变化，企业经营者都以商资而谋官利，仅到 80 年代后期，商股便不易招徕了。1887 年修筑津沽铁路，因为“昔年各局厂所集公司股份有名无实，入股者无不付之东流”，今“覆辙非远，人终栗栗寒心”[③]，于是再无人附股。以后洋务企业招股亦复如此，

① 林乐知：《中美关系续论》，《万国公报》65 卷，第 2 页。
②《矿务以用人为最要论》，选自《申报》，《万国公报》729 卷，第 164 页。
③ 宓汝成：《中国近代铁路史资料》，第 1 册，中华书局 1963 年，第 136 页。

无论如何声明公司总办经理行动不受官府影响，公司如何属于纯商业企业，资本家都很少有人认股，以致“股银亏短，日久无功”[①]，清廷再也难筹巨款，洋务企业只得靠“暂借洋债”度日，于国于私，皆成一项巨大损失。西方人又提醒筹办企业应当做好市场调查，计算未来产销状况，并尽可能使企业接近原料产地。1878年左宗棠兴办兰州机器织呢局，许多西方人便批评此举“无益而有损”，原因一是官办之弊；二是开局甘肃，一省所用必然有限，“其货若欲装运他省，未免路程寥远，装费浩繁”，最终很可能“局必衰，本必亏”[②]。然而左宗棠不听劝阻，1880年企业开工，一半以上的机器便处于闲置状态，加之水源和原料无法保证，1883年夏就不得不停工了，139万两银圆就此付诸东流。因而西方人呼吁中国重视企业投资效益，并非皆为无的放矢。

相互贸易和利用对方的优势对于交易双方都有益处，由此西方反复鼓动中国应有同西人争利的观念，不能走故步自封的老路，而应争取时机，发展各种工矿、交通企业及海内外贸易，积极投身市场，增加自己与世界商贸往来的机会。例如修铁路，“泰西各国均有车路，唯中国独无……择善而从，古有明训，安可一国徒执己见，甘让他国各有其利而不思善善从长乎？”[③] 1878年，他们又指出中国应当采煤炼铁，“必取铁于英，是以利畀外人也。今我自开铁矿，则可以省各处厂局无穷使费……亦可以售于西人以夺其利矣”。中国各处都有金、银、铜矿，“中国诚能亟为开掘，以足国课，而广铸金、银、铜三品之钱，以便民用，俾易于流通，又何必全恃西国之银圆欤？”并认为“西人贸易于中国者，不过以匹头为大宗，若我自织，则物贱而工省，且无需乎轮船之转运，其价必贬西人，又何能独专其利欤？”只要中国“令民间自立公司，购买轮船，以往来内河，转输货物，装载人客……其

①《洋务运动》第7册，上海人民出版社2000年版，第452页。
②《中国拟开织呢局》，《万国公报》55卷，第58页。
③《大美国事·论火轮车近证》，《万国公报》37卷，第93页。

大者亦可上溯乎长江而远至于外洋，装载各物以贸易于欧洲各国，久而行之，其利甚博”[①]。作为西方文明和资本主义制度的产物，他们对于近代化的内涵显然比同期的国人有着更多的了解，许多呼吁也并非空论，对于中国逐渐冲破旧有的自然经济观念，以及改变阻碍进步的封建专制与垄断控制都有着许多有益启示。

在积极鼓励中国向西方学习的同时，对于造成中国长期贫弱的政治痼疾——腐败落后的官僚专制统治的无情揭露与批判，以及对西方民主制度的大力宣传，亦是西方人对于中国的最大贡献。正如孙家鼐所言，在传统专制的封建法律制度下，慑于专制的淫威，国人包括积极推动改革的洋务派对于自身许多的问题都是“所不能知，知之而不敢言”的。[②]不克服这样的封建体制，一切富国强兵的愿望都会成为空中画饼。为此传教士们第一次将现代法治和民主的观念大规模传播到了中国这块古老的土地上，呼吁中国“借法自强”，就要首先改变国贫民弱的状态，“按泰西各国所行诸大端中，最关紧要而为不拔之基者，其治国之权属之于民”[③]，这亦是中西之间最大的差别。由此传教士们对清廷的专制给予了强烈抨击，指出“西人之来华者，皆以暴虐诮中国……防民之口，而不许腾其口说，其不能忍者，则指为讪谤，此而鞭孩而不许哭，岂非暴虐之尤乎？”[④]“中国之君权最重……而朝廷之上予智自雄，由是不当陟者陟之，不当黜者黜之，甚之生之杀之亦倒置悖谬，此实由一人私其权，不与臣下公其权，恃权而未合乎道，往往如是，古今有同慨也。”[⑤]专制之害不可言传，只有实行民主法治，“以民议政”，才能“无政不洽舆情；以国属民，无民不心爱国。”[⑥]同时他们还详细介绍了西方的三权分

---

①《中国为利薮论》，《万国公报》59 卷，第 114 页。

② 孙家鼐：《复龚景张太史心铭书》，《万国公报》第 26 册，第 16230 页。

③《译民主国与各国章程及公议堂解》《万国公报》34 卷，第 554 页。

④ 林乐知：《治安新策》中之下，《中东战纪本末》卷 8，第 21 页，广学会刊 1896 年。

⑤ 花之安：《明正道权》，《万国公报》693 卷，第 381 页。

⑥ 得一庸人：《海外闻见略述》，《万国公报》12 卷，第 16 页。

立和民主制度，向中国宣传了法制、平等观念，并强烈抨击了中国各种不平等现象，例如“夫妇实为一体，岂容苛刻相绳，即妇有非礼之当惩，亦有司之事，非丈夫所能处治……即东主之待工人，只可以言语责罚，不得挥权殴打，盖工人虽微贱，亦在吾胞与之内”[①]。同时又介绍了西方每一个人都享有言论自由、信仰自由等等权利，说明人们的权利与法律实施、经济发展和人们劳动积极性的创造发挥以及国家兴旺之间都有着十分密切的关系。在人没有自主权的情况下，统治者“以作民父母为己任，遂以父母之慈惠煦民，父母之识见囿民……则反酿为独握大权，遇事裁制，非但（对民）不知爱护，甚且从而践踏之矣”。民众则“遂各胆怯如鼠，貌驯如羊，瘫痪之症，由是遂成”。人们的主动创造性被扼杀，于是“国遂无振兴之望”，“故中国一切不兴，不必怪也！”[②] 要挽救中国，就要“略释其民，俾各有自主之权而已”[③]，第一步即应让民间任创各类公司企业，建立新式学堂。这些堪称数千年来中国历史上从未有过的振聋发聩之声，对中国社会法律观念的重大启蒙是不可言喻的。甲午战争前的传教士成为启蒙的主要力量，从洋务运动到戊戌变法、辛亥革命、五四运动，中国涌起的改革思潮一阵接着一阵，直至引发了宪政、革命思潮，倡导民主，反对专制，矛头直指千余年亘古不变的封建君主专制制度，在辛亥革命中将此腐朽的君主专制彻底推翻，传教士们数十年的不断宣传可谓功不可没。

二、国人视野的扩大及社会法律观念变革的深入

鸦片战争以后，国内的政治局面发生了巨大变化，在列强的逼迫下，中国被迫从沿海到内地开放了越来越多的通商口岸，从而使西方与中国的交往越来越多，也为西方提供了由沿海推向内

---

① 花之安：《明正道权》，《万国公报》693 卷，第 382 页。
② 林乐知：《治安新策中之上》，《中东战纪本末》第 8 卷，第 9—10 页，第 11 页。
③ 林乐知：《治安新策中之上》，《中东战纪本末》第 8 卷，第 12 页。

地的重要孔道。资本主义的发展把一切民族都卷入了文明的漩涡，正如马克思所指出的："过去那种地方的和民族的闭关自守和自给自足状态已经消失，现在代之而起的已经是各个民族各方面互相依赖了，物质的生产是如此，精神的生产也是如此。"[①]通商口岸的开辟一方面严重破坏了中国主权，但另一方面，开设后资本主义又将其许多重要的法治文明及先进制度引进来，从而使这些通商口岸成了传统中国与外部世界和西方文明接触的前沿地带，并随着社会的不断发展同内地拉开了越来越大的距离，成了中国现代商业、工业、金融业、运输业以及文化事业的中心。也将中国划分成了沿海和内地两个不同的区域。[②]通商口岸逐渐形成了较发达的经济体系，使它与内地其他农业区、边疆区等都形成了鲜明对比，从而也增加了中国政治、经济、社会、文化和法律等方面的高度不平衡性。

大多数通商口岸在开埠后很快都发展成了经济贸易繁荣的中心，例如上海、汉口、镇江等地开埠后皆盛极一时，对推动中国经济和近代化发展起了重要促进作用，其中尤以上海的情形最为令人瞩目。这里原是一个小县城，1843年开埠后，英、法、美、德等国商人纷纷前来经商贸易，很快便成了西方"冒险家的乐园"，仅10年即取代广州成了全国对外贸易中心，也成了我国迅速崛起的大都市。鸦片战争后，西方列强以通商口岸"华夷混居，容易滋事生非"为由，要求建立租界，清廷亦担心"华夷"冲突引发国际纷争，因此听之任之。1845年，英国驻上海领事巴富尔强迫清政府为其划定了第一个租界地，1869年又将这里改为公共租界。此后法、德、俄、美等西方列强以"利益均沾"为由，相继在上海强行划分租界，并推广到其他通商口岸。西方在这里搬来了全套资本主义制度，他们在租界内开银行、工厂、商店、船

① 《马克思恩格斯全集》第4卷，人民出版社1958年版，第470页。
② 费正清：《剑桥中华民国史》第一章导论，中国社会科学出版社1994年版。

坞及公用事业，设立武装组织及行政机构，对租界进行直接统治，使之渐渐独立于中国的行政系统和法律制度之外，由此破坏了中国主权。而在另一方面，西方在封建主义的中国所筑成的资本主义租界地，却又似为国人打开了几扇窗口，使人们通过这些租界地看到了许多闻所未闻、见所未见的事物，并使租界以极其复杂的内容影响着中国的社会法律及近代化实践。

租界从一开始便带有列强的强横色彩，西方在这里建有独立的行政、警察和司法机构，驻扎本国的正规军和其他武装，当局者并以水道、围墙、铁栅栏、木马、铁丝刺网以及持枪站岗的士兵和巡捕等把租界和市区分开，不准中国人随意出入。一个德国人描绘 1866 年的沙面租界说：“欧洲在沙面的殖民地成了单独一个小国家。这个小岛，还没有 3 000 英尺长、1 000 英尺宽，由一条水道与城市隔开……这里有欧洲人的事务所和住宅，有领事馆，有一个国际俱乐部，同一个小教堂，整个地方是一片田园风光。”[①] 一首汉口竹枝词也描绘道：“横沟界限任安排，划出华洋两便街。莫向雷池轻越步，须防巡捕捉官差。”[②] 原本属于中国的领土，却成了自成一体的“国中之国”，它意味着西方对中国主权的轻蔑、践踏与严重侵害；但同时这里却又以引人注目的现代市政和法治文明及新型资本主义的制度关系在封建主义的中国激起了层层波澜。

传统中国道路千百年来都为各式土路，晴时尘土，雨则污泥；建筑亦多为传统的土木院落式结构。租界为西人所居后，则开始着手营造西式生活条件，他们铺土沙、碎石砖或铺砌小方石、大条石及浇筑混凝土来修筑马路，又取缔中国旧式建筑而改建独院式的高级住宅或花园洋房，并在租界内安置电灯、自来水与邮电等通讯设备，这些都是中国前所未见的新鲜事物。在进行现代市

① [德]施生克尔：《19 世纪的德国与中国》三联书店 1963 年版，第 21 页。
② 《汉浒金石小记·汉口竹枝词·一梦绿》合刊。武汉益善书局印行，1933 年 8 月。

政建设的同时，租界亦将西方现代城市管理及法律制度移植到了租界，使得这里市政的管理专门化和法制化。《申报》介绍说："上海各租界内，街道整齐，廊檐洁净。一切秽物亵衣，无许暴露。尘土拉杂，无许堆积。偶有遗弃秽杂等物，责成长夫巡视收拾……街面偶有缺陷、泥泞之处，即登时督石工为之修理；炎天常有燥土飞尘之患，则当时设水车为浇洒；虑积水之淹没也，则遍处有水沟以流其恶；虑积秽之熏蒸也，则清晨纵粪担以出其垢……其尤妙者，大街无许便旋，致秽气有冲人之失；浦滩不准澡浴，使乡人知裸浴之非，其意思尤为周到，其风俗尤可维持。"[①] 1872年居民王阿保等10余人，违反工部局关于挑粪过街必须加盖桶盖的规定，经巡捕劝阻不听，便被拿送会审公廨，各拘留一天[②]。同年，又一广东籍人在美国公馆门口便溺，被巡捕拿送会审公廨，因其情节严重，被"枷号三日，以示惩儆"[③]。对这些严格的市政管理，《申报》评论说："或者人谓此种事极细微，何至受罚？不知租界地方十分洁净，其人既居租界，必知租界规矩，岂容其任意糟蹋，毫不经心乎？若使听其无节，必将大众效尤，恐请净国中变成污浊世界矣。"[④] 不仅表现出了居民对租界市政管理的理解支持，而且开始透露出了一种十分可贵的现代市民意识。

正是西方的现代市政建设，造就了租界的迅速崛起与繁盛。上海租界所在地"原系荒野，一望苍茫"，淤泥覆地，坟冢累累。而"自西人至此，遍造楼房"，十余年间情形大变："洋楼耸峙，高入云霄，八面窗棂，玻璃五色，铁栏铅瓦，玉扇铜环，其中街衢里巷，纵横交错，久于其地者，亦易迷所向。取中华省会大镇

①《申报》，同治十一年六月十五日。
②《申报》，同治十一年九月二十五日。
③《申报》，同治十一年十月八日。
④《申报》，同治十一年六月十五日。

旧上海租界大楼

之名，分设道里。街路甚宽广，可容三四马车并驰，地上用碎石铺平，虽久雨无泥淖之患。”[①] 租界的巨变与繁盛，在国人心中引起了巨大震动。1856 年，郭嵩焘为湘军筹饷路经上海，不由大为震诧，其所见“穷极奢靡，夷房极明爽……置诸玩器，精耀夺目”[②]，“夷人所住，靡不清洁”，在路上又遇到几日前刚曾见过的法国洋行中的几位西人，他们立时过来同他握手，使他感到“一面之识而致礼如此，是又内地所不如也”[③]。从此对西方刮目相看。康有为 1879 与 1882 年“薄游香港”与“道经上海”，亦在这里深深感到“览西人宫室之瑰丽，道路之整洁，巡捕之严密，乃始知西人治国有法度，不得以古旧之夷狄视之”。[④] 时人亦强烈感叹“吾一言通商以后之上海而为之愧，为之悲。愧则愧乎同一土地，他人踵事增华，而吾则因陋就简也；悲则悲夫同一人民，他人俯视一切，而吾则局促膝下也。要之通商以来，上海，上海，其名震人耳目者，租界也，非相形见丑耶？”[⑤]

租界的市政文明建设，成了近代法治文明与传统中国的巨大

① 黄楙材：《沪游脞记》。
②《郭嵩焘日记》，咸丰六年二月初七日。
③《郭嵩焘日记》，咸丰六年二月初十日。
④《康南海自编年谱》，《戊戌变法》（四），第 115 页。
⑤《论上海》，《上海县续志》卷 30。

对比，也大大激发了先进中国人的深刻反思与近代追求，从而促进了中国的改革要求。一位上海士绅比较了租界与上海县城的差距。“租界马路四通，城内道途狭隘；租界异常清洁，车不扬尘，居之者几以为乐土，城内虽有清道局，然城河之水，秽气触鼻，僻静之区，坑厕接踵，较之租界，几有天壤之别。”[①] 北京、上海的卫生状态与租界同样有着巨大差别。“京师为首善之区，而地方之污秽亦以京师为最……上海为通商大埠，而城内街道之秽恶，较之租界，已有天渊之殊。”[②]

不仅市政建设，与封建的中国相比，租界的文明与政治制度，也体现出了一种与传统中国迥然不同的全新风貌，以及从未有过的民主法治原则。西方将资本主义从西方移植到了租界，在这里实行三权分立：立法、司法、行政相对独立，互相制约。权力机构是纳税人会议，凡居于租界之内，缴纳一定税额的外国人均为会员，租界预算、决算、通过特征捐税、选举地产委员等，均由会议议决，并具有监督工部局的职能。工部局则以行政为主，兼有一定的立法职能，其董事实行选举制和任期制。领事法庭、领事公堂、会审公廨为司法机构，各机构在行使权力时，均实行会议制，遵循少数服从多数的原则，上海、天津、汉口、青岛等租界地皆是如此。从司法机构说，例如租界的会审公廨制度，审问时由多名法官坐堂听讼，法官每人只有一票；当事人不用跪堂，还有律师参与辩护；证人必须到庭接受双方交叉询问；被告人不能当庭鞭笞或使用任何刑讯方式取得口供，这一切同传统中国立法、司法、行政不分，审案皆由县官、知府一人说了算并且动辄刑讯的传统法律形式显然有着巨大区别。

租界实行的这种资本主义体制，对近代中国无疑是一种既全新而又全陌生的特殊信息。由于是在西方的逼迫下被动开放，并

① 李维清：《上海乡土志》，第4—5页。
②《论中国宜讲求洁净地面之政》，转自《新学界丛编》癸卯年卷1（下）。

且长久地与世隔绝，中国对西方所知极少，再加文化迥异，租界则以其真实、具体、直观的方式直接向近代的中国展示了西方民主政治的基本形态和运作过程，其对中国的震动、影响之巨大是不言而喻的。受其影响最大的外国租界和通商口岸周围，长期的耳濡目染使很多人都有了最早的民主和法制意识，开始积极参与社会管理，使其在文化观念上同传统中国和闭塞的内地有了巨大差异。例如上海市民仿效租界，成立了具有强烈民主色彩的自治组织南市马路工程局、上海城厢内外总工程局等；工商界亦参照租界的外国商会，成立了上海商务总会，成了中国早期近代化进程的重要部分。

中国是一个落后的自给自足的农业国家，长期以来在物质财富上十分贫乏，更少有基于公共利益原则上的公共设施与考虑。而在租界，由于资本主义广泛的社会意识，在公共建设方面亦为国人做出了前所未有的巨大表率。租界内，为了方便人们照明，各处“均有电灯，英界尤多，如星罗棋布然，晚间照耀，无异白昼，颇便行人”[①]。“戏园、酒馆、烟室、茗寮，更无不皎洁当空，清光璀璨”。[②]时人描绘这种夜上海的情景说：“申江今作不夜城，管弦达旦喧歌声，华堂琼筵照夜乐，不须烧烛红妆明。”[③]在这种物质文明的同时，传统中国由于科学知识的极度贫乏以及长期教育水平的限制，因而轻信、迷信、无知妄说等在内地常见的毛病，亦在租界得到了极大改善。例如西方人在用电灯照明时，中国居民原认为电灯“将遭雷击”，“人心汹汹，不可抑制”。上海道邵友濂下令“查明中国商人点用者共有几家”，“按户知照，禁止电灯，以免不测”。然而时间久了，便不再反对，并且争相使用。上海创设自来水公司亦是同样，起初“风气未开，华人用者甚鲜。甚至谓水有毒质，饮之有害，相戒不用”。西方公

①《上海乡土志》，第 146 页。
②《洋务运动》（八），上海人民出版社 2000 年版，第 346 页。
③《洋务运动》（八），上海人民出版社 2000 年版，第 346 页。

司便组织人力向城内免费推荐，后来便“自来水之有益于居民，知者甚多”了[①]。另如电话等西方文明的现代成果，亦同样首先从租界传入。而到后来，不仅租界，即“朝野上下之间，所用者触目皆是西人之物”[②]。洋布、洋皂、洋呢、洋毯、洋巾、洋线、洋伞、洋钉、洋笔、洋火等在各城市随处可见，电报线已延至广大内地，北京颐和园、王公府第以及一些达官贵人家庭亦皆装上了电灯，城市出现了钢筋水泥建筑、西式高楼以及民居，宽阔的马路、奔驰的电车，等等西洋物品皆进入了寻常百姓的生活，它带给人们的还有许多观念和精神风貌的相应改变。

一定程度上，租界减少了中国同世界的空间距离，同时使得西方的产品输入以租界为中心得以迅速扩展，亦越来越大地改变了中国人的日行起居方式，促进了近代中国尽快走出封闭保守的封建中世纪状态。虽然在此过程中，饱含着中国传统农业和手工业者不断失业破产的剧烈悲伤与痛苦，然而若不打破这种封建陈旧的生产体系，便只能与世界越拉越远，亦使中国的痛苦日益深重。正是首先通过这种物质的接触，资本主义渗入到社会的许多层面，并在此基础上，与之联为一体的文化、制度、思想、观念等等，作为社会深层次的东西亦引起了人们更深的感悟和思索。

中国近代化开始后，工商业的活动在内地迟迟难以展开，民族资本主义饱尝艰辛，封建制度的遏制与摧残是其重要原因。而绝大多数的租界在开埠后都很快繁荣起来，不能仅仅看成是一种畸形发展或认为它只是对殖民地人民的剥削和掠夺，当然我们也不能否认其中有着这样的因素。然而租界的发展尽管外国资本占压倒多数，但众多的本国资本也在这里找到了投资地点和合适土壤，使其发展如鱼得水，并成了租界不容忽视的重要力量。放置于市场经济的观念中，所有西方企业几乎都依赖于洋行买办，若

---

① 光绪廿三年《商务报》。

② 陈炽：《庸书赛会》，赵树贵等编：《陈炽集》，中华书局 1997 年版，第 95 页。

清末上海县城

无他们的帮助西方要在中国打开市场是不可能的。但洋行之所以能够依赖买办取得如此巨大的成功，不可否认同封建制度相比，洋行有着一系列较好的管理及用人制度，调动了买办的积极性。绝大多数的国人都有一种乡土情怀，期望着国家繁荣强大，并且不受外国欺凌，因而一旦有了资本，他们都期望能投给本国发展经济。但国内极多的封建限制及其垄断，却使得他们的愿望很难实现。例如洋务派设立上海织布局，并给织布局“十年专利”，在此期间他人“不准另行设局”，但“准华商附股搭办”，而当华商附股后，织布局收到的股银却“任事人任意挥霍，局事未成，而用途已至四万余两。且又有买空卖空等弊，以致延搁八年，毫无成就”[①]。布局“办理不善，闭歇将及五年，所有股票几同废纸”[②]。此种情形司空见惯，常使投资者大受损失而欲哭无泪。租界确认私有财产不可侵犯的原则，并为资本主义存在与发展提供便利和保护，这正是租界外的中国民族资产阶级孜孜以求，然而

① 孙毓棠编：《中国近代工业史资料》第1辑，下册，中华书局1962年版，第1054页。
② 孙毓棠编：《中国近代工业史资料》第1辑，下册，中华书局1962年版，第1055页。

却无法获得的环境。因此他们纷纷把资本转向租界，上海的民族资本便主要集中在租界和受租界统治的越界筑路地段，由此造成了全国资本主义最发达的区域。从这一意义上说，租界在客观上为中国民族资本的发展提供了一块重要空间。

与此同时，在政治环境上亦是同样，按照资本主义的人身及言论自由原则，租界虽然进行殖民统治，但对于不触及其直接利益的言论和行为又一般都不加干涉，这在无形中又为中国近代思想的产生与萌芽提供了一个较好的庇护所，使这里成了中国近代转型过程中十分重要的文化领地。比起清政府内地治下的文化风俗及言论自由状况，租界的各类教育、文化出版物无论印刷数量、内容、形式上都同内地不可同日而语，这些蓬勃兴起的报业、出版业和印刷业都得到了租界的大力庇护，大凡依托租界、洋商的报馆，清吏虽然虎视眈眈，但投鼠忌器，“不能兴文字之狱”了[①]。1903 年上海租界爆发著名的《苏报》案，章太炎、邹容等连续发表文章宣传革命，武装排满，章太炎甚至直斥光绪“载湉小丑，不辨菽麦”[②]。激起了清廷极度愤怒，慈禧更欲从严惩处，杀一儆百。由于《苏报》馆设于英租界内，根据租界治外法权，清政府却无权将有关案犯解出租界独立审判，因而只能由设在租界的“会审公廨”审理此案。尽管清廷严厉指控章太炎、邹容“大逆不道，谋为不轨”。此罪若按大清律例当处凌迟，但因案在租界，公廨制度按照西方法律程序严格审理，章太炎却最终只判得监禁三年，邹容二年，沸沸扬扬的《苏报》案便告终结。清政府费尽九牛二虎之力，亦未能实现将章、邹二人斩决的目的，反而更加折射出了中国传统司法制度中野蛮、落后的真实一面。由此传统与近代法律进行了充分对抗较量，这次审理严重冲击了封建皇权，亦使人们看到了传统法律的不合于时，以及西方法制所展现出的

① 《论中国官吏禁报事》，《知新报》第 116 册，1900 年 3 月 31 日。
② 章太炎：《驳康有为论革命书》。

时代先进性。它对于传统法制的变革以及人们对近代西方法制的了解都起了十分重大的作用，对于促进中国传统法律的近代转型亦有着十分深远的意义。在西方法制文明的影响之下，“凌迟”这项封建社会最残酷暴虐、毫无人性的残忍怪物，也终于仅在一两年后的1905年4月便从法律上彻底废除，使中国向近代文明极大地迈进了一步。许多国人开始了解西方司法及理念活动，并仰慕于西方法治，希求中国亦能建立公正文明的司法制度，从而走上现代法治之路。因此不少人开始留学西方学习法律，成为中国日后最早的法律人才。会审公廨的存在像一扇窗户，使国人看到了更大的世界，许多案件的发生和审判的进行，又使国人学会了如何通过法律途径维护自身的权益并感受国际外交规则，这对于国人传统社会法律意识深层次方面的改造都有着重大意义。

清朝刑罚

在《苏报》案中，新闻力量的广泛介入对于案件的公开、公正审断亦起了十分重要的作用。时人与西人评论说：清末上海报业发达的最大原因，“则以托足租界之故，始得免婴国内政治上之暴力”[1]。尤在清朝后期，为了出版进步报刊，发表爱国、民主言论，许多近代文化名人大多纷纷居于租界之内，利用其不受清

① 姚公鹤：《上海报纸小史》，《东方杂志》第14卷，第6号。

政府直接控制的政治格局，逃避清廷迫害，出版各类文化刊物，在中国知识层中激起了层层反响。近代报刊亦是西学东渐的产物，租界内的西人报刊一面鼓吹殖民言论，又一面报道外部世界的消息，其间不乏议会选举、总统易人、男女平等充满现代意味的内容。这些因素汇集在一起，对中国的早期近代化都起着极为重要的推动作用。

从60年代后期开始，伴随洋务运动的不断深入，越来越多的人走出国门，亲眼看到了中国以外的资本主义世界。与国内租界的情形相映衬，西方神话般的生产技术与君民共主的民主政治也都给他们留下了极为深刻的印象，这些印象通过笔记、日记、公私函件、著述等反馈至国内并传播开来，更加开阔了国人的眼界，亦使人们对西方的了解比起过去无论从政治经济到文化生活，道听途说的成分都大为减少，接近事实真相的越来越多。这一切又无不促使国人对中国与世界有了更多的审视和思考。当人们到达欧洲时，他们首先看到的是西方人的市容市貌。巴黎“为欧洲一大都会，其人物之殷阗，宫室之壮丽，居处之繁华，园林之美盛，甲于一时”[①]。荷兰阿姆斯特丹“河之阔处，舸舰迷津，商货辐辏。贸易之盛，为欧土大都会”[②]。郭嵩焘到英国后赞美伦敦，“街市灯如明星万点，车马滔滔，气成烟雾。阛阓之盛，宫室之美，无以复加”[③]。除去市容市貌，西方工厂、电报、电话、火车、轮船、医院、电影等等也都无不让国人大开眼界，曾纪泽参观伦敦画报社，“各种机器之灵巧，工程之捷速，不胜记述。最奇者能取中国字迹，照影上版，而后刷印，径二尺许，以桶登架，则机器自印自切，而自订成册。鬼斧神工，真可怪诧！”[④]斌椿参观曼彻斯特纺织厂，看到“织机万张，刻不停梭”[⑤]。另外人们亦看到电

① 王韬：《漫游随录》，第10页。
② 斌椿：《乘槎笔记》，钟叔河主编，《走向世界丛书》第一辑。
③ 郭嵩焘：《使西纪程》，光绪二年十二月初八日。
④ 曾纪泽：《英法日记》，《光绪五年三月初八日记》。
⑤ 斌椿：《乘槎笔记》，钟叔河主编，《走向世界丛书》第一辑。

报、电话“万里消息，俄顷可通”，“通传要信，捷于影响，迩于户庭。奇妙至此，神乎技矣，真令人不可思议矣！”[①] 火车“之速日行五千余里，平时则行二三千里”[②]。医院“技通造化，虽古之扁鹊、华佗，无以胜之”[③]。电影屏幕人物“七孔皆动，能言能笑，浑似真人”[④] 等情形，对于长久处于中国闭塞环境中的人，无疑都产生了极大震动。除去这些物质表层，许多人由于亲历其中并更深悟出了其发达外表下内在制度、风气习俗、法治观念等方面的内容。例如王韬1867年至1870年间游历了英、法、俄等国，1879年又游历了日本，这对于他改良政治与法制思想的形成有着重要意义，使他不仅看到了中西之间的差距，而且进一步考查了西方国家繁荣强盛的真正原因。如《记英国政治》一文中说：“英国僻在海外，屹然三岛，峙于欧洲西北，形势之雄为欧洲诸国冠……其所恃者，在上下之情通，君民之分亲，本固邦宁，虽久不变。观其国中平日间政治，实有三代以上之遗意焉。”“国中之鳏寡孤独，废疾老弱，无不有养。凡入一境，其地方官必来告曰，若者为何堂，若者为何院，其中一切供给无不周备。盲残缺者，亦能使之各事其事，罔有一夫之失所。呜呼！其待民可谓厚矣。”[⑤] 而志刚则记“泰西立君，不拘男女。然为君而不能尽君道者，国人不服，则政令有所不行，不得安其位矣。故西国君主，治法不必尽同，而不敢肆志于拂民之情，则有同揆焉！”又记在德国拜访皇帝威廉一世，“布君年七十三岁，精神矍铄，气象雄伟而质直，待人亲厚如家常。所居别宫临通衢，时自楼窗外观。途人仰见，则免冠而过。又尝单车出入，遇者亦免冠而过而已。使者或遇诸途，为之鞠躬为礼，则摘冠相答。君民之间，相

① 薛福成：《出使英法意比四国日记》卷2，《光绪十六年三月初八日记》。
② 张德彝：《航海述奇》卷2，《同治五年三月二十日》。
③ 薛福成：《出使英法意比四国日记》卷3，《光绪十六年五月二十四日记》。
④ 张德彝：《航海述奇》卷2，同治五年四月初九日。
⑤ 王韬：《弢园文录外编》，《记英国政治》，中州古籍出版社1998年版，第177—178页。

处坦如也”[①]。这一切都与当时等级森严、封建专制的中国形成了鲜明对比。郭嵩焘不仅沉痛地写道：“三代以前，独中国有教化耳，故有要服、荒服之名，一皆远之于中国而名曰夷狄。自汉以来，中国教化日益微灭，而政教风俗，欧洲各国乃独擅其胜，其视中国，亦犹三代盛时之夷狄也。中国士大夫知此义者尚无其人，伤哉！”[②]即使顽固守旧，力主“夷狄之道未可施诸中国”的驻英外交官刘锡鸿，在其《英轺私记》中亦写出了国外真实情形，“到伦敦两月，细察其政俗，惟父子之亲、男女之别则全未之讲，自贵至贱皆然。此外则无闲官，无游民，无上下隔阂之情，无残暴不仁之政，无虚文相应之事……两月来拜客赴会，出门时多，街事往来，从未闻有人语喧嚣，亦未有见形状愁苦者。地方整齐肃穆，人民欢欣鼓舞，不徒以富强为能事，诚未可以匈奴、回纥待之矣！”[③]鲜明地表现出当他亲身耳濡目染了先进国家的情形之后，其灵魂深处亦引发出的某种震动。

正如马克思所言：“与外界完全隔绝是保存旧中国的首要条件”，而一旦这种状态被打破，就如“小心保存在密封棺木里的木乃伊一接触新鲜空气便必然要解体一样。”中外交流的情形从各方面都使国人产生了越来越深切的感受，尤其一大批先进人物，当看到西方繁荣富强的真实情形，其要求改革的呼声也愈强烈。西方先进的科技与文化已愈来愈成为一种政治力量，开始不断地冲击封建的思想头脑。当最先接触西方时，人们认为其强大的原因在于工业发达，技术先进，因而不断鼓吹学习西方先进技术是振兴中国的唯一道路。然而洋务运动30年来，在腐朽的封建法律体系上引进的西方科学技术，却不能在中国建设起西方强盛的工业体系来。官僚主义的管理体制，长官意志和行政命令，工厂企业的贪污腐败，管理混乱，都使洋务派纵有振兴中华的宏伟愿望，

① 志刚：《初使泰西记》，钟叔河主编：《走向世界丛书》第一辑，第365、第332页。
②《郭嵩焘日记》(三)，第439页。
③ 刘锡鸿：《英轺私记》，钟叔河主编：《走向世界丛书》第7辑，第119—110页。

亦决定了它的必然失败。中西生产过程的明显对比，终于使更多的人看到了封建制度本身的毛病。正如马建忠所言，初到欧洲，“以为欧洲各国富强专在制造之精，兵纪之严；及披律例，考其文事，而知其讲富者以护商会为本，求强者以得民心为要。护商会而赋税可加，则盖藏自足；得民心则忠爱倍切，而敌忾可期。他如学校建而智士日多，议院立而下情可达。其制造、军旅、水师诸大端，皆其末焉者也。于是以为各国之政尽善尽美矣。”[①] 西方发达的根本原因在于其政治修明，法制完备。尤其是西方议会制度，“无君臣上下之分，一切平等”[②]，议院中“凡遇大事，必内外部与众辩论，众意所为，而后施行”[③]。其“凡开会堂，官绅士庶各有所见，以议时政。辩论之久，常自昼达夜，自夜达旦，务适于理当于事而后已。官政乖错，则舍之以从绅民，故其处事恒力据上游，不稍假人以践踏。而举办一切，莫不上下同心，以善成之”[④]。正由于议会制度的广泛推行，才使西方各国机构简肃而又效率素著，几乎没有清朝官场的一切弊病。“观于其上，皆勤勤恳恳，有日进不已之机；观于其下，则熙熙皞皞，有帝力相忘之乐。”[⑤] 而形成这种制度的重要原因又在于其教育发达，“其国都之内，学堂林立……文则有仕学院，武则有武学院，农则有农政院，工则有工艺院，商则有通商院。非仅为士者有学，即为兵为工为农为商，亦莫不有学”[⑥]。教育的繁荣造成了大批人才，亦保证了议会制的推行，同时也促使了资本主义的经济繁荣和各项政治法律的完善。正是这种对比使人们日益感到了双方制度差异，由此思想也发生了巨大飞跃，由技术至上认识到了西方强盛的根本原因不在技术，而在于其根本社会制度。尤在洋务

① 马建忠：《适可斋记言》卷2，《上李伯相言出洋功课书》。
②《西洋杂志》，《西洋游记第二》。
③《西洋杂志》，《与李勉林观察书》。
④ 刘锡鸿：《英轺私记》，《开会堂情形》。
⑤ 阙名：《游英京记》，见《小方壶斋舆地丛钞》第11帙。
⑥ 薛福成：《出使英法义比四国日记》卷6，《光绪十七年正月初三日记》。

运动中、后期，这种思想已相当普遍，从而又进一步引起了人们对封建法律制度的根本怀疑和否定以及最终变革封建制度的要求。国人视野的不断扩大，不仅打开了中国进一步认识世界的窗口，亦为后来的戊戌变法和辛亥革命奠定了深厚的社会和思想基础。

三、变局中的工商业发展与社会法律观念的近代走向

19世纪的中国是其历史性沧桑巨变最为关键的年代，西方文明在坚船利炮的裹挟下，其近代文明的成果——商品、科技、文化、资本主义制度及其价值观念等如雷霆万钧之势呼啸东来，使得中国进入历史上从未有过的大变局时代。西方用铁与火的事实证明了其绝非过去的蛮夷狄貊可比，由此也使得中国在各方面都发生了亘古未有之巨大变化。

首先，当西方的船坚炮利以无可争议的军事优势出现在国人面前时，中国发生了史无前例的巨大震撼，从上到下人们都感受到了它的强大威胁力量。“西洋各国，以船炮利器，称雄海上，已三十余年。近更争奇斗巧，层出不穷，为千古未有之局。包藏祸心，莫不有眈眈虎视之势。”[①] 对此变局描述最为深刻的当属李鸿章，他指出“历代备边多在西北，其强弱之势、客主之形皆适相埒，且犹有中外界限。今则东南海疆万余里，各国通商传教，来往自如，聚集京师及各省腹地，阳托和好之名，阴怀吞噬之计，一国生事，诸国构煽，实为数千年来未有之变局。轮船电报之速，瞬息千里；军器机事之精，工力百倍；炮弹所到，无坚不摧，水陆关隘，不足限制，又为数千年来未有之强敌”[②]。历史已经发生了巨大变化，西方不是游牧国家，而是海上强国。他们活跃于沿海，而且侵入腹地，甚至闯入京师。中国遭遇到了历史上从未有

① 《洋务运动》(一)，上海人民出版社 2000 年版，第 60 页。
② 李鸿章：《筹议海防折》，《李文忠公全集·奏稿》卷 24，第 12 页。

过的强大敌人，他们不仅有着船坚炮利的军事力量，并且也已不是中国周边上千年来所面对的粗蛮古朴，并很快将被中国文明所同化的马背上的战胜者了，是有着与中国价值取向完全不同的另外一种文化，并在政治制度、法律观念、商业经济、科技教育等众多领域都普遍显示了强大实力，成为中国历史上从未遭遇过的最强劲有力的文明对手。唐宋时，中国只需专注于西北边界，明代亦只需重视东北边疆，但是到了19世纪后期，中国却发现自己处在了四面八方备受外敌入侵的境地。1874年日本入侵中国台湾，清政府却同时又面临着西北西南边疆的多处危机，沙俄出兵进犯新疆，侵占了伊犁；英、俄等国进窥西藏，英国侵略缅甸，法国侵略越南，中国云南直接受到威胁。在漫长的历史中，中国还从未遭遇过这样同时既有陆地、又有海上强敌入侵的情况，从而使先进的中国人大都产生了强烈的危机感。严重的局势终于催发出了中国社会法律观念等的全面变革，并于二次鸦片战争后形成了洋务派，在中央以奕䜣、文祥、宝鋆等为首，在地方则以曾国藩、左宗棠、李鸿章等地方大员为代表，在他们的积极倡导下，洋务运动全面展开。这是在推进中国近代化过程中，基于龚自珍、林则徐、魏源等人最早倡议改革和"师夷长技以制夷"的呼吁之后，中国真正全面地开始将这种变革思想付诸行动。

当"师夷长技"的观点最早提出时，就是林则徐、魏源本人亦抱着深厚的"夷夏大防"思想，其所指"夷之长技"亦主要指西方的战舰、火器、养兵之法。然而二次鸦片战争的爆发，却使人们深深地感受到了中西之间的巨大差距和学习西方的迫切性，"师夷长技以制夷"成了人们的普遍共识。洋务派承继了林则徐、魏源等人的思想，曾国藩在《复陈洋人助剿及采米运津折》中，明确提出了"师夷智以造炮制船"，"可期永远之利"。当其所办安庆军械所试造出了中国第一艘轮船"黄鹄号"时，他按捺不住自己的喜悦心情，在日记中写道："窃喜洋人之智巧，我中国人亦能为之。彼不能傲我有其所不知矣。”① 左宗棠亦不止一次地提到魏源这个观点，并在《艺学说帖》中指出：“自海上用兵以来，泰西诸邦以机器轮船横行海上，英、法、俄、德又各以船炮互相矜耀，日竞其鲸吞蚕食之谋，乘虚蹈暇无所不至，此时而图自强之策，又非师远人之长技还以治之不可。”② 当洋务运动不断深入，反对派对于洋务之攻击也愈来愈烈时，左宗棠便尖锐地指出了其荒谬之处，并认为：“泰西巧，而中国不必安于拙也，泰西有，而中国不必傲以无也。”③ 改革已是时不我待，落后必然挨打，“彼此同以大海为利，彼有所挟，我独无之。譬犹渡河，人操舟而我结筏；譬犹使马，人跨骏而我骑驴，可乎？”④ 深刻指出了学习西方的必要性。最早林则徐、魏源提出的“购洋炮洋艘，练水战火战之用；尽收外国之羽翼为中国之羽翼，尽转外国之长技为中国之长技”⑤ 以及在广东办造船厂、火器厂，制造“有益民用”的“量天尺、千里镜、龙尾车、风锯、火锯、火轮车、火轮舟、自来火、自转碓、千斤秤”等器具⑥，但这一切由于当时历史条件的限制，他们却都未能躬行，直到洋务运动，这些早期改良者们的重要思想才付诸实际当中，办洋务成了当时先进人物的共同选择。因而洋务思潮是中国近代社会法律观念变革最重要的组成部分，整整30余年之中，近代许多的发展进步及观念变革都与洋务运动的发展密切相关。西方的侵略即给中华民族带来了深重灾难，但同时也结束了清朝长期奉行的封闭保守的对外政策，使先进的国人不断开始了对传统社会法律文化等的深刻反思。随着西学东渐的深入，西方文化在中国广泛传播，从各方面都反映出了与封建传统截然不同的崭新风貌和时代先进性。以西方文明

①《曾文正公全集·求阙斋日记类钞》卷上，第33页。
②《左文襄公文集·说帖》，第1页。
③《左文襄公文集·奏稿》第18卷，第2页。
④《左文襄公文集·奏稿》第18卷，第4页。
⑤ 魏源：《道光洋艘征抚记》，见《魏源集》，中华书局1976年版，第206页
⑥ 魏源：《道光洋艘征抚记》，见《魏源集》，中华书局1976年版，第206页。

作为参照，中国终于开始了向近代社会的全面转型。

在数千年的文化史上，近代中国可谓一个承前启后的大转折时期，其变化之快从古未有。短短数十年间，千余年超稳定的社会结构，却从观念到生活方式等都发生了翻天覆地的变化。如果传统文化恰如一条历史的长河缓缓静流，而到了近代，却突然“登高壮观天地间”，霎时峰回陡转，江流湍急，人们闻所未闻、见所未见之所有情势皆扑面而来，动如长卷舒展，其深迴曲折，变化万千，令人目不暇接，意外冲击又如惊涛狂澜，汹汹逼来，令人难涉深浅。然而就在这种跌宕起伏，壮观多变的近代史中，中国徘徊千余年的中世纪门户被打开了。两次鸦片战争成为近代中国最重要的转折点，西方给予清廷的狠狠打击，不仅使其感到了一种奇耻大辱的痛彻骨髓，同时也使他们看到中国不再是天下文明的中心，西方展示出的另外一幅文明图景，使得一些先进的人们无不拓宽了时空的视野，开始以冷静、理智的态度去观察世界。“夫蛮狄羌夷之名，专指残虐性情之民，未知王化者言之。”而欧美各国“明礼行义，上通天象，下察地理，旁彻物情，贯串今古者，是瀛寰之奇士，域外之良友，尚可称之为夷狄乎？”[①]

西方绝不比华夏文明落后的文化体系，使传统“华尊夷卑”的观念受到了前所未有的强烈冲击。一些有识之士看到了西方近代文明的巨大优势，尤其1860年的第二次鸦片战争，更成了中国向西方全面学习的重要界标。在此之前，中国虽有了魏源、徐继畲等人的睁眼看世界，但绝大多数的中国人，包括士大夫及士绅阶层都基本处于蒙昧阶段，除了少数亲历战争的人对敌人船坚炮利留下了深刻印象，大多数人对此都没有任何触动。在漫长的社会法律观念中，中国只有纵向的传承，没有横向的比较和吸收，统治者的傲慢自大和顽固保守，使其严格遵循“夷夏之防”，以农为本的自然经济结构更长期占据着统治地位，严酷的政治法律与

① 魏源：《海国图志》下册，岳麓书社 1998 年版，第 1888—1889 页。

文化观念的高压都严重桎梏着人们的头脑。然而二次鸦片战争英法联军攻入北京，给了统治者以最强烈的震撼，生死存亡迫使清廷终于睁开了眼睛，正视中外之间的巨大差距。从英法联军战场败逃的胜保和僧格林沁向咸丰奏称，“亲见逆夷厉害，专以火器见长”。“枪箭刀矛，焉能抵挡炮火？”[①] 留京处理“夷务”的恭亲王奕䜣，在此之前和清廷内部其他官僚士大夫一样鄙弃西方，并相信只要朝廷一意主战便足可“制其死命”。然而当与西方真正接触，才明白了西洋攻坚的威力。与外界的长期隔绝是保存中国固有经济、政治、文化结构的必要条件，而在西方殖民者以炮火轰开中国闭关锁国的国门以后，固有的认识、体制等都不得不相应发生巨大变化。西方并非野蛮不开化的蛮夷之邦，他们信守条约，一旦订立，“所请尚以条约为据”；其又“志在通商”，“并不利我土地人民”，并要求中国以邻相待，而不愿以属国自居[②]。当西方人“长驱入都”时，“中国溃丧不复能师”，若其“意在土地，则燕蓟既在掌中，当早有变易以新耳目，而往返请期，惟和是议”[③]，由此许多人对西方的认识发生了根本转变，在给咸丰的奏折中，奕䜣要求清廷改变过去对西方非剿即抚的方针，而“可以信义笼络”[④]，与其“以诚相待”、“真心和好”，清廷内部则应“徐图自强”，变法改制。严峻的现实迫使清政府再也无法按照原有的方式继续统治了，中国近代化事业开始全面启动，这正是社会发展的迫切要求。

由于“先其所急”，认为“中国枪炮日新月异，泰西诸邦断难挟其长以傲我”[⑤]，洋务运动以近代军事工业起步，整个国家急切以制造火轮兵船为“第一要务”。正如英国中国专栏作家平德

---

①《第二次鸦片战争》(五)，上海人民出版社 1978 年版，第 120、第 138 页。

②《筹办夷务始末》(咸丰朝) 卷 69，中华书局 1979 年版，第 2583 页。

③《越缦堂日记补》，《中国近代史资料丛刊·第二次鸦片战争》(二)，上海人民出版社 1978 年版，第 128 页。

④《请设总理衙门等事酌拟章程六条折》，《洋务运动》第 1 册，第 5 页。

⑤《左文襄公书牍》卷 15，第 41 页。

利所评论的，“也许因为中国是被迫开放与外国通商的缘故，所以它最初表示愿意采用的西洋方法很自然是在武器方面。它认为战败是外国战舰与武器的优越性，所以他们自然在武器方面想与敌人并驾齐驱”[①]。因而清廷首先在造船制炮方面仿造施行，因为它内可除乱，外可御侮。然而随着洋务运动的深入，人们才发现牵一发而动全身，其向前的每一步，都要求其他方面的变革相应跟上，于是与封建法律及纲常伦理之间便暴发了愈来愈深刻的矛盾。许多保守势力认为洋务派向西方学习的行为无异于“溃夷夏之防，为乱阶之倡”，“师事夷人，可耻孰甚！”[②] 对此有着天然的警觉与恐惧，更加担心这种学习最终动摇封建国家赖以生存的“社稷”根基。“人若不明大义，虽机警多智，可以富国强兵，或恐不利社稷”[③]，就这种担心本身来说，对于封建统治者却有着非同寻常的意义与预见，资本主义工业文明的深入，必定会动摇传统农业的封建基础。但是面对西方枪炮兵舰的实际威胁，排斥富国强兵，风雨飘摇的所谓“社稷”亦很难支撑。正如奕䜣和李鸿章所反问的，若不学习西方，将有何“制外国而不为外国所制”的“妙策”？[④]“且夷人已入内地，公尚龂龂于夷夏之防，则必真有攘夷之本领，然后不为用夷之下策，请问公有何术乎？”[⑤] 的确，鸦片战争后的国内局势发生了巨大变化，统治者并不甘心改变传统统治方式，然而面对此种千古变局，已“非行西法无以强兵富国……诚使孔子生于今日，其于西国舟车，枪炮、机器之制，亦必有所取焉”[⑥]。英国的大炮与英法联军的侵入，使人们“目击时艰，凡属臣民，无不眦裂”[⑦]。而除却自强，学习西方，亦实无

① 《洋务运动》（八），上海人民出版社 2000 年版，第 438 页。
② 通政史于凌辰奏，《洋务运动》（一），上海人民出版社 2000 年版，第 121 页。
③ 大理寺少卿王家璧奏，《洋务运动》（一），上海人民出版社 2000 年版，第 129 页。
④ 《筹办夷务始末》，（同治朝）卷 48，第 4 页。
⑤ 《李文忠公全集·朋僚函稿》卷 15，第 4 页。
⑥ 王韬：《易言跋》，朱维铮校，《弢园文新编》，三联书店 1998 年版，第 167 页。
⑦ 郑观应：《易言》（二十篇），自序。

他法能挽救时弊。即保守势力亦不能不承认面对变局，当卧薪尝胆，发愤图强，然而他们力图以古时方治愈现代病，除去痛心疾首，却不可能有任何功效。时势的变化和外来经济的日益强大，使越来越多的人也看到了这点，从而加入到关心洋务的行列中来，洋务思潮渐渐成了社会主流，即如王韬所言，“时在咸丰初元，国家方讳言洋务……不谓不及十年而其局大变也，今则几于人人皆知洋务矣！”① 由此冲击到了社会各个层面。

当洋务运动开始时，西方工业革命正进入第二次浪潮，钢渐渐取代铁，煤气与石油取代煤，电力逐步广泛应用，运输及通讯技术日新月异。它对中国的军事侵略，也只是打开中国市场的一种手段，其真正的目的则在于攫取经济利益，仅此一点，便不同于中国历史上所遭遇过的任何敌人。二次鸦片战争后，洋务派也意识到了西方“意在通商”，但却不能放松对它的高度警惕，便将注意力仍集中在船坚炮利上，认为只有军事强盛，才能不再受制于人。然而西方在华的注意力则始终关注着资源利权，由此财富不断增长，又要求中国开放更大的市场，并修筑铁路，架设电线，开挖煤矿，以及将轮船行驶到内河上，力图开启更多财源。清政府仅开办军事工业便早已力感不支，财政日益捉襟见肘，对此更觉惶恐悚然，无论基于国防民生，社会风俗，还是可能造成的中外冲突，都只能对此坚决反对，但许多情形下却又并无力阻止。于是日益感到了利权让人，及自己开发这些资源的必要性。而在实践中，要自行发展也不容易，资金不足，要兴办的新型工业又一定要在某种程度上同中国传统政治、法律观念、经济及社会结构等发生深刻矛盾甚至冲突，这些都必须有一个循序渐进的过程。

在洋务军事工业中，一般都是政府出资，产品不是投诸市场，而是直接拨付军队的，这同传统社会及经济结构并不构成显著矛

① 王韬：《洋务上》，《弢园文新编》，三联书店 1998 年版，第 29 页。

盾。然而这种生产方式却耗资巨大，近代工业毕竟是一种社会化大生产，它要求生产各部门、环节的密切配合和广泛联系，缺乏商品意识的洋务军事工业很快便使清廷日感难以为继，眼看西方凭着经济实力不断实行经济扩张，中国门户大开，屏障皆失，藩篱尽撤，西方随之到处投资，中国利源滚滚流失，大量资财都被西方卷入腰包，洋务派由此日益感到发展商务与民用工业的急迫性。

中国是一个传统小农经济的国家，在历史大多时期内，经济都处在一种极度匮乏的情况下，人们饥寒交迫，生活难得温饱，黎民不饥不寒，能够安居乐业便是封建社会所向往的太平盛世。而此时面对西方普遍的国富民强，“西洋方千里，数百里之国，岁入财赋动以数万万计”[①]，到处都呈现出一种高度发达和持久繁荣，不禁望洋兴叹，既感羡慕又觉窘迫，于是自强逐渐成了时代最强烈的呼声。同治之时，“人人有自强之心，亦人人为自强之言”[②]。1860 年，大臣赵树吉上奏，要求朝廷“求所以自强之术”[③]，1861 年，冯桂芬、奕䜣也都提出了“自强”口号[④]。而最初的自强，人们尚局限于船坚炮利，还未看到商务民用的重要地位，但人们已经发现了“制器”的重要性。这是由受过系统西方教育的容闳首次向曾国藩提出的，希望在中国建立大机器工业体系：“建立一个能够由此再派生出许多类似的分厂的机械厂，由那些分厂再去制造供应特殊需要的机器……一个由各种类型和型号的机床、刨床和钻孔机组成的机械厂，就能够生产制造枪炮、机车、农业器械、钟表等等的机器。”[⑤] 得到了曾国藩的首肯，并派容闳前往美国购买机器。透过兵势的表象，洋务派终于看到

---

①《李文忠公全书·朋僚函稿》卷 18，第 22 页。

②《筹办夷务始末》，(同治朝) 卷 98，中华书局 979 年版，第 20 页。

③ 王延熙等辑：《道咸同光奏议》卷二，光绪二十八年上海久敬斋石印本，第 14 页。

④ 冯桂芬：《校邠庐抗议》卷下，光绪二十四年北洋官书局石印本，第 73 页；《筹办夷务始末》(咸丰朝) 卷 72，民国 19 年故宫博物院影印本，第 11 页。

⑤ 容闳：《我在美国和在中国生活的追忆》，王蓁译，中华书局 1991 年版，第 84 页。

了西方发达的更深缘由，亦便得出了更深的结论："中国欲自强，则莫如学习外国利器；欲学习外国利器，则莫如觅制器之器。"[①]因而洋务派创办的军事工业，首先都采用了机器生产，尽管机械化程度很低，但在引进西方先进机器工艺及生产技术方面却作了一些空前变革，明显区别于传统官办手工业。当没有见识到西方船坚炮利的威力时，中国沉浸在自己天朝大国的幻梦里，认为外国技术皆是"饥不可食，寒不可衣"的奇技淫巧。当这些近代文明"利器"以其强大的力量出现在国人面前后，原先对近代事物茫然无知者，开始有了切身体会；原来耻言西学者，开始逐渐改变立场；枪炮逐渐取代了弓箭刀矛，铁甲火轮亦渐渐取代了木帆船。正是这些近代军事工业首先在帮助清廷镇压太平天国和捻军起义方面起了重大作用，保障了封建秩序的恢复，亦改变了清政府的旧有观念。"自发捻削平以来，各省遂无大乱"，"实由同治初年洋枪洋炮流入中华，渐推渐广，官军所用无论精粗，总系洋械。火器精利，声威震詟"。[②]近代文明的"利器"首先从军事领域掘开了传统社会的堤防，亦循着近代文明向前跨出了一大步，许多人的观念也随之发生了根本变化。

1865 年 5 月，江南机器制造局成立。李鸿章将容闳赴美买回的"制器之器"皆充实于局中，并认为"无论何种机器可逐渐依法仿制，即用以制造何种之物，生生不穷，事事可通"[③]。之后各地机器局亦相继建立，开始将大机器工业引进了中国。随着洋务运动由军事到民用工业的推展，机器生产日益广泛，渐渐地整个近代工业体系都被陆续引入进来，它带给了国人全新的工业文明观念。人们由此见识了大机器生产的惊人能量，例如蒸汽机"穿山、航海、掘地、渡河、陶冶、制造、耕织"等各方面无处不用[④]，

①《筹办夷务始末》(同治朝)卷 25，中华书局 1979 年版，第 10 页。
②《张文襄公全集·奏议》卷 48，第 12 页。
③《李文忠公全书·奏稿》卷 9，第 33 页。
④ 王韬：《漫游随录·扶桑游记》，湖南人民出版社 1982 年版，第 65 页。

使用机器“一夫可抵百夫之力，工省而价廉”[①]，“有机器，则人力不能造者，机器能造之；十人百人之力所仅能者，一人之力能造之。夫以一人兼百人之工，则所成之物必多矣”。[②] 而且所成之物价廉物美，四方争购，有着传统小农业和手工业无法比拟的优越性，亦使先进落后的对比十分鲜明。西人由于广泛使用机器，“以一人所为百人之工，减作十人之工之价，则四方必争购之矣”。而“中国之货非但不能售于各国，并不能售于本国；自是中国之民，非但不能自食其力，且知用力之无益，亦遂不用其力；自是中国之民，非但不能成货，以于西人争利，且争购彼货以自供其用，而厚殖西人之利”[③]。严峻的经济形势对国家民族造成了巨大压力。洋货的进入不仅造成了中国经济“漏卮”的扩大，还伴随着国计民生问题的日益严重及人们的大批失业。

面对此情，保守势力力图返回旧有闭关锁国的老路，反对使用机器生产。翰林侍读周德润认为，机器“明以一器代数百人之功，暗以一器夺数百人之业”。因此，“行之外夷则可，行之中国则不可。何者？外夷以经商为主，君与民共谋其利者；中国以养民为主，君以利利民而君不言利者也”[④]。礼部尚书奎润认为：“中国自强之道与外洋异，外洋以商务为本，中国以民生为本；外商自强在经商，中国之自强在爱民；外洋民数少，均用机器……中国民数繁，故不用机器。”[⑤] 因而主张厉禁机器，“洋人作奇技淫巧以坏我人心，而吾之财安坐而输于异域”，“宜令有司，严加厉禁”，希图以封建主义解决问题，将洋货皆“禁毁不用，违者罪之”。[⑥] 然而明智的人们却都明白，这种落后的封建主义

① 张之洞奏：《洋务运动》（七），上海人民出版社 2000 年版，第 501 页。

② 薛福成：《用机器殖财养民说》，丁凤麟等编：《薛福成选集》，上海人民出版社 1987 年版，第 420 页。

③ 薛福成：《用机器殖财养民说》，丁凤麟等编：《薛福成选集》，上海人民出版社 1987 年版，第 420 页。

④《洋务运动》（六），上海人民出版社 2000 年版，第 152 页。

⑤《洋务运动》（六），上海人民出版社 2000 年版，第 212 页。

⑥ 管同：《禁用洋货议》，《因寄轩文初集》卷 2。

是无法战胜先进发达的资本主义的，不仅在战场上不能，在经济上亦同样不能。世界大势如滚滚洪流，顺之者昌，逆之者亡，中国绝不可能自绝于这种世界性的工业化大潮之外，而仍固守在过去农业生产的小天地中。“今天下一机械之天下也，必墨守旧说，悬奇技淫巧为厉禁，是广田自荒，而张口仰食于西人。”[①]近代的大机器生产必将战胜传统的小农生产，这是人力无法阻挡的历史趋势，“凡人用物，蕲其质良价廉，此情之所必趋，势之所必至，非峻法严刑之所能禁也，非令名美誉之所能动也，非善政温辞之所能导也”。[②]若一味拒斥，则只能被世界潮流甩得更远。要想改变这种状况，就只能顺应这种趋势，引进大机器生产。“各国制造均用机器，较中国土货成于人者省费倍蓰，售价既廉，行销愈广，自非逐渐设法制造自为运销，不足以分其利权。盖土货多销一分，即洋货少销一分，庶漏卮可期渐塞。”[③]张之洞亦同样认为：“棉布为中国自有之利，自有洋布、洋纱，反为外商独擅之利……今既不能禁其不来，唯有购备机器，纺花织布，自扩其工商之利，以保利权。”[④] 洋务派由此终于看到“商务关富强之大计”[⑤]，因而必须“以商务立富强之基”[⑥]，为求富而“振兴工商”成了许多人的共识。

与自然经济完全不同，近代社会建立的矿业、纺织、交通、运输、火柴、面粉等各项大机器生产，都必须在法律制度的保障下以市场为导向，这对于传统中国又是一项前无古人的新型难题。在长期封闭环境下生活的中国人，他们在鸦片战争后的最初反思仅是器物不如人，而随着视野的开阔，却逐渐认识到西方国家的

① 汤寿潜：《危言·华工》，政协浙江省萧山市委文史委编印：《汤寿潜史料专辑》，政协浙江省萧山市委员会文史工作委员会 1993 年，第 284 页。

② 薛福成：《用机器殖财养民说》，丁凤麟等编：《薛福成选集》，上海人民出版社 1987 年版，第 420 页。

③《李文忠公全书·奏稿》卷 43，第 43 页。

④《张文襄公全集》（一），中国书店 1990 年影印本，第 500—501 页。

⑤《张文襄公全集》（一），中国书店 1990 年影印本，第 627 页。

⑥《李文忠公全集·译署函稿》卷 7，第 23—24 页。

强大不仅在于器物层面，还在于更深的制度领域。中国数千年的传统法律重公权、轻私权，在契约、职业和商业法制等领域皆缺乏创建，它建立在自然经济的基础之上，以土地为根基，实行“重农抑商”的农业生产模式，这与西方国家的法制途径、方式、方法与价值取向等都截然不同。由于从中世纪起便广泛兴起了独立工商城市，西方近代法制文明从开始便与城市工商业密切相关，当工业文明以不可阻挡之势向现代社会逼进时，资产阶级很快顺应时代要求，在法律中规定了大量契约、物权、债权、信贷、破产、海商等方面的民商规则。在民主、法治及三权分立学说的指导下，西方通过国家立法形式，在法律近代化过程中始终围绕处理权力与权利的关系，以实现最大限度的民主与法治；而中国法律对于民事法律关系的调整，则始终运用国家制定的法律中零散的民事条款，运用刑事的惩治手段，或以封建礼制、传统礼俗以及宗族法等为依据，在这样的历史背景下，中国私权观念的发展受到了严重阻碍，传统法制与西方近代法制之间表现出了鲜明的时代落差。

中国传统法制存在的基础，是小农经济以及建立在这种经济结构之上的乡土社会，人们长期过着自给自足的小农生活，然而随着进入近代，中国社会发生了巨大变化。人口数量迅猛增加，耕地数量急剧减少，西方的入侵和通商口岸的不断增加，又使中西交流日益频繁，许多地方自然经济都开始了向商品经济迅速转型。这种新的生产行销方式必然会引起社会结构的根本改变，整个社会动荡不安，经济关系急遽变化，从而导致了近代社会法律观念的急速变革。封建社会原有的封闭、静止、稳定状态被打破了，人们固有、习惯的生活方式遭到了极大冲击。传统社会劳力充沛，但资源却相对不足，在生产无法扩大的情况下，为了维持封建稳定，历代统治者都要求人民安分、守己、知足、节俭，并以“礼”来节制人们欲望，又以刑法强制威慑人们遵守。由于长期人口数量不大，而且很少流动性，封闭的社会和缺乏外界的相互影响，旧有法律基本上可以维持社会的稳定。而近代工商业的发展则极大拓展了人们的生活及思维空间，通商口岸加剧了人们的往来流动，使原有封建关系变得日益复杂。资本主义经济侵略，破坏了中国长期占统治地位的自然经济，男耕女织的情形日益缩减，商品经济迅速发展，刺激了人们的各项需求，工商业许多情势都与传统伦理及法律观念相背驰。由此使得传统势力痛心疾首，深恐“货物流通，取携方便，人心必增侈奢，财产日益虚糜”[①]，并导致封建伦理、人心解体，社会基础因此败坏。然而，先进的生产力却是谁也无法阻挡的，近代工商业的发展和大机器生产已成必然之势，任何力量都无法阻滞。李鸿章对此预言道：“洋机器于耕织、刷印、陶埴诸器皆能制造，有裨民生日用，原不专为军火而设，妙在借水火之力，以省人物之劳费……逮其久，风气渐开，凡人心智慧之同，且将自发其覆，臣料数十年后，中国富农大贾必有仿造洋机器制作以求利益者，官法无从为之区处。”[②]

李鸿章的预言没有错误，随着洋务运动转向了“求富”的民用工业，沿江沿海的“富农大贾”们很快闻到了这股气息，并开始了民间牟利。无论官方如何压制，但它以新生事物特有的顽强生命力，渐渐蔓延至整个中国。在这种生气勃勃的近代工业文明面前，传统儒家的许多社会法律观念都不得不发生了改变。近代工业文明是社会化的大生产，洋务派在实践中，才逐渐感到了这种生产密切联系的社会化性质。从洋务运动一开始，其全力进行的军事工业便遇到了原料、燃料、资金、设备、运输、通讯等种种困难，“非有大宗巨款，不能开办；非有不竭饷源，无以持久”[③]。西方始终富足，而中国却如此积弱患贫，其原因即在于西方“取

① 刘锡鸿：《仿造西洋火车无利多害折》，《中国近代经济思想资料选辑》中册，中华书局1982年版，第427页。

②《李文忠公全书·奏稿》卷九，第34页。

③ 总理衙门奏，《洋务运动》（一），上海人民出版社2000年版，第29页。

资于煤铁、电报、信局、丁口等税。酌度时势，若不早图变计，择其要者逐渐仿行，以贫交富，以弱敌强，未有不终受其敝者”。最终看到了西洋之强在于富，而富源则来自于过去常受鄙视的“末”，即商业税收。为了实现救亡图存和富国强兵的目标，而“欲自强必先裕饷，欲浚饷源莫如振兴商务”[①]，清政府终于开始了“实业救国”和“商业富民” 方略，认为“富国而后强兵”，“必先富而后能强”[②]，各类洋务企业开始不断兴办，由此千余年来中国始终坚持的重本抑末观念至此得到了巨大改变。儒家传统不能堂皇言之的“富”，逐渐成了洋务派和士大夫们公开倡言和追求的目标，轮船招商局、电报局、织布局、矿务局等等相继开办，通过“求富”振兴工商逐渐成了近代经济的主流。

洋务发展的重点由先军用而后民用，亦意味着其对中国旧有落后生产方式的逐渐觉醒，以及对西方寻求世界市场、发展贸易的资本主义生产方式有了更深的了解和体会。当外国商品如洪水般向中国大规模涌入时，它既造成了人们强烈的危机感，又伴随着中国对工商业认识的日益加深。“通商以来，凡华民所需用之物，外洋莫不仿造，穷极精巧，充塞土货；彼所需于中国者，向只丝、茶两种，近来外洋皆讲求种茶养蚕之法，出洋丝茶渐减，愈够足以相敌。土货日少，漏溢日多，贫弱之患，何所底止！”[③]这项认识的日趋清晰，又使越来越多的有识之士对市场拱手让人充满了忧虑，认为西方威胁一时之内在于兵机，而长久之势则在于商务。“兵之并吞，祸人易觉；商之掊克，敝国无形。”西方谋我“攻资财不攻兵阵”[④]，足以使人精华销竭，贻害无穷。各种洋货无论鸦片、洋药、洋酒、火腿、洋糖、洋烟、洋布、洋绸、洋毯、洋毡、洋钉、洋伞、洋针、洋线、洋颜料、洋墨水、洋火、

①《李文忠公全书·朋僚函稿》卷18，第22页。
②《李文忠公全书·奏稿》卷42，第34页。
③《张文襄公全集》(一)，第514页。
④ 郑观应：《盛世危言》，华夏出版社2002年版，第339页。

洋油、电气灯、自来水、玻璃、照相、洋木器、洋钟表等等商品种类繁殊，不胜枚举，它们畅行各口，销入内地，充斥于中国大街小巷，人人争购，家家置备，仅鸦片、洋纱洋布及杂货三项便每年耗掉中国银两 12100 万两。而中国出口却主要赖于丝、茶两项，加之一些草帽辫、驼毛、羊皮、大黄、麝香、绸缎等等，总计中国所得，不及西方鸦片、洋布两项，“利权”的沦失已严重威胁到了国家发展与民族的生存，大量亏耗无从补偿，国人生活日益贫困，由此也越来越激发了人们对于工商业及市场意义的思虑与重视。一些先进的思想家认识到了“求富”的市场经济本质，“保我利权”的呼声日益高涨，郑观应等更提出了系统而著名的“商战”论，要求国家重视工商，“习兵战不如习商战”，将工商业的发展放置到了十分重要的位置上。

当工商业被作为国家富强的根本大计时，商业也逐步被人们看成了“创国造家、开物成务之命脉”[①]，而商务事业的持续发展不竭，则必须赖以“富民强国”，“国之于商，商之于国，固已共戚共休”[②]。旨在挽救封建王朝的洋务运动，早已使中国内部不可避免地产生了近代工商业，而建立在自给自足自然经济基础之上的传统法律，则同现实的生活完全脱节，不能适应近代资本主义经济的产生而带来的社会生活变化，依旧持续着传统“重农抑商”政策，其体系中没有商业法律，只能被动地比照陈旧的京城钱铺治罪章程处罚虚设公司的倒骗者，而不能主动地依法管理商业，更无法保护在竞争中被外国工商业压得喘不过气来的本国工商业。因此中国亦应学习西方，“士农工为商助也，公使为商遣也，领事为商设也，兵船为商置也”[③]。商“握四民之纲”，西方富强即在于“商富”，商富的原因即在于政府保护工商业的各项

---

① 薛福成：《英吉利用商务辟荒地说》，丁凤麟等编：《薛福成选集》，上海人民出版社 1987 年版，第 297 页。

② 陈炽：《续富国策》、《陈炽集》，中华书局 2000 年版，第 233 页。

③ 郑观应：《商战下》，夏东元：《郑观应集》上册，上海人民出版社 1982 年版，第 596 页。

社会法律及社会观念，“为之设官戍兵，以资保卫。”因此他们呼吁清政府“以保护商贾为中心”，“通商贾之情”[1]，并以兴学业、开民智等种种方法以助商，不宜“但有困商之虐政，而无护商之良法”[2]。若中国商败定会导致士、农、工俱败，国家也绝难有富强之望。自中外通商以来，“大宗生意，全系洋商，华商不过坐贾零贩”，正由于“机器制造，均非一二人之财力所能”。它是一项社会化大生产，西方“所有洋行，皆势力雄厚，集千百家而为公司者。欧美商律，最为详明。其国家又多方护持，是以商务日兴。中国素轻商贾，不讲商律，于是市井之徒，苟图私利，彼此相欺，巧者亏逃，拙者受累，以故视集股为畏途，遂不能与洋商争衡”。因此，“必中国定有商律，则华商有恃无恐，贩运之大公司可成，制造之大工厂可设，假冒之洋行可杜”[3]。通过与西方日益密切的交往和联系，人们日益看到了封建专制对工商业发展的巨大摧残，亦看到了西方法律制度对商业发展的充分保障和它在国家中的重要作用，从而要求清政府以法护商的愿望日益强烈，社会法律观念的重要性亦日益受到了人们的充分重视。

传统农业社会士大夫是民众的行为表率。洋务企业的大力兴办以及民用工业的不断发展，使人们的价值观念在洋务运动后期发生了越来越大的变化。重商、求利、求富愈来愈成为社会风尚，许多传统观念被迫日益改变。尽管保守势力顽强地维护它的每一项内容，但近代文明却以不可遏制的力量对其一点一滴地渗透突破，从军事领域直至人们的日常生活，又到社会制度和人们的法律观念，人们脱出传统的情形日趋明显。从沿海到内地，尽管速度极为缓慢，但在工业文明和西方社会法治文明的启导下，人们的生活却已开始了从农业向工业文明的转化，中国也日益迈出了近代社会朝向法治文明的步伐。

---

① 郭嵩焘：《条议海防事宜》、《郭嵩焘奏稿》，岳麓书社 1983 年版，第 342 页。
② 郑观应：《商务二》、《郑观应集》上册，上海人民出版社 1982 年版，第 609 页。
③《江楚会奏变法》第三折。

结　语

1840年鸦片战争是中国近代史的开端，西方列强以船坚炮利冲开了清廷闭关自守的大门，中国面临数千年来从未遇到过的巨大挑战，由此各方面都发生了根本变化。至此开始，中国被迫与西方通商，传统小农经济的经济基础和重农抑商传统政策逐渐发生了重大改变。当看到西方船坚炮利的同时，人们又发现西方政治、经济、法律、文化等各方面的强劲力量，从而感到了自己落伍，沉睡的中国终于有人睁开了眼睛，开启了学习西方的先声。第二次鸦片战争英法联军攻入北京，给了清廷以最强烈的震撼，“自强”成了人们强烈的呼声，洋务运动全面展开，学习西方先进技术和工业文明，开启了中国近代化的脚步。它由军事工业起步，以后又将改革步子深入到了经济、政治、文化、法律、教育等许多领域，引起了中国社会法律观念的巨大变革，对近代中国的各方面发展都起了极为重要的作用。

中国自古奉行重农抑商政策，两次鸦片战争的冲击和西方以商致富的事实，都使人们以崭新的视角重新认识工商业在国民经济中的重要作用。中西交往的日益频繁和中国落后的农业基础，使近代中西贸易中中国始终处在十分被动的地位，大量人口不断失业，手工业者纷纷破产，整个社会日益贫困。严峻的现实促使更多的人思考中国的出路，儒家传统被大量突破。近代民用工业的不断兴办，机器工业纷纷引进，使重农抑商的传统观念得以根本改变，工商业逐渐成了社会经济的主要方面。随着对外贸易的日益发展，中国传统社会基础亦发生了重大变化，人们日益重视中国利权，并把“商战”视为民族自立的前提条件，要求清廷实行保商政策，并以商战巩固国本。

法律是保障社会经济生活正常运转的重要手段，没有完善的法律制度，政府就不可能有效地管理经济。1840—1894年尚属中国近代化的早期阶段，由于刚从闭关锁国的状态中走出，经济、文化许多方面都受西方影响极大，然而在工商业的发展中，传统仍以不可小觑的力量严重阻碍着它的发展。在传统宗法、君主专制制度下，个人没有独立的经济权利，财产所有权有着严格限制。《大清律》明确规定“凡祖父母、父母在，子孙别立户籍，分异财产者，杖一百。若居父母丧而兄弟别立户籍，分异财产者杖八十”。在封建礼教下，“祖父母、父母在，子孙不得私财，礼也。居丧则兄弟犹侍乎亲也，若遂别立户籍，分异财产，均为不孝，故有杖一百、八十之罪。仍令合籍共财”[①]。儒家注重血缘和亲疏远近的宗族传统，使人们生存、发展及社会地位的获得都严重依赖于宗法家庭，正当合理的个人利益不被承认，家族、国家至上的观点，使人们关系都集中在一个十分狭小的范围内，使近代工商业包括洋务企业，都不约而同地形成了经济上的集权统治及“家天下”的经营模式，宏观上由中央对经济集中控制，而微观上则由企业进行家长式经营管理。这种家国一体的构造严重阻碍了近代工商业的经营与发展效益，它是一种封闭、狭隘的体系，从而形成了对经济发展的巨大阻力。现代社会盈利是企业发展的基石，只有遵循这一动力，企业才能使自己的利益最大化，同时为社会繁荣做出最大的贡献。然而在礼法、专制和封建道德作用下，中国近代企业观念却远远落后于近代生产经营管理体系，尽管中国也引进了一些西方经营理念，但受传统影响则更为深厚，企业不敢言利，亦不敢谈自己的权益。

良好的经济运行机制是一种法治和自由的经济，法律制度的

① 沈之奇：《大清律辑注》，法律出版社2000年版，第215页。

保证在近代工商业发展中起着十分重要的作用，它使人们能够卓有成效地追求企业和个人利益，不断地为社会创造并积累更多的财富。然而近代中国的工商业则从大到小无时不在家长制的管理和约束中，与漫长的封建专制相适应，中国正规、合理的法律制度都难以确立，许多企业的规章制度不是按照经济运行的规律，而是按照传统的思维和意识形态来制定。在家长制的管理和传统血缘关系影响下，大多数企业带有浓厚的封建家族色彩，自己的亲戚、家族成员、同乡或者朋友经营管理，任人唯亲却不考虑他的个人禀赋、教育程度和个人素质能否担当成功经营的角色。管理人员听命于上级或由家长任命，所有的决策权都集中在上级或家长手中，下属只能执行决策，却没有适当自主权利。政府及各级官吏对工商业发展横加干预，企业只能适应它所在的环境和意识，整体的制度变迁极为缓慢，企业不能大胆追求利润和自身发展，严重束缚了企业的生产活力，亦使得企业缺乏生产积极性和主动性，最终影响到了企业的生存与发展。近代绝大多数企业都不能成长到较大规模，也限制了企业管理理论的发展，以及企业家的胸怀和眼光。在传统宗族、血缘形成的制度观念影响下，人们常常不得不将更多的精力用在协调和平衡各种人际关系上，从而使企业管理长期停留在一种较低水平，亦决定了其最终的命运。中国企业家的观念没有更大改变，传统管理制度长期与商品经济发展不相一致，难以适应现代经济发展的要求，亦是近代众多企业衰落不振的重要原因。

传统中国没有经济自由，重农抑商政策的长期延续从观念到制度上都成为近代工商业发展的巨大枷锁，“夷夏之防”的根深蒂固，亦为早期近代化设置了重重阻碍。尽管洋务派历经艰辛，与各种保守势力不断斗争，为许多近代化的事业开辟了道路，然而中国幅员辽阔，人口众多，经济落后，社会发展极不平衡，“以其地太大民族太大之故，故其运动进步，常甚延缓。”[①] 大国变革常比小国艰难，“风气之开发，事业的推动，发轫于少数先知先觉者的努力，而收效于多数人风云景从，潜移默化。地域愈广，人民愈多，则创导与同化均愈难。”[②] 由此在历史悠久与结构牢固的中国实行近代化，其难度亦相应更大。与同期的日本相比较，日本通过改革很快走向了资本主义道路，成为一个东方强国；而中国却依然沉落衰败，整个社会贫困交加，日益沦为了列强掠夺和侵凌的对象，即后起的日本亦加入了这个行列，并逐渐成了中国最凶恶的敌人。甲午一战，战败的耻辱和巨额赔款的勒索，更将中国推入了无比深渊。所以如此，固然有着多种原因，但中日之间对于引进西方观念的不同态度和社会法律内容日益完善的进度，对这种结果也起了重大作用。19 世纪近代西方的战舰大炮，不但打开了中国的门户，也打开了日本门户，“闭关锁国”的时代一去不返，中日两国都开始面临学习西方、救亡图存的问题。然而就在这种学习过程中，日本以开放的、择善而从的虚心态度，对西方优点全面借鉴，明治维新成功后，日本很快地明确了对外开放，学习西方的指导思想，著名启蒙思想家福泽谕吉提出了“脱亚入欧”的指导方略，全面承认自身落后，要求摆脱封建主义和儒家思想的桎梏，“以西方文明为目标”赶上世界的“先进社会”和“先进民族”，“破旧来之陋习，求知识于世界”，在日本产生了广泛影响。日本很快走向了全面开放发展的道路，仅从明治维新的 1868—1893 年的 25 年里，工厂企业由 405 个（主要是手工业工场），增加到 3344 个（绝大部分是近代企业）；铁路建有 2039.6 英里，还出现了“山阳”、“九州”、“北海道”、“关西”等四家私营大铁路公司；使用蒸汽动力的船舶总吨位到 110205 吨；银行有 703 家；以纺织业为中心的轻工业部门基本建

① 梁启超：《中国史叙论》，《饮冰室文集》之六，中华书局 1936 年版，第 12 页。
② 谷春帆：《中国工业化通论》，商务印书馆 1947 年版，第 155 页。

立，初步实现了资本主义的工业化。而中国洋务运动从1861至1895年的35年里，洋务派共办了近代军事工业19个，近代民用工矿企业29个（不包括以私营为主的官督商办企业），其中煤矿11个，各种金属矿12个，钢铁厂2个，纺织厂4个；还有一批近代交通运输业，包括拥有轮船20多艘总吨位达5万吨的轮船招商局；铁路建成的仅364公里。1872年中国开始出现民族资本主义近代工业，至1894年，才办了100多个[①]，在资本主义近代化道路上，远远地落在了日本之后。日本从政治法律和经济制度等全面入手向西方学习，而中国则保守风气十分浓郁，1876年，李鸿章与日本驻华公使森有礼对话，便深刻地表现出这方面的问题。森有礼认为，"西国所学十分有用，中国学问只有三分可取"，日本甚至模仿西方冠服，对此李鸿章认为是违背祖宗，并受欧洲支配的羞耻行为，而森有礼则反驳说："不论何事，善于学习别国的长处是我国的传统。"并且这样"毫无可耻之处"，因为它们"不是受外力强迫而完全是我国自己决定的。正如我国自古以来，对亚洲、美国和其他国家，只要发现其长处，就要取之用于我国"。李鸿章则声称："我国决不会进行这样的改革，只是军器，铁路，电信及其他器械是必要之物和西方最长之处，才不得不采之外国。"[②] 正由于这种学习态度的不同，使得早在1861年，冯桂芬即感叹日本"蕞尔小国，尚知发愤为雄，独我大国将纳污含垢以终古哉！"[③] 郭嵩焘亦认为"日本取法泰西，月异而岁不同"，并学习西方的立法、财政等"创制"，是抓住了"立国之本"，而中国则只知西洋船坚炮利，其学习也长期停留在器物和技术表面。[④]然而即使这样一些浅层的学习与变革，却不时遭到社会保守力量的激烈攻击，被认为是"以夷变夏"。传统专制夜郎自大、故步

① 徐泰来：《日本明治维新与中国洋务运动》，载《湘潭大学学报》1981年第3期。

② 木村匡：《森先生传》，第99—102页，金港堂，1909年第三版。

③ 冯桂芬：《校邠庐抗议》卷下，光绪十年豫章刻本，　第43页。

④ 郭嵩焘：《伦敦致李伯相》，《养知书屋文集》卷11，光绪十八年刻本，第4页；《伦敦与巴黎日记》，岳麓书社1984年版，第909页。

自封的根深蒂固，使得更少有人对西方社会法律观念制度等做深入探究，洋务运动和近代工商业的发展像是带着镣铐跳舞，对严重阻碍社会进步的封建法律、专制体系和伦理纲常始终不敢有所触动；同时作为既得利益者，洋务派亦是这种专制制度的坚决维护者和实施人，从而使得中国社会法律观念的变革更加步履维艰。

甲午战争的失败，使中国再次受到了前所未有的巨大震撼，中国工商业及相应的社会法律观念亦发生了巨大变迁。日本在明治维新中对封建政治和经济制度进行了根本变革，从以官办工业为中心迅速转向了大力扶持民间工业，并采用西方近代经济制度和管理方法，从而很快在技术和管理上自立，为其工业化发展创造了基本前提。日本工矿企业“听民为之”，“招募豪商，纠集资本”，为了加速资本主义成长，政府又发放大笔企业贷款，减免企业税和出口税；同时广开学校，恤商惠工，无微不至地保护新兴资产阶级的经营活动，大力普及国民教育和兴办实业教育，为企业造就骨干力量。而清廷则皆与之相反，洋务运动不仅没有触动、反而更加维护封建制度；企业一切由官包办，“鳃鳃代谋”，对民间工业始终采取控制乃至压制方法，不仅拒绝采用近代西方经济管理制度，更将衙门作风带入企业经营管理。本国企业税厘比对外货抽税更重，既“无机器格致院讲求制造诸学”，亦“无商务通例恤商惠工”[①]。日本由商而富，正是“讲求商务，臣民交奋……而国势日兴，纸钞悉数收回，府库金银充溢”。而中国“病在讲求商务之无人耳”[②]。最终造就了它的落后，亦从根本上制约了它的工业化进程。

日本崛起与其维新政府所采取的奖励工商政策密切相关，由此甲午战争后，清廷经济政策也终于从根本上有了改变，1895 年 7 月 19 日，清政府颁发上谕：“叠据中外臣工条陈时务……如修

①《洋务运动》（一），第 528 页。

② 郑观应：《盛世危言》，《商务三》。

铁路、铸钞币、造机器、开各矿、折南漕、减兵额、创邮政、练陆军、整海军、立学堂；大约以筹饷练兵为急务；以恤商惠工为本源，此应及时举办。”[①] 由原先的压制私人资本转变为了“恤工惠商”，保护和扶植私人资本，与此同时，又逐步确立了现代财产所有权。《大清民事刑事诉讼法》在“判案后查封产物”一节中明确规定：“凡封票纸查封被告本人之产物，如产物系一家之公物，则封本人名下应得之一分，他人之分不得株连。”“凡左列各项不在查封备抵之列：一、本人妻所有之物。二、本人父母兄弟姐妹及各戚属家人之物。三、本人子孙所自得之物。”[②] 自古以来第一次承认了个人所有权的存在，从而为经济发展奠立了基本的制度基础。政府终于逐渐不再愚蠢地以官办或官督商办的垄断经济为导向，直到清末，人们日益认识到了工商业的重要性，“欧美商律最为详明，其国家又多方护持，是以商务日兴。中国素轻商股，不讲商律，于是市井之徒，苟图私利，彼此相欺，巧者亏逃，拙者受累，以故视集股为畏途，遂不能与洋商争衡……必中国定有商律，则华商有恃无恐”[③]，华商才能自立并同洋商进行角逐，呼吁法治，要求在工商业中颁行法律来保障工商业的发展秩序并促进工商业发展的呼声也日益高涨。

甲午战争的失败使清廷从痛苦中得到了教训，终于开始了一系列扶持工商业政策，并颁布了一系列经济法律。《商人通例》、《公司律》、《公司注册试办章程》、《商标注册暂拟章程》、《破产律》、《试办银行章程》、《出洋赛会章程》、《划一度量权衡制度及推行章程》以及各种经济社团类、奖励工商类法律法规等相继出台，一系列经济法规从传统的重农抑商转为保护、奖励工商，这一切对于近代中国资本主义的发展无疑都起着极大的促进作用。清朝统治者从欧美列强以工商立国而臻于富强的事实中获得启

① 《光绪朝东华录》，中华书局 1958 年版，第 3631 页。
② 刘锦藻：《清朝续文献通考》卷 254，刑 13；浙江古籍出版社 2000 年版，第 9996 页。
③ 朱寿朋编：《光绪朝东华录》（四），中华书局 1958 年版，第 4763 页。

示，“通商惠工，为古今经国之要政。自积习相沿，视工商为末务，国计民生，日益贫弱，未始不因乎此。亟应变通尽利，加意讲求”[①]。终于认识到了“取外国之长，乃可去中国之短”[②]，由此奖励工商、振兴实业，使工商业事业不断发展，直到清末新政，清廷颁布法律，设立商部，开始推行重商“新政”，重农抑商一变而为大力振兴工商。工商业者的权利首次得到了法律的承认与保护，社会地位明显提高，过去华商只能托庇外国侵略势力或者依附洋务企业的局面逐渐结束，华商集资独立创办的近代企业日益增多。商人长期处于四民之末的低微处境彻底改变，中国近代渐掀起了一股重商思潮，全国商会纷纷成立，清末对近代中国的经济法制建设产生了极为重要的影响，对此后的中国经济法制建设亦起了明显奠基作用。

一个社会思想、法律、观念的作用是绝不可忽视的，社会近代化实质上正是人的近代化，只有实现了人的近代化，才有可能实现社会的近代化，这个问题直到今天都应引起我们的充分重视。

美国学者芮玛丽在其名著《同治中兴——中国保守主义的最后抵抗》一书中，认为“中国之所以不能成功地适应世界潮流，其障碍不是帝国主义的侵略，不是清朝统治，不是官场的愚昧，更不是偶然的历史事件，而是儒家学说本身的基本构成因素”[③]。她把同治中兴概括为“中国保守派的最后反抗”，即儒家文化的最后反抗。她认为“同治中兴”就是那些深受儒家文化教育和影响的保守派们“第一次试图在不对中国传统价值观和体现这种价值观的制度进行革命改造的条件下改善中国政府，使之在近现代世界中立于不败之地所作的努力”[④]，即洋务运动实际上是儒家政

① 朱寿朋编：《光绪朝东华录》（五），中华书局1958年版，第5013页。

② 朱寿朋编：《光绪朝东华录》（四），中华书局1958年版，第4601页。

③ [美]芮玛丽：《同治中兴——中国保守主义的最后抵抗》绪论，中国社会科学出版社，2002年版，第11—12页。

④ [美]芮玛丽：《同治中兴——中国保守主义的最后抵抗·绪论》，中国社会科学出版社，2002年1月版，第10页。

权的复兴，而不是一个近代化运动。儒家基础与现代进步理念大相径庭，洋务运动的改革幻梦仍局限于古代儒家的传统模式之中，这种改变从根本上来讲是保守性的。

但实际上，洋务派与保守派之间毕竟有着根本区别。儒家文化支配中国两千年之久，洋务运动倡导者亦不可能不受影响。保守派顽固恪守传统，抱定“祖宗之法不可变”，给洋务运动制造了重重困难；洋务派毕竟比保守派开明的多，虽然它仍倡导儒学，支持清廷，但却看到了西方文明的成效，并力图将西方文明与儒家思想结合起来。因而这是一种渐变的改革，而不是一场彻底的革命。无论这种认识有多少历史的局限，但在 100 多年前，洋务运动毕竟使中国跨出了学习西方文明的第一步，他们为中国近代化所做的努力，其实践对中国的影响是永远不可抹杀的。

参 考 文 献

[1]班固：《汉书》，岳麓书社出版社 1993 年版。

[2]陈诗启：《从明代官手工业到中国近代海关史研究》，厦门大学出版社 2004 年 9 月版。

[3]陈旭麓：《近代中国社会的新陈代谢》，上海科学院出版社 2006 年 1 月版。

[4]戴一峰主编：《中国海关与中国近代社会》，厦门大学出版社 2005 年版。

[5]丁守和：《中国近代启蒙思潮》上卷，社会科学文献出版社 1999 年 11 月版。

[6]丁韪良：《花甲记忆》，广西师范大学出版社 2004 年版。

[7]杜恂诚：《民族资本主义与旧中国政府》（1840—1937），上海社会科学出版社 1991 年版。

[8]段本洛、张圻福著：《苏州手工业史》，江苏古籍出版社 1986 年 9 月版。

[9]方行、经君健、魏金玉主编：《中国经济通史·清代经济卷》（中），经济日报出版社版。

[10]冯桂芬：《校邠庐抗议》，中州古籍出版社 1998 年 9 月版。

[11] 《E.A.罗斯眼中的中国》，重庆出版社 2004 年版。

[12][美]费正清：《中国：传统与变迁》，世界知识出版社 2002 年版。

[13]樊百川：《清季的洋务新政》第一、二卷，上海书店出版社 2003 年 4 月版。

[14] [美]费正清、刘广京：《剑桥中国晚清史 1800-1911》上、下卷，中国社会科学出版社 1985 年 2 月版。

[15] [美]古德诺著：《解析中国》，国际文化出版公司 2005 年版。

[16]郭庠林、张立英著：《近代中国市场经济研究》，上海财经大学出版社 1999 年 10 月版。

[17]郭毅生：《太平天国经济史》，广西人民出版社 1991 年 1 月版。

[18]黄逸平：《中国近代经济史论文选集》（二）、（三），1979 年 4 月。

[19]胡绳：《帝国主义与中国政治》，人民出版社 1952 年 7 月版。

[20]《近代史研究》，中国社会科学出版社 1981 年第 4 期。

[21]蒋廷黻：《中国近代史》，上海古籍出版社 2005 年版。

[22] [美] 凯瑟林·F·布鲁纳，约翰·K·费正清，理查德·J·司马富编，[中]陈绛译：《赫德日记（1863—1866）——赫德与中国早期现代化》，中国海关出版社 2005 年 10 月版。

[23]李喜所：《中国近代社会与文化研究》，人民出版社 2003 年版。

[24]李时岳、胡滨著：《从闭关到开放》，人民出版社 1988 年 12 月版。

[25]李侃、李时岳、李德征、杨策、龚书铎等：《中国近代史》第四版，中华书局 1994 年版。

[26]连心豪：《中国海关与对外贸易》，岳麓书社出版 2004 年 8 月版。

[27]梁伯华：《近代中国在世界的崛起》，武汉大学出版社 2006 年版。

[28]梁启超：《李鸿章传》，海南出版社 1993 年版。

[29]刘佛丁、王玉茹著：《中国近代的市场发育与经济增长》，高等教育出版社 1996 年版。

[30] 罗荣渠：《现代化新论》，商务印书馆 2004 年版。

[31] 罗荣渠、牛大勇编：《中国现代化历程的探索》，北京大学出版社 1992 年版。

[32] [美]马士：《中华帝国对外关系史》（三卷），上海书店出版社 2000 年版。

[33] [德]马克斯·韦伯，黄晓京、彭强译：《新教伦理与资本主义精神》，四川人民出版社 1986 年版。

[34]茅海建：《天朝的崩溃》，生活·读书·新知三联书店 1995 年版。

[35] [美]M·G·马森：《西方的中国和中国人观念》中华书局 2006 年版。

[36]彭泽益：《十九世纪后半期的中国财政与经济》，人民出版社 1983 年 8 月版。

[37]邱远猷：《中国近代法律史论》，安徽大学出版社 2003 年版。

[38]瞿同祖：《瞿同祖法学论著集》，中国政法大学出版社 2004 年版。

[39]容闳：《西学东渐记》，中州古籍出版社 1998 年 10 月版。

[40] [英]斯当东著：《英使谒见乾隆纪实》，世纪出版集团、上海书店出版社出版 2005 年版。

[41] 《上海文史资料选辑》第五十六辑，中国人民政治协商会议上海市委员会文史资料工作委员会，《旧上海的外商与买办》，上海人民出版社 1987 年 2 月版。

[42]石世奇：《中国传统经济思想研究》，北京大学出版社 2005 年版。

[43]司马迁：《史记》，中州古籍出版社 1996 年版。

[44]唐力行：《商人与中国近代社会》，商务印书局 2006 年 3 月版。
[45]田海林：《中国近代思想史》，山东大学出版社 1999 年 12 月版。
[46]《外国资产阶级是怎样看待中国历史的》，中国科学院近代史研究所资料编译组，商务印书馆 1961 年版。
[47] 汪敬虞：《赫德与中国近代中西关系》，人民出版社 1987 年 9 月版。
[48]王韬：《弢园文录外编》，中州古籍出版社 1998 年 9 月版。
[49][美]芮玛丽：《同治中兴》，王庆成、虞和平主编，中国社会科学出版社 2002 年 1 月版。
[50]王翔：《近代中国传统丝绸业转型研究》，南开大学出版社 2005 年版。
[51]王尔敏著：《晚清政治思想史论》，广西师范大学出版社 2005 年版。
[52]汪林茂：《晚清文化史》，人民出版社 2005 年版。
[53]汪敬虞：《近代中国资本主义的总体考察和个案辨析》，中国社会科学出版社 2004 年版。
[54]吴承明著：《中国资本主义与国内市场》，中国社会科学出版社 1985 年 3 月版。
[55]夏东元：《洋务运动史》，华东师范大学出版社 1992 年版。
[56]夏东元：《郑观应传》，华东师范出版社 1981 年 8 月版。
[57]熊月之著：《西学东渐与晚清社会》，上海人民出版社 1994 年 8 月版。
[58]许涤新、吴承明主编：《中国资本主义发展史》（第 2 卷），《旧民主主义时期的中国资本主义》上、下册，人民出版社 2003 年 6 月版。

[59]许纪霖、陈达凯主编:《中国现代化史》第1卷,1800—1949,学林出版社2006年版。
[60]徐泰来:《洋务运动新论》,湖南人民出版社1986年版。
[61]徐永志:《开埠通商与津冀社会变迁》,中央民族大学出版社2000年8月版。
[62] 亚当·斯密:《国富论》,陕西师范大学出版社2006年版。
[63] 严中平:《中国近代经济史》上册、下册,人民出版社2000年7月版。
[64]杨德才:《中国经济史新论》,经济科学出版社2004年版。
[65]易惠莉、胡政著:《招商局与中国近代研究》,中国社会科学出版社2005年11月版。
[66]苑书义:《李鸿章传》,人民出版社1991年6月版。
[67]袁伟时:《帝国落日:晚清大变局》,江西人民出版社2003年版。
[68]曾永玲:《郭嵩焘大传》,辽宁人民出版社1989年版。
[69]赵树好:《教案与晚清社会》,中国文联出版社2001年7月版。
[70]赵靖:《中国经济思想通史续集》,北京大学出版社2004年7月版。
[71]赵靖、易梦虹:《中国近代经济思想史》上册,1980年6月版。
[72]赵靖、易梦虹:《中国近代经济思想资料选辑》上、下册,中华书局出版1982年4月版。
[73]张国辉:《洋务运动与中国近代企业》,中国社会科学出版社1979年12月版。
[74]张海林:《近代中外文化交流史》,南京大学出版社2003年11月版。

[75]张晋藩:《中国法律的传统与近代转型》,法律出版社 1997 年版
[76]张仁善:《礼·法·社会——清代法律转型与社会变迁》,天津古籍出版社 2001 年版。
[77]张研、牛贯杰著:《清史十五讲》,北京大学出版社 2004 年版。
[78]张宇权:《思想与时代的落差》,天津古籍出版社 2004 年 7 月版。
[79]张仲礼主编:《中国近代经济史论著选译》,上海社会科学院出版 1987 年 9 月版。
[80]郑观应:《盛世危言》,华夏出版社 2002 年 10 月版。
[81]郑彭年:《西风东渐》,人民出版社 2005 年 8 月版。
[82]郑学益:《经世济民:与思想同行》,北京大学出版社 2005 年版。
[83]中国海关学会编:《赫德与旧中国海关论文选》,中国海关出版社 2004 年 9 月版。
[84]中国史学会主编:《洋务运动》第 1—8 册,上海人民出版社 2000 年 6 月版。
[85]周积明:《最初的纪元——中国早期现代化研究》,高等教育出版社 1996 年版。
[86]周军、杨雨润:《李鸿章与中国近代化》,安徽人民出版社 1989 年 12 月版。
[87]周宁:《历史的沉船》,学苑出版社 2004 年 5 月版。
[88]周宁:《鸦片帝国》,学苑出版社 2004 年版。
[89]周育民:《晚清财政与社会变迁》,上海人民出版社 2000 年 12 月版。
[90]朱勇:《中国法律的艰辛历程》,黑龙江人民出版社 2002 年版。
[91]Arnold Toynbee, Civilization on trial: the World &the

West (N.Y.: The world Publishing Co., 1858).
[92]Christopher Hibbert, The Dragon Wakes Chain and West, 1793-1911, Longman, 1970.
[93]Dwight H. Perkins, China' s Modern Economy in Historical Perspective, 1975.
[94]E. S. Morse, Climpses of China and Chinese Homes.
[95]G. W. Knox, The Spirit of the Orient.
[96]J. W. Davidson: The Island of Formosa, Past and Present.
[97]Legge, The Chinese Classics, London, 1894, Vol, I.
[98]Tan Chung , China and the Brave New World: A Study of the Origins of the Opium.
[99]War (1840-1842), Carolina Academic Press. 1978.
[100]W. A. P. Martin, The Awakening of China, New York, Doubleday, Page & Company. 1910.
[101]W .H. Medurst, China: Its State and Prospects, London: Jonh Snow. 2b, Pater noster Row. 1838.

后　记

本书终于付梓成印了，作为作者，内心感到非常高兴。而在这里，我首先要感谢我的恩师郭毅生教授10余年时间里对我精心培育，我的每一点成绩，都渗透了恩师的心血。这次百忙之中，他又为我撰写了序，对我文中观点进行了提纲挈领式的说明交待，使得拙著蓬荜生辉。为使本书与尊贵的读者见面，中央民族大学历史系徐永志教授和中央民族大学出版社云峰社长给予了鼓励和鼎力支持，对此一并致以诚挚的谢意。

在本书成稿过程中，还得到了北京大学历史系王晓秋教授、中国民主促进会中央宣传部李庚其教授、中央民族大学尚衍斌教授及山西财经大学法学院教授马跃进院长等的亲切指点，对本书许多问题提出了具体指导，从而使本书内容得到了进一步的充实和完善。最后我也非常感谢我的爱人吕宝财先生，事无巨细，周到细致，帮助我誊抄资料，打印书稿，在物质、精神上都给了我极大的支持与帮助。

本书即将出版之余，内心亦充满了忐忑不安，深恐水平有限，许多问题阐释不透，辜负了广大读者的期待。唯愿尊贵的读者批评指正，以不断提高自己的水平，争取将来的研究更加完善。

刘惠君

2009年4月15日于并州